大規模災害・感染症に備える!

介護サービスの業務継続計画(BCP)策定のポイント

跡見学園女子大学教授
編著●鍵屋 一

ぎょうせい

まえがき　福祉防災元年

　2021年は、「福祉防災元年」と言われるに違いない。

　2020年7月豪雨災害で熊本県球磨村の高齢者施設「千寿園」で14名の高齢者が犠牲になったことを機に、同年10月、厚生労働省と国土交通省が「令和2年7月豪雨災害を踏まえた高齢者福祉施設の避難確保に関する検討会」を設置し、2021年3月末に最終報告書が出された。

　これに合わせて、厚生労働省は、2021年度介護報酬改定及び障害福祉サービス等報酬改定における改定事項で感染や災害対応力の強化を重点として、3年以内にBCP作成を義務付ける等の省令改正を行った。

　同年4月28日には、避難勧告と避難指示（緊急）を避難指示に一本化し、また避難行動要支援者の個別避難計画作成を市区町村の努力義務とする等の改正災害対策基本法（内閣府）が参院本会議で可決、成立した。同日、浸水被害の危険がある地区の開発規制や避難対策を柱とした流域治水関連法（国土交通省）も成立している。

　今後、10万を超える福祉施設等で、災害対策や計画の見直しが行われるであろう。その中核となるのがBCPである。BCPは平時、初動から収束までの広範囲を対象とし、長期間の避難生活にも対応できる計画だからである。実は、作ってみると特別なことはなく、停電や断水、感染症等で生じる困りごとを、事前に発見して対策を打つだけである。このため、私たちが実施している「ひな型」を使った研修ではほとんどの施設でBCPが作成できている。

　もっと大事なことは施設の全職員が自助により、自らと家族の安全を確保すること、その上で職員と関係者等が心を一つにし、力を合わせて困難な時期を乗り越えるビジョンを共有することだ。BCPはその道具であり、災害時に施設、事業所を守るだけでなく、大切な利用者、職員、地域住民の命と尊厳を守るために必要な計画なのである。

　そして、災害時に心を一つにしようと話し合うことで、日常の仕事でも心を合わせやすくなり、人間関係がうまくいき、職場環境が良くなっていく。それが、さらに日々の仕事のやりがい、幸福感につながる。

　「本質的で大切な仕事」を意味するエッセンシャルワークに従事する福祉関係のみなさんが、BCPの作成や訓練を活用して、エッセンシャルなゆえに日常を幸福に過ごすとともに、災害時にも安心安全に生きてほしいと心から願っている。

令和4年3月

鍵屋　一

目　　次

I

総論編

序章　これまでの消防計画、非常災害対策計画とBCPの違い

　要介護高齢者や障がい児者、乳幼児（以下、「要配慮者」という）は、災害時に自ら的確に判断したり、行動することは難しい。したがって、施設内において職員等が支援することが不可欠である。しかし、職員はどこまで的確に支援できるだろうか。これまでの防災訓練で果たして十分だろうか。災害対応の判断力、行動力は高まっているだろうか。

　要配慮者を支援するために、これまで国は介護保険施設に以下の3つの計画作成と訓練を求めてきた。

（1）消防計画

　火災や地震発生時に、一時的に安全を確保するための、自衛消防隊などを組織し、初期消火、救急救助、避難誘導、応急手当などができるように法定計画として作成し、訓練をするものである。

（2）非常災害対策計画

　消防計画及び火災、風水害、地震等の災害に対処するための計画をいう。介護施設においては「指定介護老人福祉施設の人員、設備及び運営に関する基準」（平成11年厚生省令第39号）に定められる。具体的には、災害発生時における職員の役割分担や基本行動等について、あらかじめ定めておき、訓練するものである。

（3）避難確保計画

　気象災害に備えて、安全な場所に避難するための計画で、2018年6月に浸水想定区域、土砂災害警戒区域内の要配慮者利用施設に対して、法律で作成が義務付けられた。職員は気象情報や警戒情報へのリテラシーを高め、避難確保に必要な計画及び訓練を充実する必要がある。

　上記の（1）～（3）までは、火災や災害が発生したときの緊急対応、なかでも避難が中心になっている。しかし、避難後はどうするのだろうか。元気な大人たちであれば、「あとは勝手に！」で済むかもしれない。乳幼児、児童生徒ならば

保護者に引き渡せればよい（もっとも引き渡し後に、保護者ともども被害を受けることもあるので、安全を確保できているかを確認するなど注意が必要だ）。

　しかし、福祉施設利用者については引き続き福祉サービスを継続しなければならない。もちろん災害後、避難後に日常と同様な福祉サービスを提供することは難しい。

　近年の災害では、特に高齢者の被害が多くなっている。また、災害関連死の問題も深刻だ。東日本大震災では、せっかく助かったにもかかわらず3,775名の方が震災関連死で亡くなり（2021年3月　復興庁）、その約9割が66歳以上である。熊本地震では直接死50名に対し関連死が218名（2021年4月　熊本県）と4倍を超えてしまった。

　高齢者にとって、避難生活がいかに過酷か、想像に難くない。したがって、大災害であっても施設職員は避難先で利用者のケアを継続しなければならない。居宅介護サービス事業所であれば、在宅の高齢者の個別避難計画作成支援と安否確認、そして避難生活での介護サービスが求められる。それがBCPだ。

（4）BCP

　大災害になると施設そのものに被害がなくても、停電、断水は起こり得る。自家発電があると言っても冷暖房やエレベーターを動かせるものになっているだろうか。水をペットボトルで備蓄しているといっても、洗い物やトイレを流す水はあるだろうか。薬はすぐに確保できるのか。医師、看護師は来てくれるのか。考えると心配の種はどんどん大きくなる。

　さらに施設が被害を受けた時は、施設外に避難せざるを得ない。しかし、避難先で、利用者のトイレはどうする、水と薬はあるか、ベッドは、着替えは、流動食は、寒さ暑さの対策は……。また、職員のトイレ、食事、ベッド、そして給与支払いはどうするか、交代職員は来るのか……。これらは東日本大震災はじめ過去の災害で、福祉関係者が実際に苦しんだ出来事である。

**　災害時の安全確保と、このような重要業務の継続と、両方を考えておくのがBCPである。**

（5）福祉避難所計画

　災害時に高齢者や障がい者、乳幼児のいる家族など要配慮者が、避難生活を送る場が福祉避難所である。近年では、台風や大雨が予測される場合など、災害発生前の警報段階で福祉避難所を開設し、要配慮者を支える事例も出てきている。

2021年5月、改定された内閣府の福祉避難所ガイドラインでは、福祉避難所を二次避難所としてでなく、直接、避難者を受け入れられるように推奨している。

　大きな災害で施設には被害がないが、周囲が被災していれば地域住民が施設に避難してくるかもしれない。実際に、東日本大震災、熊本地震では数百名もの住民が福祉施設に押し寄せた例がある。しかし、一般の避難者に施設のスペースを占拠されると、福祉避難所として要配慮者を支える機能が果たせなくなる。

　したがって、日常から地域との連携により、福祉避難所であることの周知と訓練を行うことが不可欠だ。

（6）福祉防災計画

　上記の（1）～（5）の計画を総合して、私たちは、「福祉防災計画」と名付けている。実務的には、煩雑さや重複を避けるため、既存の消防計画、非常災害対策計画を土台としてBCPを作成し、避難確保計画を加える。たとえ義務付けされていない施設であっても、火災、地震、雷、竜巻、大事故等の被害はあり得るので、作成しておいた方が良い。福祉避難所の指定を受けていたり、協定を締結している施設は、福祉避難所計画も作成する。

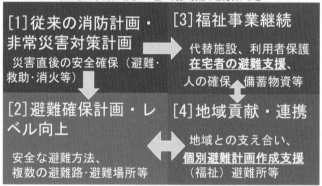

図1　福祉防災計画の全体像

出典：鍵屋作成

　福祉防災計画は、これまでの大災害の教訓を生かして生まれた。広義ではこれがBCPと言える。

<table>
<tr><td>第1章</td><td>近年のわが国における自然災害と介護保険施設・事業所への影響</td></tr>
</table>

1. 近年の自然災害と被害

（1）地震災害

　日本は世界の大地震の2割が発生する地震大国だ。2011年3月11日、マグニチュード9.0、わが国の観測史上最大の地震となった東北地方太平洋沖地震が発生した。その後の大津波と併せ東北を中心とする沿岸地域は壊滅的な被害を受け、東日本大震災と命名された。

　震度7の地震は、その後2016年4月14日、16日の熊本地震、2018年9月に北海道胆振東部地震と発生している。2018年6月の大阪府北部地震は震度6弱であったが、一部損壊が約6万棟と大都市を襲う地震は被害が大きくなることが改めて注目されている。

　現在、予測されている大地震は他にも多数ある。首都直下地震（都心南部直下型）の被害は建物全壊約62万棟、死者数2万3千人、南海トラフ巨大地震での最大被害は、建物全壊約240万棟、死者数32万3千人、大阪の上町断層帯地震は建物全壊約97万棟、死者数4万2千人などの予測が公表されている。政府の地震調査推進本部によれば、首都直下地震の30年以内発生確率は70%、南海トラフ地震の30年以内の発生確率は70%〜80%である。交通事故でケガをする確率が30年以内に約11%であることを考えると、いかに確率が高いかがわかる。

（2）水災害

　日本は、台風、梅雨前線豪雨などの大雨で洪水が発生しやすいアジアモンスーン地帯にある。河川の氾濫の可能性がある区域は国土の10%にすぎないが、そこに総人口の約50%、資産の約75%が集中している。大洪水により堤防が壊れると、多くの人命、財産が失われるだけでなく、社会的、経済的に大きな混乱が発生する。また、最近は、狭い地域に短時間で多量の雨（時間雨量50ミリ以上）が降る集中豪雨、別名ゲリラ豪雨の発生回数が多くなっている。一般的に市街地における排水能力は時間雨量50ミリ前後であり、これを超える場合には内水氾濫（大きな河川の堤防の内側にある排水路などが溢れること）になりやすい。さ

らには、線状降水帯により同じ地域に時間100ミリを超える雨が降り続け、大きな被害をもたらしている。

　特に、近年は、高齢者を中心に人的被害をもたらす大きな風水害が毎年、発生している。

　2014年8月、広島県広島市北部の安佐北区や安佐南区の住宅地などで大規模な土砂災害が発生した。2015年9月に、茨城県常総市の鬼怒川堤防決壊によって広範囲に浸水被害が発生した。また、2016年8月には、岩手県岩泉町で小本川が氾濫し、高齢者施設等が被災した。さらに、2017年7月の九州北部豪雨においては、福岡県朝倉市など広範囲にわたって浸水被害と土砂崩れが発生した。2018年7月の西日本豪雨では岡山県、広島県、愛媛県を中心に大きな被害がもたらされた。2019年9月には房総半島台風、そして10月には東日本台風により404自治体が災害救助法の対象となる広域被害がもたらされた。2020年7月豪雨では、熊本県人吉市、球磨村を中心に大きな被害となった。

　ハード対策としてのダムや堤防は、完成させるまでに多大な費用と時間を必要

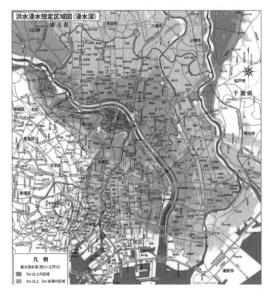
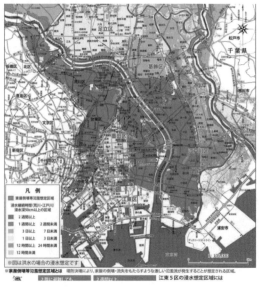

図2　江東5区の水害リスク

とすることから、近年は住民の防災意識を高めることで被害を少なくする対策が重視されている。多くの市町村で「洪水ハザードマップ」を作成し、どの程度の浸水深が予測されるのか、避難場所、避難方法、連絡先、持ち物など各種情報を分かりやすく図面などに表示し、公表している。何度も洪水に見舞われた地域では、より丁寧に避難のタイミングや逃げ場所を考慮した「逃げ時マップ」などを作成し、実際の被害軽減につなげている。

　しかし、たとえば図2に示す東京都の江東5区の水害リスクを見ると数メートルの高さの浸水があって、2週間以上、水が引かない地域もある。このような場所に立地する施設は、本格的な広域避難対策が必要である。

（3）火山災害

　わが国は世界有数の火山国であり、111の活火山が分布する。災害の要因となる主な火山現象には、大きな噴石、火砕流、融雪型火山泥流、溶岩流、小さな噴石・火山灰、火山ガス等がある。さらに火山噴火により噴出された岩石や火山灰が堆積しているところに大雨が降ると土石流や泥流が発生しやすくなる。

　2015年に改正された「活動火山対策特別措置法」では、火山災害警戒地域として指定された自治体（23都道県、140市町村）に対して地域防災計画に位置付けることなどを義務付けている。

　2016年12月に作成された「噴火時等の具体的で実践的な避難計画策定の手引き」では、御嶽山噴火災害の教訓等を踏まえた改定を行い、迅速な情報提供や避難誘導など登山者、観光客対策を充実させるとともに、噴火警戒レベルがあらかじめ引き上げられる場合だけでなく、突発的に噴火する場合等も想定し、市町村、都道府県等、火山防災協議会の構成機関が取り組むべき対応事項について、活動主体を明確にして記載した。

（4）新型コロナウイルス感染症

　2019年12月に中国武漢市で発生したとされる新型コロナウイルス感染症は、我が国において2022年2月12日現在、累計約385万人が感染し、20,237名が亡くなった。特に、高齢者福祉施設に多くのクラスターが発生し、医療機関に入院できない地域さえあった。

　新型コロナウイルス対策の特別措置法は2020年3月13日に成立した。感染拡大に備え、総理大臣が「緊急事態宣言」を行い、都道府県知事が外出の自粛や学校の休校などの要請や指示を行うことが可能になった。2012年5月に成立した

新型インフルエンザ対策の特別措置法の対象に、「新型コロナウイルス感染症」が追加されるものだ。総理大臣が緊急的な措置を取る期間や区域を指定し「緊急事態宣言」を出すと、対象地域の都道府県知事は住民に対し、生活の維持に必要な場合を除いて、外出の自粛をはじめ、感染の防止に必要な協力を要請できる。

（5）その他の危機

　災害とまで言えなくとも、福祉施設の危機には利用者・保護者等とのトラブル、役員・職員の不祥事、資金ショート、重要情報の喪失、資産の減却など、その継続性・安定性を脅かす 緊急事態が考えられる。

コラム　新型コロナウイルスは災害？

　2020年4月16日に有志弁護士らが「災害対策基本法等で国民の生命と生活を守る緊急提言」を発表した。新型コロナウイルス感染症の拡大を「災害」と捉え、法的根拠に基づいた、有効な感染症まん延防止政策がとれると指摘する。具体的には、次のような項目を例として挙げる。

・自宅待機の義務付けが可能になる

　災対法の適用で、市町村長の指示に基づき、法的義務として、市民に、屋内での待機等の安全確保措置を指示ができるようになる（災害対策基本法60条3項）。

・警戒区域の設定で特定の者以外の立ち入りを制限できる

　たとえば、感染拡大地域、感染拡大増加傾向の地域を警戒区域と設定し、特定の者以外の立ち入りを制限するなどの政策が考えられる（災害対策基本法63条1項）。違反した場合には罰金などの罰則も定められている。

・解雇しなくても失業給付を受けられる

　たとえば、感染拡大地域や感染拡大増加傾向地域を「激甚災害に対処するための特別の財政援助等に関する法律」（激甚法）の適用地域とし、かつ「激甚災害時における雇用保険法による求職者給付の支給の特例」を適用することにすれば、事業者が雇用者を解雇することなく、雇用者を休業させたうえで雇用保険金を受給させることができる。

　ほかにも、新型コロナウイルス感染症を災害と捉えることで、災害支援の経験を積み上げてきた国、自治体、NPOボランティア等の被災者支援ノウハウや、被災者の生活を支えてきた法律、制度運用を生かせる。たとえば、アルバイト店員が勤めている飲食店の営業不振で解雇され、家賃が払えなくなった時、災害であれば借上げ仮設住宅を給付できる。住宅があることでその後の就業など自立につながりやすくなる。

　私も、国難となる感染症は、災害と位置付けることが適切だと考えている。それが国民の生命、尊厳を守る道になるからだ。

２． 東日本大震災の教訓

コラム　福祉施設の被害

　障がい者入所施設が津波で流された事例をインタビューしたので、その記録を以下に抜粋して紹介したい。

地震発生と避難

　そのときは私も事務所にいて、普段と違う大きな地震で、地震発生と同時に書庫は倒れる、あと、26、7年前の建物だったので、各廊下に吊るされているこういう大きい非常灯がぼんぼんとあったのですが、その緑のカバーがぼんぼんと落ちたり、鉄筋コンクリートの部分の吊り天井が弱く、揺れて落ちるものだったので、石膏ボード等がぱらぱらと……。

　私は、まず館内放送で、職員に、「大きい地震なので利用者を落ち着かせろ」ということと、そのあと、長い地震だったので、「まず園庭に、外に避難させろ」ということで放送をかけました。と同時に、非常ベルは鳴る、電源が落ちる、あとは何ももう……。

　避難訓練とかマニュアルでは、「それぞれの利用者が園庭に出る支援をする」、「声かけをする」だったのですが、当時は利用者もすくんで座り込む、奇声を上げる、走り回るといった行動が出まして、みんながみんな、利用者それぞれ、少ない職員の中で徒歩の避難は難しいと感じました。

　というのは、風呂から丸裸で……。タオル１枚で、「何だ、何だ」と出てきた利用者もいて、これは車移動しかないということで、29人乗りのマイクロバスと10人乗りマイクロバスの２台、それから軽自動車１台を持って、まず大型バスのほうに利用者を抱え抱えて全員乗せました。

　丸裸の人も車に……。まだ３月だったので普段は暖房をかけていたので、薄着のままで車に乗せて避難したわけです。サンダルもそのままだったので、避難はしたのですが、とりあえず、私は、指示を出して上に上げたのですが、そのほかに何が必要かと思ったのが、利用者の保険証なり、あと、利用者が飲んでいる精神薬とかは、万が一、日赤が来ても、どこが来ても、精神薬はそんなに持っていないだろうと、まず、処方されている薬を看護師に指示して、それもありったけ軽自動車に乗せて、高台に上げました。

　現金とか事務用品は全く考えがなかったのですが、もう一つ考えたのは、とりあえず２週間分ぐらいの非常食はストックをしていましたが、出せたのは３分の１程度で、３日か５日間ぐらいの非常食、乾パンと非常水、ペットボトルの水を車に積み込んで。

　偶然にも、２時46分という部分もありますし、ケア会議を開くために職員の人数がある程度いる時間帯。事務も厨房職員も看護師もいる。これが、例えば夜の７時とか８時頃にそういった地震が来て、津波が来れば、職員が……。夜勤は、男子１人、女子１人だけです。

　もし避難していなければ全員のまれました。

避難所生活

　普段、公用車のガソリンは、半分以上だったらもう詰めておくべきだと感じました。というのは、半分以下の油だったので、油はない、2週間、3週間、帰れる状態でもなかったし、あと、避難した公用車しか上げなかったし、ほかの公用車は新車もすべて流されましたし、職員の車もすべて流されました。

　どこの避難所も、「5、60人入るスペースはないよ」と言われて、まいったなと思って。ちょっと遠かったのですが、県立青少年施設があります。キャンプをしたり、小学生とか中学生が2段ベッドで……。そういった、青少年施設に行ってお願いしました。

　とりあえず3日間ぐらいは水と乾パンの生活をして、3日目以降は自衛隊が入ってきたり、赤十字社の方が入ってきて健康管理を診てくれたり。ただ、3日もすると、手前どもの利用者も熱を上げる、嘔吐する、てんかん発作、下痢、せきといった症状があって、依頼して診てもらったりしたのですが、その当時、やっぱり精神薬だけは持っていなかったようで、風邪薬とか、傷薬という部分しかなかったですね。

　そのとき、インフルエンザとかノロ（ウイルス）とか……。胃腸炎ですか。そういった部分も発生……。隔離めいたこともしました。

　当初は体育館で、一晩は一般の人と一緒でした。どうしても徘徊する、奇声を上げる、そこで尿失禁はする、いろんなかたちで迷惑を掛けたので、「特別に、どうにか別の部屋を貸してくれませんか」ということで会議室をお借りして。

　コンクリートにこういったフロアが敷いてあるだけの会議室だったので、持ち込んだ布団をその上に敷いて、一晩寝ると汗で濡れます。それを折り畳み椅子に掛けて、乾かないうちにまた夜が来てという生活、冷たい濡れた布団に休むといった生活をしました。

　電気もなし、あと、暖房もなし、トイレは水洗なので、流すことができないので使えません。使ってもいいけど、下の池に行ってバケツで……。リレーして、トイレのほうに流す。

　夜も一睡もしない利用者等もいて、職員も何人か休ませながら、寝ないで見ている人がいなければ、夜間のトイレも……。

　私も、利用者から逃げ出して徒歩でもうちに逃げたくなったという本心はあります。自分との葛藤もありました。自分の車も流された、財布もない、免許証もない、うちとの連絡もできない。なので、安否確認はどうかという、避難態勢はどうだったかというのが一点、また、保護者、家族との連絡の仕方はどうだったろうという……。聞かれていたのですが、携帯も通じない、道路も寸断している、油はない、もう連絡のしようがありません。

　唯一ためになったのがラジオです。ラジオ一つかな。

応援で勇気をもらう

　自衛隊も入る、また、全国の障害者施設の方々が、知的障害者福祉協会なり、手をつなぐ親の会なり、社協なり、内陸の障害者施設の職員たちが支援に入ってくれました。ボランティアというか、九州からも来ましたし、大阪からも来ました。やっぱり言葉も通じるものです。同じ汚い仕事をしながら、よくこうやって来てくれるなと感心しました。

　われわれも不眠で、1週間もいるとおかしくなったりするので、支援態勢が入ってきてから

は交代でうちに帰りました。車もなかったのですが、ヒッチハイクで行ったり、あとは軽トラックを止めて、軽トラックの荷台に乗せてもらってという。

とにかく、夜中に起きれば、それこそトイレ誘導だ、寝ないで徘徊している人がいるから、それの面倒を見なければいけない。

はい失禁だ、もうパンツもない、下着もない、どうしようと。冬だったのですが、失禁したのは下の池に行って洗って、絞って干してもかぴかぴに凍ってしまうし、なので、シーツの古いやつをこうやってあてがったり。

歯磨きはない、風呂もない、シャンプーもしない、ひげは伸びる。それでもわれわれは、お互いに話をしても口が臭いというのは全くありません。もう本当にサバイバルみたいな。

その後、北海道とか青森県から100人態勢で支援に入ってくれました。6人態勢で1週間交代で入ってくれても、初日はどうしても、何がどこにあるか、利用者のこともわかりません。わかった頃には入れ替えということになったのですが、メイン的な食事とかはわれわれの職員がします。

やっぱり勇気をもらったのは……。誰でも被災地には入りたくありません。自分たちの施設も職員がいっぱいなわけではないし、その中で、移動日も含めて8日、10日間交代で入ってきてくれる。それも、食事もままならず、水もない、お風呂も入れない。

私が感じ、職員皆さんが感じたと思いますが、被災地に入って、「支援だよ」となれば、やっぱり人間というのは、見れば手を貸すという人たちがものすごく多かったです。嫌々ながら時間を過ごせばいいという方は1人もいませんでした。

後半のほうになってくると、いくら1週間でも利用者も慣れてきます。利用者も、印象がよければわれわれと一緒です。心が通じ合うものは、知的障害であってもあるのです。私は、それだけは忘れないでおこうと思いました。

誰もやりたくない汚い仕事からしてくれたし、あとは、朝4時には起きて、外の掃除とかトイレ掃除をきちっと、眠い中を欠かさずに……。

施設で経験しているから、そういうことができるのです。普通の人が来たら、多分、そこまで頭が回らないと思います。

津波災害から高齢者、障がい者を誰が助けたか

東日本大震災時、避難支援が必要な人は、誰の支援で助かったのだろうか。内閣府の調査では、家族や近所の人など、身近な方からの直接的なはたらきかけによる他、福祉関係者からの連絡や声掛けによって避難した割合が高いことが明らかになっている。

表1　避難行動に関わる情報源
　　　（東日本大震災の被災地で避難支援が必要だったと答えた783人のうち、実際に避難された
　　　方315人が回答対象）

項目	人数
近所の人、友人等、面識ある人からの連絡や声かけ	97
民生委員からの連絡や声かけ	7
福祉施設や団体の職員、ケアマネージャー、ヘルパー等からの連絡や声かけ	**74**
警察、消防（団員含む）からの指示	30
市役所、町村役場からの指示や勧告連絡	21
家族など同居している人の判断	101
メール等の緊急速報やインターネット	16
テレビやラジオ等の情報	34
その他	48

出典：内閣府「避難に関する総合的対策の推進に関する実態調査結果報告書」2013年

表2　避難行動における支援者
　　　（東日本大震災の被災地で避難支援が必要だったと答えた783人のうち、避
　　　難されたときに支援者がいた方197人が回答対象）

項目	人数
近所の人、友人等、面識のある人	60
民生委員	4
福祉施設や団体の職員、ケアマネージャー、ヘルパー	**53**
警察	0
消防（団員含む）	11
市役所、町村役場の職員	8
家族など同居している人	85
その他	25

出典：内閣府「避難に関する総合的対策の推進に関する実態調査結果報告書」2013年

　これを見ると、どちらも1位は家族・同居者、2位が近所・友人、3位が福祉関係者で、4位以下と大きな差がある。これまで避難支援においては、家族以外では近隣の助け合いが最も重要とされていたが、**東日本大震災の避難情報源、避難支援者としては、福祉関係者が同程度に重要な役割を果たしていたことが明ら**かになった。

避難支援検討会

　国は、高齢者等の避難支援について、2012年10月、内閣府に「災害時要援護者の避難支援に関する検討会」（座長　田中淳東京大学大学院情報学環教授）（以

下、「避難支援検討会」という）を設け、著者も参加の機会を得て東日本大震災における要援護者（現在の「要配慮者」だが、当時の用語をそのまま使う）の避難の状況等を検証し、高齢者等の避難支援ガイドラインの見直しを含めた検討を行った。

避難支援検討会の検討概要

東日本大震災においては、高齢者や障がい者等の要援護者が避難に必要な情報が届かなかったり、避難すべきか否かを判断できなかったり、避難支援を受けられなかったり、寝たきりなどで避難をあきらめたりしたことで、多くの要援護者の命が失われた。福祉施設や病院など、要援護者の避難場所までもが被災し、その死亡率はさらに大きなものとなった。

また、避難の呼びかけ、誘導をおこなった消防団員や民生委員等が、避難の説得に時間がかかったことなどで津波に巻き込まれ、多数の支援者が犠牲者となっている。

地震や津波から逃れながらも、避難所などの過酷な生活環境で命を落とされた要援護者も多数に上った。家族に要介護者や障がい児者、乳幼児がいたことで、避難所にいられずに、支援や情報提供がない中で損壊した在宅での生活を余儀なくされた方も大勢いる。

要援護者の支援については、平常時、発災後の避難、避難生活、仮設住宅等での生活再建の段階があるが、避難支援検討会では避難時と避難生活の支援を中心に議論した。なお、この報告書で、すでに福祉施設BCPの重要性と作成を推奨している。

東日本大震災における要援護者避難支援の課題

要援護者は、避難情報の伝達、避難支援、避難生活等、様々な場面で十分な対応、支援が受けられない状況が多くあった。避難支援検討会の報告書（2013.3）から主なものを下記に示す。また、福祉事業者に関係する部分は下線を付す。

（1）平常時における要援護者支援の課題

・要援護者支援の基礎自治体の組織体制の整備がなされていなかった

・支援者が足りなかった

・要援護者と支援者が協力した訓練を十分に行っていなかった

（2）発災直後の避難誘導、安否確認における課題

・名簿を作成していなかったため、要援護者の所在、連絡方法が分からなかっ

た

・名簿を作成していたが、避難支援者に渡されておらず、避難支援や安否確認が遅れた

・名簿の作成に関して、個人情報保護条例の整理がなされていなかった

・事前の打ち合わせが十分でなく、支援者が要援護者の説得に時間がかかり、多数犠牲となった

（3）避難後の生活支援における課題

・要介護状態や障害等により、避難所や福祉避難所にいられなかった

・ライフラインが止まり、暑さや寒さの中で、食料や情報も不足し、生命が危険にさらされた

・避難所や福祉避難所が不足し、十分な専門的支援ができなかった

・要援護者の相談窓口の人員が確保できず、十分な支援ができなかった

・避難所では、心身の健康確保対策が十分ではなかった

・福祉避難所の周知がなされていなかった。また、その役割が十分に果たせなかった

・心身の障害や寝たきり、車いすなどのため避難所に移動できなかったり、避難所の生活ができなかった

・被災した自宅での生活を余儀なくされた要援護者に、情報、物資、支援が届かなかった

・基礎自治体の機能が低下し、応援の要請が遅れた

・福祉、保健、医療関係サービス機能が低下し、特に要援護者の支援に支障をきたした

・要援護者支援に関わる専門職には女性も多いが（保健師、看護師、介護福祉士、ヘルパー、保育士等）、子どもの預け先がなく、専門性の発揮が難しいケースもあった

　これを見ると、**災害時要援護者避難支援に関するほとんどの課題に対して、福祉事業者の支援が必要であり、かつ有効であった**と推察される。

福祉施設職員を守るために

　ある町からは「東日本大震災の当日に亡くなった方が616人で、養護老人ホームと軽費老人ホームが甚大な被害を受けたため、高齢者の死者数が多かった。要援護者の避難支援の取組は、地区防災組織による支援、行政区役員や民生委員、

消防団、家族、近隣等で声をかけ、助け合ったという状況である。ほかに介護保険事業者による避難支援、町及び消防団の広報活動による支援も行われたが、その中で避難誘導にあたった行政区役員3人、民生委員2人、消防団員10人、町職員4人が亡くなった。」という状況が報告されている。（内閣府「災害時要援護者の避難支援に関する検討会報告書」、2013年3月）

　実際に、自治体職員288名（地方公務員災害補償基金2019年2月）、消防団員254名（H24.12.消防庁）、民生委員56名、高齢福祉施設職員173名（H24.6厚生労働省保健局）もの支援者が亡くなっている。

　支援者が要支援者を助けに向かうことは、危険に近づくことでもある。避難支援者は、避難しようとしている人を支援するものであり、避難を拒む人を支援する義務はないのだが、現実には、できるだけ支援したいと考えるのが人情だ。だから、支援者は事前に支援時間はどの程度か、避難場所はどこか、支援内容はどこまでか、どうなったら支援を諦めて自分の命だけでも守るのか、を要支援者や家族と話し合って決めておくことが重要だ。これが「個別計画」（現在は「個別避難計画」と変更されている）であるが、現実には、町内会・自治会役員、民生委員など支援者の自助努力に委ねられていて、市町村もほとんど実態を把握していないのではないか。

　国民保護計画においても「避難実施要領パターンのつくり方」（消防庁、2018年10月）で、要支援者の避難について次のように定められている。

・市町村地域防災計画で定められた、自然災害時の対応に準拠するのが基本となる。

・平時から整備している避難行動要支援者名簿の内容を踏まえて、自治会長（自主防災組織会長）や民生委員に見守りや避難の呼びかけ等を依頼する。

・避難行動要支援者向けに、別途輸送先（福祉施設、病院等）や輸送手段（福祉車両、警察車両等）を準備する必要があるか検討する。

やはり、自治会役員、民生委員頼みであり、実効性があるか強い不安が残る。

正常性バイアスと同調性バイアス

　人はなぜ逃げ遅れるのだろうか。

　その理由は、人には「正常性バイアス」があるためだ。「自分だけは安全だ、災害に遭わないだろう」という根拠のない思い込みだ。この思い込みがあるので、ほとんどの人は最初の危険認知の段階では逃げられない。たとえば、2018 年 7 月の西日本豪雨災害で、岡山県倉敷市真備町で 40 名もの方が逃げ遅れて、自宅の 1 階で亡くなったとみられている。

　一方で、危険を認知しているのだから不安は当然にある。そこで、他人の行動を見ようとする。誰かが「火事かもしれない」といって逃げると、一緒になって逃げようとする。他人と同じ行動をとることで安心感を得ようという意識を「同調性バイアス」という。

（津波襲来直前に鵜住居地区住民が撮影）

写真 1

片田敏孝東京大学大学院情報学環特任教授提供

　上の写真は「釜石の奇跡」と呼ばれる釜石東中学校の生徒たちが、近くの鵜住居小学校の児童の手を握って一緒に避難している姿である。中学生たちが率先して逃げたことで、中学生はむろん、小学生も地域の人も助かっている。まさに同調性バイアスが効いた優れた事例だ。

　正常性バイアスを打ち破るには、日頃の教育と訓練が最も重要であるが、おざなりになっている可能性がある。教育や訓練の目的として「人間には正常性バイアスがあって、上手に逃げることができない生き物だ。だから、教育と訓練をすることで「避難スイッチ」を入れる必要があるのだ」という最も重要なポイントを伝えるべきだ。

　なお、災害時には大声で避難を呼びかけるとともに、逃げる姿を見せて同調性バイアスを効かせることが重要だ。

南海トラフ地震への福祉事業者の備えはできているか

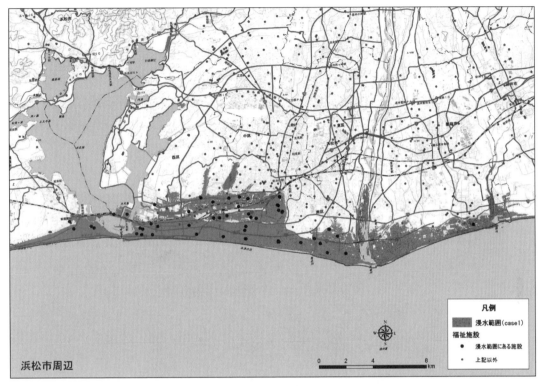

図3　浜松市の福祉施設と津波浸水想定地域：

出典：（一社）福祉防災コミュニティ協会作成

　図3の丸印は浜松市の福祉施設の所在地であり、陸の濃い色は南海トラフの最大浸水想定地域である。浜松市では最大16メートルの津波が最短で22分後に押し寄せると想定されている。

　それでは、この福祉施設の職員は大地震が発生した後、利用者をどのように避難誘導するのだろうか。避難場所と避難支援方法を時間を計って訓練しているだろうか。間に合わないと判断したときに、任務を放棄して逃げても良いのだろうか。逃げる判断基準は明確に決まっているだろうか。それができなければ、職員と利用者は共倒れになってしまう。

　最大リスクに備えた実効性ある避難計画と訓練をすること、それが、東日本大震災の教訓だ。

3.　激甚化する風水害への対応

避難情報の変更

　2016年8月30日、台風10号により岩手県岩泉町認知症グループホーム「楽ん楽ん」で9人全員の高齢者が水害で亡くなり、社会に大きな衝撃を与えた。現地に行ってみると、隣地には大きな工場があった。仮に、平時から施設と合同で避難訓練をしていたならば、きっと高齢者の避難を支援してくれたのではないかと惜しまれる。

写真2

右の建物が楽ん楽ん、左の建物が工場。楽ん楽んの建物には水の跡がくっきりと残っている。
（2016年10月15日　筆者撮影）

　この災害を受けて、内閣府は2017年1月31日に「避難勧告等に関するガイドライン」を改訂し公表した。避難情報の名称は変更され、表3のとおりとなった。

表3　2017年改訂の避難情報

旧名称	新名称
避難準備情報	避難準備・高齢者等避難開始
避難勧告	避難勧告
避難指示	避難指示（緊急）

　2021年の災害対策基本法改正により、この避難情報はさらに、大幅に改定された。

表4　2021年改訂の避難情報

旧名称	新名称
避難準備・高齢者等避難情報	高齢者等避難
避難勧告	避難指示
避難指示（緊急）	

　主な変更点について内閣府（防災担当）「避難情報に関するガイドライン」（令和3年5月）に沿って概観する。

（1）警戒レベル3「高齢者等避難」（市区町村長が発令）
・発令される状況⇒「災害のおそれあり」
・とるべき行動⇒「危険な場所から高齢者等は避難」

　高齢者等とは、避難を完了させるのに時間を要する在宅又は施設利用者の高齢者及び障害のある人等、及びその人の避難を支援する者とされている。避難支援者を加えていることを忘れてはならない。支援者はまず、自らの安全を確保したうえで、避難しようとする人を支援するのが原則である。

　この「高齢者等避難」の名称は何度も変更されてきた。2005年に初めて制定されたときは、「避難準備（要援護者等避難）情報」であったが、その後、主に名称が長いという理由で「避難準備情報」になった。2017年には、前々年9月の関東・東北豪雨災害や前年の台風第10号による高齢者施設の被災等を踏まえ「避難準備・高齢者等避難開始」に変更された。私は、この委員会で「避難準備」という名称に反対した。それは人には正常性バイアスがあり「避難準備」だと「準備だけすればいいんだ、まだ逃げなくていい」という誤ったメッセージを伝えかねないからだ。

　今回のガイドラインでは、「「避難準備」で名称が始まると、高齢者等が避難するタイミングである認識が薄れるおそれがあること。」と変更理由を説明している。

　避難に時間がかかる、特に在宅の要支援者、そして福祉施設入所者も原則として、このタイミングで安全を確保する、場合によっては避難する必要がある。

（2）警戒レベル4「避難指示」（市区町村長が発令）

・発令される状況⇒災害のおそれ高い

・とるべき行動⇒危険な場所から全員避難

　内閣府が行った住民向けアンケートでは、避難勧告及び避難指示（緊急）の両方を正しく認識していたのは17.7％に過ぎなかった。そこで、避難勧告が廃止され、避難指示に一本化された。なお、避難とは「危険な場所から難を避ける」ことを意味し、必ずしも屋外への立退き避難を求めているわけではない。以前、市区町村の全域に避難勧告等が出されたとき、どこに避難すればいいんだ、という批判があったが、危険な場所にいる住民は全員、安全な場所へ避難するようにと考えれば問題ないはずだ。

（3）警戒レベル5「緊急安全確保」（市区町村長が発令）

・発令される状況 ⇒「災害発生又は切迫」

・とるべき行動 ⇒「命の危険 直ちに安全確保！」

　居住者等が指定緊急避難場所等へ立退き避難することがかえって危険であると考えられる切迫した状況において、いまだ危険な場所にいる居住者等に対し、「立退き避難」を中心とした避難行動から、「緊急安全確保」を中心とした行動へと行動変容するよう促したい場合に発令される。

　今回の避難情報の改定は、これまでの様々な課題に正面から向き合い、決着をつけるという強い意志を感じさせるものであった。

要配慮者利用施設の非常災害対策計画等の作成と確認

　さて、多くの自治体は要配慮者施設の利用者については施設が災害対応し、在宅の要配慮者は自治体が地域住民とともに災害対応するとしている。このため、要支援者名簿に施設入居者は記載されないのが一般的だ。これは、施設の災害対応力が十分にあることを暗黙の前提としている。

　しかし、2016年台風10号水害で、必ずしも施設が十分な災害対応力を有しているわけではないことが明らかになった。法令上、施設は非常災害対策計画を作成し、訓練することとなっているが、どのような災害を対象にするかは明確でなく、計画や訓練を自治体が監査することもほとんどなかった。

　内閣府による近隣福祉施設へのヒアリングでは、この災害で間一髪で被害を免れた施設がいくつもあった。ほんのちょっと判断ミスで、もっと大きな被害になった可能性がある。

警戒レベルの一覧表（周知・普及啓発用）

○警戒レベルの一覧表を用いる場合には、以下の表記上の留意点を踏まえた以下の表記を基本とする。
①警戒レベル5は命の危険が極めて高く警戒レベル4までとは異なる段階であることを示すため、5と4以下の間に区切り等を設け、その区切りの趣旨として「警戒レベル4までに必ず避難！」と記載し波線で挟むこととする。
②避難のタイミングが明確になるよう、警戒レベル4、3を強調する（太文字、行の高さを高くする等）。
③警戒レベルの一覧表の配色については、次ページのとおり。

警戒レベル	状況	住民がとるべき行動	行動を促す情報
5	災害発生又は切迫	命の危険　直ちに安全確保！	緊急安全確保※1
＜警戒レベル4までに必ず避難！＞			
4	災害のおそれ高い	危険な場所から全員避難	避難指示(注)
3	災害のおそれあり	危険な場所から高齢者等は避難※2	高齢者等避難
2	気象状況悪化	自らの避難行動を確認	大雨・洪水・高潮注意報（気象庁）
1	今後気象状況悪化のおそれ	災害への心構えを高める	早期注意情報（気象庁）

※1 市町村が災害の状況を確実に把握できるものではない等の理由から、警戒レベル5は必ず発令されるものではない
※2 警戒レベル3は、高齢者等以外の人も必要に応じ、普段の行動を見合わせ始めたり危険を感じたら自主的に避難するタイミングである
（注）避難指示は、令和3年の災対法改正以前の避難勧告のタイミングで発令する

図4　避難情報の図

出典：新たな避難情報等について〜「避難情報に関するガイドライン」の説明資料〜 内閣府（防災担当）
http://www.bousai.go.jp/oukyu/hinanjouhou/r3_hinanjouhou_guideline/pdf/hinan_guideline_3.pdf

そこで、施設の非常災害対策計画、訓練の実効性を確保するために、ガイドライン、検討会報告では新たに2つの対策を記述している。

一つは、非常災害対策計画作成に際しては、**専門家等の助言を受け、訓練は市町村、消防団、地域住民等と一緒に行うことで、専門性と受援力を高めること**である。災害時は特に、人も組織も孤立すると弱くなる。施設、病院、学校、企業等は地域社会につながって助け合うことで災害時の安全性を高められる。

もう一つの対策は、定期的な監査時に自治体が災害計画、訓練の実効性を確認することを強調した点である。福祉部局の監査は主に会計監査であり、災害計画の監査はその有無を確認する程度であった。そこで、福祉部局だけでなく防災や土木部局も立ち会って監査することを奨励した。

ガイドラインの限界

一方で、これでも施設の防災力は大災害には十分ではない。2016年台風10号

災害では、いくつかの被災施設が指定避難所ではなく自分たちで考えた場所に避難している。行政は、避難所と言えば小中学校を指定するが、実際に要配慮者はかなり個別性が強い。バリアフリー環境があったり、近いところを選んだりしなければならない。

　避難方法についても、認知症患者、知的や精神の障がい者、視覚障がい者、車いすなど、それぞれ個別性がとても強い。

　そうであれば、施設は施設の特性、各利用者の個別性に配慮して、計画、訓練、見直しを真剣に行い、実効性を高めなければならない。さらには、近年の災害の激甚化にも対応するとなると、計画の基準となる被害想定までも超えているわけだから、施設職員の判断力を高めることが必要だ。

　近年の災害においては、ケアマネジャー等の福祉サービス提供者が中心となって献身的に担当利用者の安否、居住環境等を確認し、ケアプランの変更、緊急入所等の対応を行うなど重要な役割を果たす事例がでてきている。

　福祉事業者は日常的に要配慮者と接していることから、このような活動を平常時から意識的に行うことで要配慮者の自助、共助の力が高まると考える。たとえば、室内安全化のための家具固定への協力、備蓄品の助言、避難支援者の調整、避難所の周知などがある。そして、ケアプランの中に災害時の支援方策を記載し、本人や家族、地域の支援者等と話し合って、役割の分担を決めていく取組を進めることが望ましい。

　ところが、現在の介護保険のケアプラン、障害者総合支援法の個別支援計画等には災害時の対応を記述する欄がない。福祉事業者に災害対応計画を作成するノウハウが不足しているためとすれば、市区町村は、後述するように事業者研修、ケアマネ研修などで要配慮者支援の計画作成ができるように支援する必要がある。これが個別避難計画となる。

コラム　水害から認知症高齢者を守ったグループホームの事例

　2017 年 7 月、秋田県では雄物川という県内で一番大きな川が大氾濫した。それでも、福祉施設をはじめ多くの住民が無事に避難し、人的災害はゼロに抑えられた。そのときのグループホームの状況は次のとおりであった。

避難を決めるまでの状況
　この施設はグループホームで利用者は 9 名、主に認知症の方が入所されており平屋建てです。

隣の建物は少々かさ上げした建物で、デイサービスで利用していて、そちらは夜間は誰もいません。

　平成29年7月22日は昼から豪雨で、その雨の強さから心配してました。私は休みだったけど、出勤職員から「水かさがすごく増えている」との連絡があり、休日出勤しました。3名出勤でしたが、自分が到着したころには結構水かさが増えており、とりあえず隣のデイサービス建物に避難しました。その建物は少しかさ上げしており浸水に強いですから。

　認知症の方の避難は混乱が多く発生しがちだけど、訓練をやらないとどうなるかもわからないので、訓練しておいたのはよかった。ただし隣建物までの避難は訓練してたけど、今回のように別の避難所への移動は初めてでした。

　もともと指定されていた避難所は近くの大曲工業高校でした。体育館工事で本年は使えず避難所ではなくなっていたようだが、それはラジオで知りました。他の住民で大曲工業に避難してしまった人もいるようで、ちょうど微妙な時期だったと思う。なので今回の受け入れ先は、車で5分くらいの「ペアーレ大仙」、こちらは社会福祉系のカルチャーセンターみたいなところです。

　巡回の水防団の方は大丈夫だと言ってましたが、それは普通の方の大丈夫なのではないかと思います。認知症の方は水の中の移動など無理であり、健常の方と同じレベルでは考えてはだめとは思いますが、一般の方はそれを感覚として掴めないかもしれません。

避難の決め手と迷いと

　夜中の零時をまわったころでしょうか、便所からゴポゴポ音がしていて、それが水の逆流した音だったんです。外をみてみると道路側も冠水が始まっており、もうこれは逃げたいと思ったので、社長に「逃げたい」と言いました。この時点では避難勧告は出てませんけど、まずい状況だと感じてましたから。

　実は、昨年の岩手の豪雨で「避難準備が出たら、福祉系の施設は避難開始だ」を初めて知ったんです。今回は避難準備を待っていましたが、出なかったので避難開始が遅くなっていました。このまま利用者が寝てしまうと、避難は現実にはずっと難しくなります。

　なぜなら認知症の方は、危機的状況を理解できないないし、説明しても理解できない方が多いんです。また寝てしまうと「寝たい」が全てに優先する人も多く、タイミングを間違えると避難自体がとても困難になります。タイミングとしては寝る前に、というのを考えました。

　ただ、認知症の方の常として、ベットがないとだめ、プライバシーも確保できないとだめ、トイレも近くないとだめ、などがあり、避難先にそんな設備があるとは思えないので、正直避難にはためらいがありました。でも、ここまで緊急度が上がると避難するしかないと。なので、このあたりのタイミングはバランスが難しいです。

　利用者にとっては、「環境が変化しない＝逃げない」ほうがよいので、単に早く避難というふうにはならないのが悩ましいところですね。

避難先で良かったところ、困ったところ

　今回は車が4台あったのでなんとかなりました。避難を考えた段階で、あらかじめ避難先で

必要になる物資も積んでおいて、準備しておきました。これで避難が間に合ったところもあります。夜間移動はきついので、行動するなら日中が良いと思います。

　避難先にはヨガマットと毛布はありましたが、テーブルが無かったため、立ち上がる際に利用者が手をつく場所がなくて、辛かったです。レクレーション道具を持って行かなかったので、楽しみと言えば食べるのみ。ちょっとしたものをスーパーで買い、食べてもらっていた。食事は毎食出してもらえたが、堅いものが多く、多少の加工が必要だったので適宜、スーパーから調達していました。でも、食事を準備してもらえると大変ありがたかった。

　施設にエレベーターがあったのはよかったし、トイレが広くて助かりました。他施設の避難先だと公民館などでトイレが小さくて大変だったとも聞いています。ただ初めての場所なので自立した人であっても、館内で迷子になり何をするにしても、全員に職員がつかないといけないので大変です。でも、総合的には大曲工業より全然よかったと思います。

　避難期間は3、4日でしたが、知らない場所だと利用者は、怒るし、手は出るし、床なので立ち上がろうとしてもふらふらで転びそうで、けがされると困るし、と困難は多かったです。

　夜は2名体制で詰めましたが、個室でないので、トイレなどでだれか一人立つと他の利用者もトイレにと、伝播したりも発生しがちでした。

施設に戻ってからと2度目の避難生活

　戻ってきてからは施設の消毒と片付けで大変でした。デイサービス建物は床下浸水だったので、まずはデイサービス建物で入所の方とデイサービスの方を両方収容していました。

　同居状態でしたが、ベットもTVも音楽も複数の部屋もあり、避難先より全然良かった。なお、行政からの復旧費用の補助はほんとに微々たるもの。

避難マニュアルや体制について

　避難のマニュアルはあるけれど、毎度、状況が違うのであまり活用はされていません。どうしても状況判断で決めることが多いです。マニュアルは市が叩き台としてつくったものを、施設ごとに少々変更して作成しました。

　やはり、東日本大震災3.11がベースで、いろいろな水害経験も踏んで、水が来る方向、確認する場所、情報を得る手段などがわかってきたので職員間で、伝承するようにしています。

　避難訓練では、実際に受け入れ先に移動してみることが大事です。避難ルートも水がつかりそうなところを確認しておきましょう。迂回路も。

　物資や資機材は何があるのかチェックしておき、避難所に持参するものは判断しておいたほうがいいです。避難先にあるものを理解しておかないと、行ってみてびっくりですし、実際の避難時には冷静じゃないことも多く、先方に確認ができなくなりますのでね。事前に無いことがわかればリストにしておいて、全部積んで持って行くなども可能でしょう。一回逃げたらしばらくは戻ってこられないから。

　水害では、避難先が泊まる前提でないことが多いので注意が必要です。避難中も職員は避難所に出勤して利用者のケアをするので、避難所までの経路で、どこが通れないかわからないと職員は大変です。正しい情報と災害時の通行許可証がほしいです。

避難確保計画の法定化と課題

2017年6月、水防法及び土砂災害防止法が改正され、福祉施設等の要配慮者が利用する施設の所有者または管理者については、洪水・土砂災害における防災体制や訓練の実施に関する事項を定めた「避難確保計画」を作成し、各市町村長に届け出る義務が課された。2020年10月31日時点で全国の対象となる要配慮者利用施設は88,601、作成数は55,075施設であり、作成率は66.2％である。（出典：国土交通省HP）

ところで、この計画にはひな型があるが、これを穴埋めしただけでは、もちろん効果は不十分だ。先のコラムにあるように、ひな型が効かない部分は必ずある。職員のハート（意識）を高めるため、職員参加で作成することが重要だ。ワークショップやアンケートで職員の不安、参集可能性を把握し、対策を職員自らが検討する。これにより職員の防災意識の高揚と計画の共有化を図れる。また、職員の自宅や通勤路のハザードを確認することも大切だ。

最も重要なのは「避難スイッチ」を決めることだ。どのタイミングで避難するかを全職員が納得して、共有することが大事だ。また、夜間は人手不足になるので地域との連携が有効だ。2019年の東日本台風で被害を受けた長野県の福祉施設では、夜間に地域住民の協力を得て無事に避難を完了させているが、それは日ごろから地域住民と夜間避難訓練をやっていた成果である。

4. 熊本地震

熊本地震で、私が最も重要と考えている教訓は、高齢者を中心に218人もの災害関連死が発生してしまったことだ。これは、直接死50人の4倍以上に上る。

熊本県は、熊本地震による災害関連死の状況について、次のように貴重な調査を行っている。

これを見ると、死亡時の年代は、高齢になるほど増える。90代になると下がるが、元々の人口が少ないから当然である。また、発災後、1週間や1か月以内という早い時期に亡くなる方が多い。発災当初の避難生活が、高齢者にはいかに過酷かを示している。

コロナ禍の避難では、少人数・分散避難が重要とされる。災害関連死を防止する観点からも、これは望ましいことだ。ある程度、環境の整ったところで落ち着いて暮らせる避難生活が、特に高齢者にとってのこれからの避難の在り方になる。親族や知り合いへの縁故避難、ホテル・旅館への避難、日常から通っている

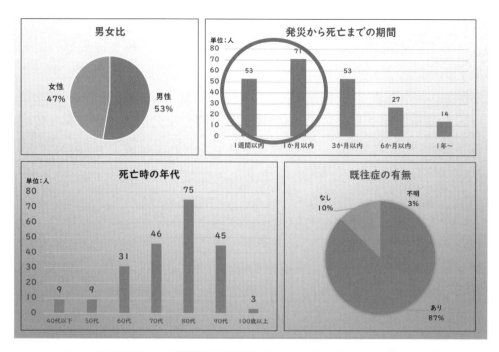

図5　熊本地震での震災関連死内訳令和3年3月末時点218件（更新）

出典：熊本地震の発災4か月以降の復旧・復興の取り組みに関する検証報告書、熊本県、R3.4.9

福祉施設への直接避難、などが候補になる。2021年の熱海市の土石流災害では、高齢者施設の避難者と在宅の避難者がそれぞれ別のホテルに丸ごと避難している。これなどは良い事例となるのではないか。

　小中学校の体育館で、床で雑魚寝からスタートする避難生活は、もはやあり得ない。

　関連死で亡くなられた場所で最も多いのは自宅で約4割、そのほかに自宅から病院等に搬送されて亡くなったのが24％あり、この両者で6割を超える。私は4月20日から熊本県益城町の避難所支援などをお手伝いさせていただいたが、避難所に認知症高齢者の姿は見えなかった。実はこの時期に多くの方が避難所ではなく、在宅で亡くなっていたのだ。

　高齢者については「自宅にいるから安心」ではなく、「自宅だから危険」と考えを改めなくてはならない。このデータが出たことをきっかけに、福祉系のボランティアは在宅の被災者をできるだけ早く訪問して、具合の悪い方を早期発見することを重視している。

生活環境	人数	割合
発災時にいた場所及びその周辺	12	5.5%
避難所等への移動中	0	0.0%
避難所滞在中	10	4.6%
仮設住宅滞在中	1	0.5%
民間賃貸住宅・公営住宅等滞在中	0	0.0%
親戚や知人の家に滞在中	8	3.7%
発災前と同じ居場所に滞在中の場合【自宅等】	81	37.2%
発災前と同じ居場所に滞在中の場合【病院】	27	12.4%
発災前と同じ居場所に滞在中の場合【介護施設】	17	7.8%
入院又は入所後1か月以上経過し亡くなった場合【病院】	58	26.6%
入院又は入所後1か月以上経過しなくなった場合【介護施設等】	3	1.4%
その他・不明	1	0.5%
合計	218	

図6　熊本地震震災関連死　死亡時の生活環境区分

出典：熊本地震の発災4か月以降の復旧・復興の取り組みに関する検証報告書、熊本県、R3.4.9

災害後のコミュニティづくりの重要性

　これまで、地方部ではコミュニティによる日常のさりげない見守り、声掛けの延長で災害時の支え合いがなされてきた。しかし、東日本大震災や熊本地震のような大災害になると支援者も大きく被災し、避難所などに移ることで地域の中で十分な見守りができなくなる。

　そこで、災害直後に見守りの拠点センターを設置して、制度的支援を行うことが重要になる。さらに、中長期的にはそれだけでは十分ではなく、やはりコミュニティの力が重要だ。多くの高齢者にとっては、これまで暮らしてきた地域の高齢者同士が語り合い、困りごとを見出し、生活再建、自立への可能性を見出していく社会空間が必要になるからだ。災害後のコミュニティづくり、社会関係の再構築が、避難生活の長期化により危ぶまれる関連死の防止にもつながる。

コラム　地域支え合いセンター

　熊本地震後、8月に仮設住宅ができてくると、居住者の見守りや健康・生活支援、地域交流の促進などが課題になってきた。東日本大震災の被災地では、市町村社会福祉協議会（以下、社協という）を中心に「地域支え合いセンター」（以下、センターという）が設置されて生活支援相談員等が見守りや相談活動をしていた。

　熊本県もこれに倣って被災市町村社協にセンター設置を呼び掛けた。なお、これには経費負担を巡って、かなり厳しいやり取りがあったという話を聞いている。最終的には国負担が決まって制度が開始された。

　現在も熊本地震の対応で14市町村の社協等が中心になってセンターが設置され、巡回訪問、専門機関などと連携した相談や困りごとへの対応、集会所でのサロン活動などのコミュニティ・交流の場づくりの支援等が行われている。熊本県もセンター支援事務所がその運営支援を行っている。

　熊本地震後には、九州北部豪雨災害、西日本豪雨災害、東日本台風災害、そして2020年7月豪雨災害と続いたが、多くの市町村でセンターが設置されている。最初に井戸を掘った人の苦労のおかげで、次の災害ではスムーズに制度が動くのだと改めて実感する。

コラム　地域支え合いセンターと災害ボランティアセンター

　現状では、市町村社会福祉協議会は災害直後は災害ボランティアセンターの立ち上げを優先し、その運営に忙殺される。それが一段落してセンターの立ち上げとなる。

　関連死を防ぐためにはその順番を逆にすべきだ。あるいは、センターの中にボランティアセンターを含めても良い。センターの設置が遅れれば、災害直後の関連死防止には間に合わない。災害直後から、在宅の高齢者等の安否確認をすることが最重要であり、センターはその拠点となる。

　なお、安否確認をするとき「大丈夫ですか？」とだけ尋ねれば、高齢者の多くは厳しい状況でも「大丈夫です」としか答えないものだ。最初に、ある程度深掘りしたアセスメントが必要で、被災者に家の損傷の程度、薬の有無や、食事の内容、トイレや風呂の様子などを聞き取ることが欠かせない。事前に聞き取り項目を整理した簡易なアセスメントシートを準備しておくとよいだろう。そして、少しでも体調変化があれば、医療機関につなげていく。

　災害ボランティアセンター設置は、近隣の社会福祉協議会やNPO等から経験ある応援職員が来てから、被災地社協2名程度と協力して立ち上げるので十分ではないだろうか。

第2章　高齢者施設の避難確保検討会

1.　2020年７月豪雨災害　千寿園の状況

　７月３日16時45分に発表された気象庁の降水量予想では、４日18時までの24時間の降水量は多いところで200mmとされていたが、実際には２倍以上の降水量があった。

　警戒レベル４避難指示（緊急）が発令された７月４日３時半頃には、就寝中の千寿園の利用者とアットホームどんぐりの利用者を起床させ、５時頃には、山側から離れた別館まごころに避難させた。

　７時頃になると、建物の浸水が始まったことから、その場の判断で、千寿園の二階に利用者の垂直避難を開始した。その際、近くから駆け付けた避難支援協力者約20名の協力を得て、懸命な避難支援により、千寿園の利用者48人とアットホームどんぐりから避難していた利用者５人の53人を避難させることができた。しかしながら、幅1.2m程度の階段を使った二階への避難には多くの時間がかかり、一階の水没によって17人の利用者がその場に取り残された。17人のうち３人はその後救助することができたが、14人の救助は間に合わなかった。

　夜間に想定の２倍以上の豪雨があるという過酷事象の中で、職員数が少ない時間帯であるにもかかわらず、近隣住民の協力を得て56名を救助できたことは評価すべきと考えている。一方で、それでも14名の方が亡くなられたことを教訓に、検討会は、今後の高齢者施設のあるべき水災害対策について議論を重ねた。

全国の高齢者福祉施設の避難体制の現状

　厚生労働省と国土交通省は、特別養護老人ホームや地域密着型特別養護老人ホームを対象として、避難確保計画等に係る実態調査をアンケート方式で実施した。調査対象の施設は、平成30年介護サービス施設・事業所調査によれば、特別養護老人ホームは8,097施設、地域密着型特別養護老人ホームは2,314施設であり、7,531施設から回答があった。その中で、課題となる事項を取り上げる。なお、報告書の内容は、一部言い回しを変えたり、省略しているものもある。

（1）施設の立地条件

　洪水浸水想定区域や土砂災害警戒区域の何れかにある施設は、全体の約43％、そのうち約75％は浸水深3ｍ未満、約94％は浸水深5ｍ未満の場所にあった。

　3ｍ未満の場所にある施設が全体の75％を占めていることから、二階建て以上の建物であれば、原則として上階に垂直避難場所等を確保できれば避難の実効性が高い。一方で、3ｍ以上5ｍ未満の場所が397施設、5ｍ以上10ｍ未満の場所122施設、10ｍ以上の場所は12施設であった。

　二階建て、及び平屋で3ｍ以上の浸水可能性がある施設は、災害発生前に利用者、職員の立ち退き避難が不可欠であり、今すぐ、しっかりとした対策をとる必要がある。市区町村はハザードマップと施設の位置を重ね、危険な立地条件にある施設へは立ち退き避難の計画、訓練に優先的に取り組む必要がある。

（2）避難先

　避難確保計画等に定めている避難先に関して、5,488施設のうち、「施設内の安全な場所」としているのは約52％の2,841施設、「自治体の指定する避難先」としているのは約34％の1,868施設、「同一法人（グループ法人を含む）が経営する他の施設」としているのは約14％の779施設となっており、「施設内の安全な場所」を避難先にしている施設が過半数を占めていた。また、「計画している避難先は災害の種類に応じた避難先になっている」と回答したのは、有効回答を得た3,312施設の約84％に当たる2,782施設に止まっていた。すなわち、約16％の施設の避難先は、想定される災害に対応できていない可能性があることがわかった。なお、5,488施設が避難先について回答したが、「計画している避難先は災害の種類に応じた避難先になっている」という質問に答えたのは3,312施設にとどまる。もしかすると、答えなかった施設は、適切な避難先になっているかどうかわからなかった可能性がある。

　千寿園の避難確保計画には、第1避難場所として「千寿園駐車場」、第2避難場所として「渡小学校運動場及び同体育館」、第3避難場所として「球磨村運動公園さくらドーム」が定められており、渡小学校体育館以外は何れも屋外の避難先となっている。実際には、屋内避難の候補である渡小学校体育館は千寿園よりも低地にあり浸水している。おそらくは、豪雨の中を施設外に適切に避難できる避難場所は確保できなかったと推測される。

（３）避難訓練

「施設外の避難先に利用者を避難させる訓練を平成29年以降に実施した」と回答したのは、有効回答を得た3,367施設の約22％に当たる734施設に止まっていた。施設外の避難先に利用者を避難させる訓練を実施していない理由としては、「利用者の人数が多いため施設外への避難は難しい」、「利用者の身体状態や職員数の問題により施設外への避難は難しい」、「施設内での垂直避難を第一に考えている」等であった。

しかし、この結果は明らかな訓練不足と言えるのではないだろうか。必ずしも全員を避難させる必要はなく、一部の利用者だけでも訓練し、職員が利用者との立ち退き避難に慣れ、避難に必要な時間を想定することが重要だ。避難は時間との勝負だからだ。訓練なくして上手な避難はあり得ないことを肝に銘じたい。

（４）避難先での利用者のケア

「避難先での利用者のケア等の業務継続が可能」と判断しているのは、有効回答を得た3,316施設の約59％に当たる1,943施設に止まっていた。すなわち、約41％の施設は、避難先での利用者のケア等の業務継続が難しいと考えていることがわかった。

その理由としては、「業務継続のための必要品を外部の避難先へ運び込むのは難しい」、「施設内であれば業務継続は可能だが施設外では業務継続は難しい」等であった。

そもそも、人は「ものごとを甘く見たい」という「正常性バイアス」がある。さらに、施設外で利用者ケアが困難であれば、施設外への避難をためらうことになる。その結果、逃げ遅れにつながってしまう。したがって福祉サービスを継続できる避難先を探しておくことが、的確な避難につながる。

（５）地域等との連携

「地域住民など避難時の協力者をあらかじめ決めている」と回答したのは、有効回答を得た3,353施設の約42％に当たる1,399施設に止まっていた。また、「これらの協力者が訓練に参加している」と回答したのは、有効回答を得た1,508施設の約54％に当たる814施設に止まっていた。

アンケートへの回答数は7,531施設であるが、この設問への回答率は半分以下の3,353施設にとどまっている。もし、地域住民の協力者を定めたり訓練参加をしていれば、回答するのではないだろうか。そう考えると、協力者を定めている

のは２割弱、地域住民が訓練参加をしているのは１割強の可能性がある。福祉施設と地域との連携は、夜間、休日を考えた場合には特に重要になる。今後、地域住民との連携訓練については、重点的に伸ばしていくことが必要だ。

避難確保計画等の内容や訓練に関する事項

　この検討会報告書による対策の方向性は次のとおりである。

（１）施設の立地条件

　施設の立地条件が極めて厳しい場所では、災害リスクの低い地域への移転等の検討を促すことも必要である。また、新たに設置される施設については、国や自治体が、災害リスクの低い地域に誘導するとともに、利用者の居住スペースを想定浸水深よりも高い位置に設けること、想定浸水深よりも高い位置に垂直避難先を確保すること、垂直避難のための設備を装備すること等について、施設に促す必要がある。

　なお、立地条件の改善対策の実効性を高めるため、厚生労働省は災害危険区域からの移転については補助採択の優先順位を高める一方、災害危険区域への施設設置については補助制度の対象外とする方針を示している。本格的な立地対策がいよいよ始まる。

（２）避難先

　適切な避難先の選定は、専門性をもっていない福祉事業者だけでは困難な可能性がある。そこで、自治体、専門家等による支援が必要になる。

（３）訓練

　実動訓練に加え、シミュレーションなど図上訓練や計画の学習など様々な訓練を工夫して職員の災害対応力向上に努める。その際、職員同士の対話が気づきを促したりモチベーションを高めたりするのに有効である。また、同種の施設との合同訓練や自治体からの助言を得ることも効果的である。なお、利用者の負担軽減にも配慮した避難訓練を行う。

（４）避難先での利用者のケア

　避難先として最も望ましいのは、同種の高齢者施設である。同一市区町村、都道府県の高齢者福祉施設間で相互支援協定を締結したり、指定避難所での福祉ス

ペースの確保や福祉避難所の整備を進める。BCPを作成し、課題の整理、解決策の実施を繰り返すBCMの仕組みを構築して、粘り強くレベル向上につなげていく。

（5）地域等との連携

　地域住民や利用者の家族、地元企業等との間で、避難支援の協力を得る体制を構築する。また、これらの避難支援協力者を巻き込んだ避難訓練を平時から実施することが必要である。平時からの市区町村と施設の情報交換の場の確保を確保し、災害時に双方向に連絡を取り合える体制を確保する。

２．　2021年度からの新たな対策

　厚生労働省と国土交通省の2021年度の取組みについては、３月18日の検討会で参考資料３として示されている。https://www.mhlw.go.jp/content/sankousiryou1.pdf　重要な対策が示されているので、法案成立を機に紹介したい。

避難確保計画の作成徹底と市区町村の助言制度の創設

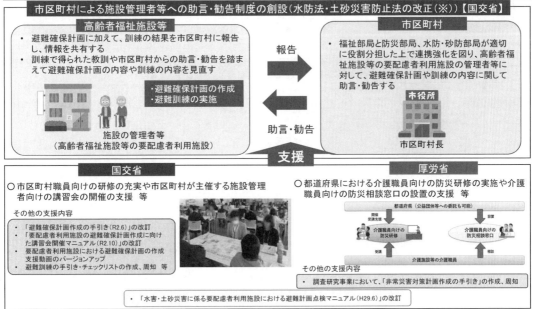

洪水や土砂災害等の水災害リスクに適切に対応した避難確保計画等の作成の徹底、訓練によって得られる教訓の避難確保計画等への反映

○ 施設から市区町村に避難訓練の結果を報告し、報告を受けた市区町村は、施設に対して、計画や訓練の内容の見直し等について助言・勧告する支援制度を創設する。

（※）当該改正内容を含む特定都市河川浸水被害対策法等の一部を改正する法律案を第204回国会に提出済み

水災害リスクに適切に対応した避難確保計画等の作成の徹底と、訓練によって得られる教訓の避難確保計画等への反映については、市区町村が福祉施設に対して助言・勧告をする支援制度を新たに設けた。それには、福祉部局と防災部局、水防・砂防部局が連携し、適切に役割分担するなど体制構築の必要がある。役所の連携体制は、施設への支援だけでなく在宅の避難行動要支援者の避難確保計画作成時にも求められる。

国の支援策は、国土交通省、厚生労働省が連携して、市区町村向けの研修の充実、あるいは手引等の改定を行い、厚生労働省は窓口の設置、防災リーダーの育成に取り組む。

避難確保計画等の周知

職員や利用者の家族等への避難確保計画等の周知

○ 避難支援協力者としての役割が期待される利用者の家族に対して、重要事項説明時等に非常災害対策計画・避難確保計画の内容の説明が行われるよう、事業者団体や各施設管理者等に協力依頼を行う。
○ 職員や避難支援協力者が避難確保計画等の内容を容易に理解できるようにするため、タイムラインを踏まえた分かりやすい計画を作成するよう施設管理者等に促す。

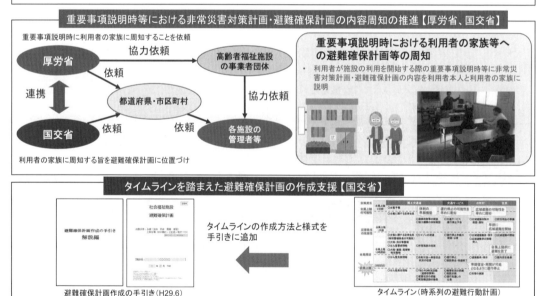

施設利用者の家族は、施設にとっては避難支援協力者としての役割が期待される。使えるものは何でも使わなければ、緊急時には間に合わない。そこで、利用者の家族に対して、施設入所時の重要事項説明時等に非常災害対策計画・避難確

保計画の内容の説明を行う。

　また、職員や避難支援協力者が避難確保計画等の内容を容易に理解できるようにするため、タイムラインを踏まえた分かりやすい計画を作成するよう施設管理者等に促す。なお、分かりやすさだけでなく、できるだけ多くの施設職員が参加し、災害リスクや避難確保方法について学び、検討することが大切である。

施設内の垂直避難先や立退き避難先の確保

施設内の垂直避難先や他の施設と連携した立退き避難先の確保等

○ 施設同士で避難者を受け入れする仕組みを構築するため、地域ごとに事業者による連絡会等が設置されるよう事業者団体に協力依頼を行う。
○ 垂直避難スペースやエレベータ等の避難設備の設置を補助金で支援し、施設の改修等を促進する。
○ 業務継続計画（BCP）の作成を推進する。

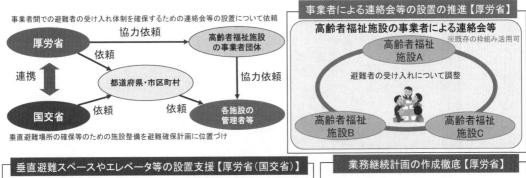

　施設同士で連絡会を構築し、避難の受入れ体制がスムーズにいくような連携の形をつくっていく。既存の○○市施設連絡会というものがあれば、それを活用できる。この機会に、施設同士で災害時相互支援協定を結ぶのも効果的だ。

　また、垂直避難スペースの確保については、厚生労働省が地域介護・福祉空間整備等施設整備交付金による財政的な支援をする。前述のアンケートによれば、おおよそ75％の施設は浸水深が３ｍ未満、94％が５ｍ未満となっていることから、ほとんどのところで垂直避難先を確保すれば人命を守れる。

　次に、全ての介護施設等を対象に、3年の経過措置期間を設けた上で、業務継続計画等の策定、研修の実施、訓練（シミュレーション）の実施等が義務づけられる。この資料では、介護施設のみ書かれているが、障害福祉サービス等事業所においても同様に義務づけられ、保育サービス事業所も努力義務とされた。これも、できるだけ多くの施設職員が参加して事業継続方法について学び、検討することが大切である。

避難支援要員の確保

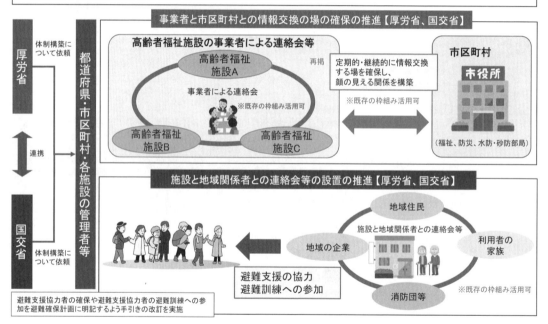

　前の資料と同じ施設の連絡会と市区町村が普段から情報交換する場を確保して、顔の見える関係を構築する。私の友人のボランティア仲間は「顔の見える関係じゃまだ弱い。腹が見える関係までいかないと」と教えてくれた。さすがに公的文書には書けないが、全く同感だ。

　施設で高齢者等の避難を短時間で行うには、施設職員だけでは足りなくなるおそれがある。そこで、地域住民あるいは地域の企業、消防団、利用者の家族など

避難支援者と普段からつながりを持つことが大事になる。その連携体制づくりと、地域住民等に訓練に参加してもらうように、厚生労働省が掛け声だけでなく、省令改正で施設に努力義務を課すことになった。

防災知識の普及と防災スキルの向上

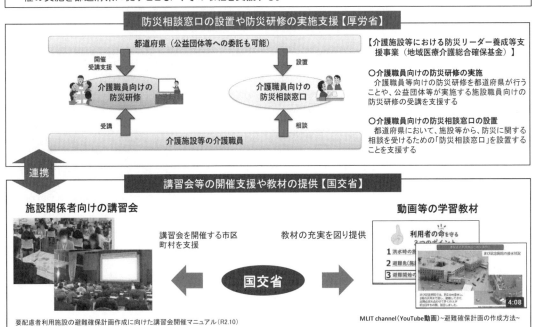

厚生労働省は、職員の防災リーダー育成のための研修、都道府県に防災関係の相談窓口をつくることに対して支援を行う。国土交通省は、市区町村が開催する講習会を支援するために、講習会開催のマニュアル、eラーニング教材の充実を図っていく。

水災害リスクの低い場所への誘導

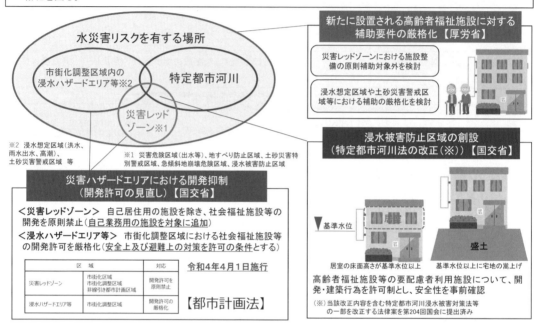

　防災・減災対策を強化して、安全なまちづくりを推進するためには災害リスクの高い区域における施設、住宅開発を規制し、安全な場所への立地誘導が根本的な対策となる。しかし、人口が急激に増加している時代は、住宅の確保が急がれ災害リスクの高い市街化調整区域のエリアにも数多く建設されてきた。高齢者が急増する時代には、社会福祉施設の確保が急がれ、同様に災害リスクの高い地域への建設も許容されてきた。

　実は、1992年の都市計画法の改正時に、社会福祉施設を含む自己業務用施設について災害ハザードエリアでの開発を原則禁止とすべきか内部で検討されたそうである。しかし、当時は自然災害が頻発する状況ではなかったため、その必要はないと判断されたとのことであった。（喜多功彦「災害ハザードエリアにおける開発規制の見直し―2020年（令和2年）都市計画法等の改正―」『土地総合研究2020年夏号』）

災害レッドゾーンにおける規制と誘導政策

　今回、国土交通省と厚生労働省が歩調を合わせて、明確な方向性を打ち出している。前提として、2020 年 6 月、災害レッドゾーンについて社会福祉施設等の開発を原則禁止とする都市計画法が改正され、2022 年 4 月から施行される。また、市街化調整区域の浸水ハザードエリア等における住宅等の開発規制を厳格化し、安全上及び避難上の対策等が講じられたものに限って許可する仕組みに改められている。

　今回の流域治水関連法改正で、特定都市河川流域においては、新たに浸水被害防止区域を創設した。これが洪水におけるレッドゾーンに該当することになる。

　それ以外の水災害リスクの高いところは、厚生労働省が補助を厳格化する。これは全国に適用できるので、これでもって全ての災害リスクの高い立地をカバーし、できるだけ安全な立地に社会福祉施設を誘導していくことができるようになった。長期的ではあるが、多大な効果が期待できる政策である。

　さらに、人口減少時代においては、コンパクトシティ化により市街地や集落の戦略的な撤退が求められることがある。そのとき、災害の危険性の高いエリアから撤退を検討することは、地域住民の合意形成がしやすくなり、我が国の国土利用に有用な政策となるであろう。

※「災害レッドゾーン」とは、都市計画法に基づき、開発行為が規制されている次の 4 区域を指す。
　①災害危険区域（建築基準法）
　②土砂災害特別警戒区域（土砂災害防止法）
　③地すべり防止区域（地すべり等防止法）
　④急傾斜地崩壊危険区域（急傾斜地の崩壊による災害の防止に関する法律）
※「災害イエローゾーン」とは、災害レッドゾーンと異なり、建築や開発行為等の規制はかかっていないが、区域内の警戒避難体制の確保のため、行政が災害リスク情報の提供等を実施する区域を指す。例えば、災害の危険性が高いエリアとして、一般的には次の区域が該当する。
　①浸水想定区域（水防法）
　②土砂災害警戒区域（土砂災害防止法）
　③津波災害警戒区域（津波防災地域づくりに関する法律）

第3章 BCPの考え方

1. 非常災害対策計画とBCP

　厚生労働省の介護施設・事業所における自然災害発生時の業務継続ガイドライン（https://www.mhlw.go.jp/content/000749543.pdf）を見ると、これまでの非常災害対策計画に記載される内容はほぼすべて網羅されている。すなわち、厚生労働省が求めるBCPは非常災害対策計画を含んだ総合的なものである。また、福祉避難所になることも想定した計画になっている。

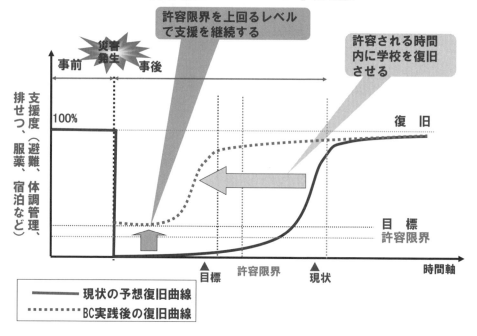

図7　福祉BCの概念

出典：内閣府　事業継続ガイドラインから鍵屋一部修正

　やや概念的にはなるが、実線が何も準備をしてない場合、点線がBCを実践後に許容限界を越え、目標に達していることを示している。たとえば、高齢者にト

イレを我慢させることはできない。水が流れず、下水管が破損している状況でどのようにトイレを使わせるかを事前に考えて、訓練により検証して、問題があれば改善する。

　もう一つは、早期に福祉施設を再開することである。特に要配慮者は、いつもの生活に戻ること、仲間や職員に会えることで落ち着きを取り戻す。家族も、要配慮者への支援から一時的に離れて家の片づけや生活再建に向けた活動ができる。福祉施設再開のためには、利用者の安否確認と居場所の把握、職員の安否確認・参集、施設の点検・補修、食事やケアの準備など、具体的に必要なことを事前に検討しておく必要がある。

　具体的な作成項目、方法は本書の後半で述べるので、ここでは簡単に留意すべき点を挙げておきたい。

施設における被害想定の方法

　福祉施設が防災計画やBCPを作成する場合に、最初に被害想定を検討する。一般には、大規模地震を想定し、ライフラインが3日間程度断絶することを目途に計画を作成する。さらに細かく検討したい場合は、自治体の地域防災計画に定める被害想定を準用する。特に洪水や土砂災害などの水災害については地域差が大きいので、自治体のハザードマップ等で施設が被災する可能性を十分に検討したい。

　ただし、被害想定をあまり厳密に考える必要はない。特に自然災害は、東日本大震災のように想定を超える規模のものが発生する可能性もある。一般的な想定をした上で、実際の災害の時は、その規模、状況に応じて臨機に対応をしなければならない。そのためには、福祉施設職員が訓練や計画の見直しを繰り返し、応用力をつけていくことが重要になる。

課題は「具体性」「十分性」「仕組み」の不足

　私たちが、多くの福祉施設のヒアリングや、消防計画、非常災害対策計画を点検してきたり、施設関係者と悩みを語り合ったなかでは、自治体などから示される計画のひな型が不十分だったり、具体的な部分で施設任せが多かったことが分かっている。

　また、訓練の中心は避難訓練で、それが東日本大震災ではある程度役立ったが、その後の福祉サービスの継続についての計画や訓練はほとんどなされなかった。また、災害時に適切な判断、行動をするための教育についてもほとんど行わ

れていなかった。なお、BCPとはBusiness Continuity Planの略で、一般に企業等では事業継続計画、自治体などの公的団体では業務継続計画と訳される。厚生労働省は介護保険施設のBCPを業務継続計画としているが、介護保険施設は民間経営が多く、実際に事業譲渡したり廃業もある。そこで、災害発生後に福祉事業者が業務を継続するだけでなく、財務を含めた事業全体を継続していただきたいという趣旨を込めて、本書ではBCPを事業継続計画としている。

また、単にBCというときは、事業継続（BC）の意味であり、計画だけでなく様々な運用管理、訓練等を続けることを意味する。

2. なぜ介護保険施設・事業所に業務継続計画（BCP）策定が求められるのか ――

近年の相次ぐ災害を受け、厚生労働省もBCP推進に動いてきた。2018年10月19日には、下記の事務連絡が通知された。

事務連絡
平成 30 年 10 月 19 日

都道府県
各 指定都市 民生主管部（局）　御中
中核市

厚生労働省子ども家庭局子育て支援課
厚生労働省社会・援護局福祉基盤課
厚生労働省社会・援護局障害保健福祉部障害福祉課
厚生労働省老健局総務課

社会福祉施設等における災害時に備えたライフライン等の点検について

日頃より、社会福祉施設等における被災状況の報告や各種調査にご協力を賜り、厚く御礼申し上げます。

さて、昨今の平成30年7月豪雨、平成30年台風21・24号、平成30年北海道胆振東部地震等の災害においては、大規模な停電や断水、食料不足等が発生し、社会福祉施設等におけるライフライン等の確保について、改めて課題が顕在化しました。

社会福祉施設等においては、高齢者、障害児者等の日常生活上の支援が必要な者が多数利用していることから、ライフライン等が長期間寸断され、サービス提供の維持が困難となった場合、利用者の生命・身体に著しい影響を及ぼすおそれがあります。このため、平時の段階から、災害時にあってもサービス提供が維持できるよう、社会福祉施設等の事業継続に必要な対策を講じることが重要です。

各都道府県、市区町村におかれては、これまでも非常災害計画の策定や避難訓練の実施等、社会福祉施設等の災害対策に万全を期するよう指導を行っていただいているところですが、今般の被害状況を踏まえ、別添１の社会福祉施設等について、今一度点検すべき事項（例）を別添２のとおり取りまとめましたので、貴管内の社会福祉施設等において、ライフライン等が寸断された場合の対策状況を確認するとともに、その結果を踏まえ、速やかに飲料水、食料等の備蓄、BCP（事業継続計画）の策定推進など必要な対策を行うようご助言をお願いいたします。

ここでは、社会福祉施設の監督官庁である都道府県、指定都市、中核市にBCPの策定推進の助言を促す記述となっている。

さらに大きな転機となったのは、2020年12月23日の社会保障審議会介護給付費分科会の「令和３年度介護報酬改定に関する審議報告」である。

令和３年度介護報酬改定に関する審議報告
社会保障審議会介護給付費分科会（令和２年12月23日）
（１）感染症や災害への対応力強化が求められる中での改定
○ 介護サービスは、利用者やその家族の生活を継続する上で欠かせないものであり、感染症や災害が発生した場合であっても、利用者に対して必要なサービスが安定的・継続的に提供されることが重要である。
○ 昨今の新型コロナウイルス感染症の感染拡大に際しては、各事業所において、大変な苦労を払いつつ、様々な工夫のもと、感染症対策を講じながら必要なサービス提供の確保に取り組まれている。ただし、高齢者は重症化するリスクが高い特性があり、介護事業所における感染も発生している。新型コロナウイルス感染症をはじめとする感染症への対応力を強化し、感染症対策を徹底しながら、地域において必要なサービスを継続的に提供していく体制を確保していくことが必要である。
○ また、近年、様々な地域で大規模な災害が発生しており、介護事業所の被害も発生している。災害への対応力を強化し、災害発生時に避難を含めた適切な対応を行い、その後も利用者に必要なサービスを提供していく体制を確保していくことが必要である。

これを受けて、厚生労働省は、2021年度介護報酬改定で、介護保険施設及び障害福祉サービス事業所に３年以内にBCP作成を義務付ける省令改正を行った。なお、児童福祉施設は努力義務とされている。

1．①感染症対策の強化
　○ 介護サービス事業者に、感染症の発生及びまん延等に関する取組の徹底を求める観点から、以下の取組を義務づける。その際、３年の経過措置期間を設けることとする。【省令改正】
　・施設系サービスについて、現行の委員会の開催、指針の整備、研修の実施等に加え、訓練（シミュレーション）の実施
　・その他のサービス（訪問系サービス、通所系サービス、短期入所系サービス、多機能系サービス、福祉用具貸与、居宅介護支援、居住系サービス）について、委員会の開催、指針の整備、研修の実施、訓練（シミュレーション）の実施等

1．②業務継続に向けた取組の強化
　感染症や災害が発生した場合であっても、必要な介護サービスが継続的に提供できる体制を構築する観点から、全ての介護サービス事業者を対象に、業務継続に向けた計画等の策定、研修の実施、訓練（シミュレーション）の実施等を義務づける。その際、３年間の経過措置期間を設けることとする。【省令改正】

1．③災害への地域と連携した対応の強化
　災害への対応においては、地域との連携が不可欠であることを踏まえ、非常災害対策（計画策定、関係機関との連携体制の確保、避難等訓練の実施等）が求められる介護サービス事業者を対象に、小規模多機能型居宅介護等の例を参考に、訓練の実施に当たって、地域住民の参加が得られるよう連携に努めなければならないこととする。【省令改正】

上記３点の出典：「令和３年度介護報酬改定における改定事項について」
https://www.mhlw.go.jp/content/12404000/000768899.pdf

　1①、1②は義務付け、1③は努力義務となっている。しかし、大災害、特に夜間ともなれば施設職員だけで利用者を迅速に避難させるのは困難であり、地域住民との連携が必要になってくる。したがって、努力義務とはいえ「1．③災害への地域と連携した対応の強化」は不可欠な対策である。

　これらにより福祉施設のBCP作成は待ったなしとなった。３年間の猶予があるので、良いモデルができるまで待とうと考えるべきではない。BCP作成はあくまで手段であり、主たる目的は災害時に利用者、職員、関係者の人命と尊厳を守り続けられる人づくり、体制づくりだ。

　早期に作成すれば体制づくり、備蓄等ができ、その時点で一定の有効性がある。そして毎年、教育、訓練、さらには点検、見直しのマネジメントサイクルを回すことでレベルアップを図っていく。これにより、職員が自ら判断し行動できる力を付け、BCPの実効性を高めることができる。

第4章　BCPの作成手法

1.　BCPの課題抽出と基本BCP（ひな型）作成

　東日本大震災後、私たちは大災害時にも対応できる福祉施設BCPと人材育成を融合した研修プログラムを作成することを目的として、厚生労働科研費を得て3年間、研究を重ね、被災地の福祉施設職員らとの協働により、基本BCP（ひな型）を作成した。

（1）BCPの課題抽出

　上記研究により、従前の計画で含まれていなかった、あるいは含まれたとしても実効性が低かった重要課題を以下のように抽出した。

①避難支援

　避難場所、避難方法、持ち出し品などについて、あらかじめBCPにより決めて訓練しておくことで、避難行動がしやすくなる。これによりリーダーは、状況に応じて早めに判断、行動できる。すなわち、BCPはリーダーの危機管理を支援する。

②安否確認

　大災害発生直後には、要配慮者及び関係者の安否確認が重要課題である。しかし、多くの場合、安否確認方法は携帯電話や自宅電話の連絡網にとどまっており、また個人情報保護の観点から、要配慮者情報は極めて限定された場所におかれていて、効果的な安否確認がなされなかった。

　安否確認については、ICTを活用した新たな手法が開発される一方、声掛けなどを含めて近隣職員が訪問したり、地域住民や要配慮者団体などと連携する方法があるので、施設の強みを活かしながら対策を講じる必要がある。

③支援者の確保

　従来の消防計画、非常災害対策計画は、長期間、避難先で福祉サービスを継続することは考えられていない。実際には入所施設だけでなく、通所施設や特別支援学校においても親族の引き取りがなければ、施設や避難場所において支援を継続しなければならなかった。

　従って、各施設、法人が互いに支援し合えるように協定を結んだり、全国組織との連携により、直ちに支援者を確保できるように検討を進めておく必要がある。

④地域連携、福祉避難所

　東日本大震災、熊本地震では、要配慮者が一般避難所に行ったものの不安定になるため、壊れた自宅や車で過ごしていた例がある。逆に、福祉施設に300名もの地域住民が避難してきたため、50名の重症心身障害者を抱える中、困難な状況に陥った事例もある。自治体にとっても、福祉避難所の開設・運営は初めてであり、十分な支援ができずに施設に運営を完全に任せるほかなかった。

　そこで、自治体と福祉避難所の協定を結んで事前に役割分担や備蓄を進めたり、自治会など地域関係者と連携し、訓練を繰り返すなどの準備をすることが重要である。

⑤備蓄物資

　一般的に備蓄品は、災害後も施設がそのまま活用できることを前提にしていて、避難先に一次に持ち出すものと、そうでないものとの区別がなされていない。また食料、薬など最低限のものはあるが、発電機や冷暖房の対策が全くない場合もある。万一の際、施設外へ長期間、避難することも想定した対策が必要である。

（2）BCP（ひな型）全体像

　上記の課題を解決することを意識して、大災害にも対応できるBCPのひな型を作成した。構成は、福祉施設が従来から計画・訓練している災害直後の対応と、大災害時の避難確保、BCP及び福祉避難所の開設・運営と新たに行うものに分かれている。また、毎年、最新の情報を加えながら改定してレベルアップを図っている。

（3）BCP作成および災害対応力向上研修

　次に、災害エスノグラフィー（被災経験者から聞き取ったリアルな記録。P13、P26に実例がある）など既往研究を活用し、施設職員が災害イメージの涵養、災害対応力の向上、BCPの基本的理解により、自らBCPを作成できる研修手法を開発した。

・第1回研修でのグループワーク手法やひな型の理解
・自施設において、研修を受けた職員と施設職員参加によるBCP素案の作成

表5　「予防対応（避難確保計画）」と「初動対応・大災害対応（BCP）」の連動イメージ

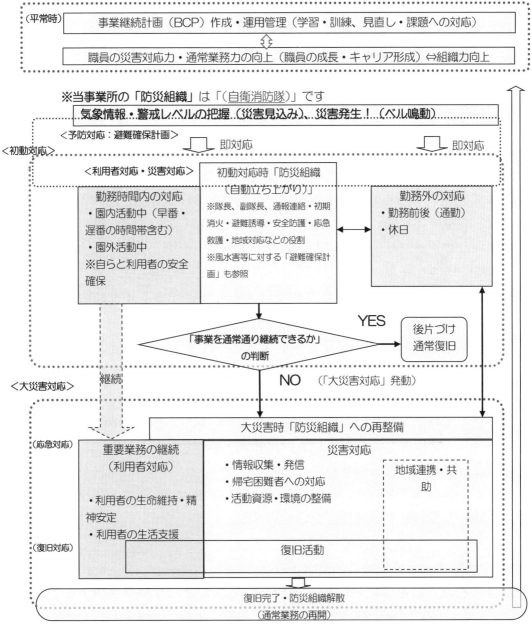

出典：『ひな型でつくる福祉防災計画～避難確保計画からBCP、福祉避難所～』岡橋生幸ら作成

・第2回研修での相互参照によるレベルアップ

　この研修を普及するために、私たちは2017年に（一社）福祉防災コミュニティ協会を設立し、現在までに、1000を超える福祉施設でBCP作成研修を実施している。

（4）第1回研修プログラム（3時間30分）

①ガイダンス（50分）

　講師が過去の災害状況を動画、写真を活用して説明する。今後の災害リスクを概説し、要配慮者、職員の被害を少なくするため、福祉施設がBCPを作成する必要性について述べる。

②災害イメージづくり（20分）

　研修生が災害エスノグラフィーを読み、重要なポイントをポストイットに記入する。

③グループワーク（ワールドカフェ）（100分）（休憩10分を含む）

　エスノグラフィーで得た重要ポイントをきっかけに主体的、能動的に災害対応を考え、意見を述べる。また、他者の意見を傾聴して理解を深めていく。

　グループワークでは、多くの参加者で「集合知」を引き出す話し合い手法の1つワールドカフェを採用した。これは「カフェにいるときのようなリラックスした雰囲気の中で、会議のような真剣な討議を可能にする」ように設計されており、参加者一人ひとりの知識や力を引き出し、そこからグループ全体の意見へとつなげていく点に特徴がある。20分×3セットで行う。2セット目はメンバーを変え、3セット目は1セット目と同じメンバーで行い、話し合いを続けながら、具体的なアイデア3〜5項目を成果とし書き出す。

　その後、全員が他グループのアイデアを見て、良いものに赤丸シールなどを貼る。各班で1番赤丸シールが多いものを発表する。

④講評とひな型の解説（40分）

　講師が全体の講評を行う。その後、ひな型を解説し、ワールドカフェのアイデアを加えて充実させる必要性について述べる。

（5）自施設での職員参加によるBCP作成

　研修参加職員が施設職員にBCPの研修概要およびひな型を説明する。これにより説明者はさらに深く理解することができる。また、施設職員に向けて備えの状況、災害時の参集可能性や不安についてアンケートを実施する。栄養士などと協力して3日分の備蓄食料と献立を考えるなど、自施設でのBCPを作成する。

①既存計画の活用

　既存の消防防災計画をベースに事業継続の観点を加えてステップアップする。被害想定部分等はそのまま用いて、研修成果とより多くの福祉施設職員が参加してBCPを改良するプロセスを新たに加える。

②施設職員参加

　職場内でこれまでの防災訓練等の時間を活用して、エスノグラフィーにより災害イメージを涵養するとともに、気軽にお茶やお菓子をとりながら、雑談風に意見交換を行う。これにより、職員の負担感を少なくし、主体的かつ具体的なアイデア出しをもたらす。

③初動対応

　初動対応のために必要な書類、物資等について「防災スタートBOX」「福祉避難所スタートBOX」を、あらかじめ用意しておくこととした。これは、災害対策本部を設置するために必要な資機材一式を１つの箱に入れたものである。また、初動対応の手順を示した指示書を作成し、最初に到着した人が防災スタートBOXを開け、その中にある指示書に従って、一定の対応ができるようにした。

④自施設での（仮）BCPの作成

　BCP作成の集合研修に参加した職員には、BCP（ひな型）とともに、記入例を空欄にしたBCP（書込用）のデータを提供することとした。これにより、ひな型を参照しながら、施設に合わせたBCP作成が容易にできる。

　また、研修講師は前期研修で収穫したアイデアを整理して、研修参加者に配布して参考にできるようにする。

（6）BCP作成および災害対応力向上研修（後期）（3時間）

　福祉施設は、企業と違ってほぼ同じ業務を行い、業務の優先順位が明らかなため、ひな型が効果を発揮しやすいと言える。一方で、それぞれの施設の強み・弱み、特性、取組の熱意などにより創意工夫の程度に差ができる。そこで、研修参加者が作成した（仮）BCPを相互に検証することにより、レベルアップを目指す。

①相互検証と講師の助言（120分）（休憩10分を含む）

　４人程度の班単位で、疑問点、工夫等を話し合いながら、相互に検証しレベルアップを図る。同時に、（仮）BCPを講師が点検し、必要なアドバイスを行う。

②計画を進化させる計画づくりと質疑応答（60分）

　次に、計画を進化させる計画を作成する。各自が１週間後までになすべきこと、１年後までになすべきことを記述する。その後、全員でアイデアを見て、良いものに赤丸シールなどを貼る。各班で１番赤丸シールが多いものを発表する。

　その後、研修参加者は、自施設に持ち帰って、施設長の点検、承認を経て、BCP第１版を完成する。

2.　ひな型を活用したBCP作成の効果とBCMへの展開 —————

（1）BCP作成の効果

　たとえばBCPコンサルタントと福祉施設の防災担当者が打ち合わせしてBCPを作成する手法に比べ、本研修では次のような効果が見込まれる。

- BCP（ひな型）を参照しながらBCP（書込用）に記入するため、無理なくステップアップし作成しやすい。
- 短時間かつ低コストで必要十分な研修ができる。
- 職員参加及び組織全体での取り組みがしやすい。
- 防災スタートBOXや指示書などにより、施設長などリーダーがいなくとも最低限の対応が期待できる。
- BCP作成を活用して施設職員の災害対応力を高める研修の中核は、職員が主体的に課題を発見し解決策を他の職員と協働で模索する点である。これは災害時だけでなく、平時の業務の課題解決にも役立ち、職員の業務能力の向上にも資する。
- 施設職員の災害対応力向上は、単に自施設だけでなく自治体、地域の自治会や保護者会などを通じて地域防災力の向上にも貢献する。また、職員は自宅のある地域の防災の担い手として期待できる。

　私たちは、この研修を通じて作成したBCPについて様々な分析を行っており、より良いひな型づくりを進めている。また、本研究成果を活用し、避難確保計画、福祉避難所計画の研修もすでに実施している。今後は、自治体、社会福祉協議会、福祉関係団体、特別支援学校などへの普及啓発、および社会実装を積極的に進めていきたい。

（2）計画からマネジメントへ

　BCPは1回作成すればそれでよいものではない。大災害時にも必要な福祉サービスレベルを戦略的に決定し、施設経営の中に研修や教育訓練による計画の見直しと人材育成を位置付け、その実効性を高めていくプロセスが大切である。

　一般的にはPDCA（Plan-Do-Check-Action）サイクルを回すことにより、計画の継続的改善を行うことになる。特にBCにおいて、このような経営管理を行うことを事業継続マネジメント（BCM：Business Continuity Management）という。

　たとえば、シミュレーションや訓練後に次のように課題、対策、担当者、完了予定日を記入しながらレベルアップを図ることができる。

表6　継続的レベルアップのための課題と改善策

No.	課題内容	対策	担当者	完了予定日
1	（例）備蓄品の確保・保管場所を分かりやすく整備	整理して、紙に書いてドアに貼り出す	施設長・主任	●●●●（R.●）.●●.●●
2	（例）現在想定されている訓練時間帯だけに、災害が発生するとは限らない	（例）早朝勤務や、休日、夜間の机上訓練の実施	主任	●●●●（R.●）.●●.●●
3	●●●の改善		施設長	
4	●●●の改善		法人理事長	
5				

　また、災害対応要員など危機管理の人材育成は、施設全体のモラールの向上やコンプライアンスの維持強化を通じて日常業務のレベルアップに直結する。また、そのような人材を通じて地域全体の防災力が向上するので、非常に重要である。

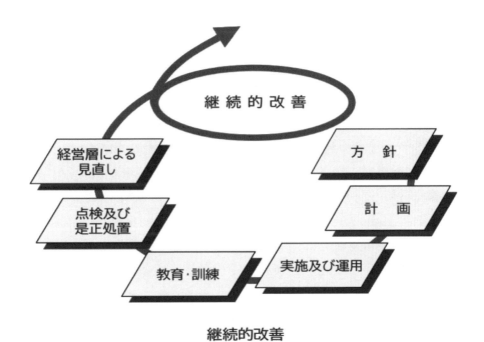

継続的改善

図8　BC の PDCA サイクルの要素

出典：内閣府防災担当「事業継続計画策定・運用促進方策に関する検討会資料」より

第5章　在宅者への支援 ～個別避難計画、福祉避難所～

　福祉関係者には施設での要配慮者支援を考えていればいいわけではない。特に居宅介護、訪問介護事業所においては、在宅の要配慮者支援が重要になる。2021年度の災害対策基本法改正で、避難行動要支援者については個別避難計画を作成することが市町村の努力義務とされた。この個別避難計画作成には、福祉専門職の参画が極めて重要となっている。

　福祉避難所については、ガイドライン改定で二次避難所ではなく、可能ならば災害発生前に在宅の避難行動要支援者の直接避難の受入れ、また、そのままそこで避難生活を過ごせることが期待されている。

1.　個別避難計画

（1）行政による要配慮者支援

　政府は、これまで2006年3月の「災害時要援護者の避難支援ガイドライン」に始まり2013年8月の「避難行動要支援者の避難行動支援に関する取組指針」まで、各種の要配慮者支援計画のモデルを示しながら、高齢者、障がい者等の安否確認、避難支援、福祉避難所の開設、福祉サービスの継続などを進めようとしてきた。

　しかし、多くの市区町村では、個人情報保護条例との関係もあり、実効性のある計画はできていない。また、計画を作成したとしても実際の支援は、地域住民や福祉関係事業者による活動が中心であり、市区町村は避難行動要支援者名簿の作成、備蓄の補助など事前対策の一部を行うにとどまる。東日本大震災時に厚生労働省は、高齢者や障がい者への支援、配慮について数えきれないほど多くの通知文書を自治体に発出したが、市町村そのものが大きく被災したために十分な支援活動はできなかった。

　今後も、市区町村自身が被災するような大災害では、職員が個々の高齢者、障がい者等を早期に支援することは、やはり難しいと言わざるを得ない。特に、災害レッドゾーンに住み、要介護状態で、支援者も近くにいないなど厳しい環境に住んでいる方については、実際に支援が可能な関係者と共に実効性のある計画を

作成し、訓練と見直しを重ねる必要がある。

（２）個別計画の策定実態と課題

　2020年６月、内閣府は「令和元年台風第19号等を踏まえた高齢者等の避難に関するサブワーキンググループ」（以下、「サブワーキング」という）を設置し、高齢者・障がい者等の避難について検討を進めた。

　高齢者、障がい者等が個別に災害時の避難計画を作成する「個別計画」の制度が始まったのは2005年。消防庁によると避難行動要支援者名簿（以下「名簿」という）に掲載されている者全員について個別計画の策定を完了している市区町村は12.1％、一部について策定が完了している市区町村は50.1％だ。制度開始以来15年が経過してなお達成率は低い。

　サブワーキングがまず取り上げたのは、制度上の位置づけの弱さだ。2013年の災害対策基本法改正で、名簿作成を市区町村に義務付けたが、それから７年でほぼすべての市区町村が名簿を作成している。一方で、個別計画の位置づけはガイドラインだ。

　名簿は、役所内の情報だけで策定できるが、個別計画は、実際に職員が訪問したり、地域住民にも協力していただく必要があって、人手も時間もはるかにかかる。市区町村にとっては、もちろん個別計画を策定したほうが良いのはわかっているが、法的位置づけが弱いために優先順位が下がりやすい。

（３）個別避難計画の法定化と運用の方向性

　そこで、2021年５月20日に改正災害対策基本法が施行され、個別計画は「個別避難計画」と名称が変更となり、その作成が市区町村の努力義務と位置付けられた。

　個別避難計画を策定し、安全な避難を確保するためには、要支援者本人が家族及び関係者とともに計画策定のプロセス、避難訓練、検証、見直し等を通じて災害対応の意識を醸成し、避難の意欲を高めることが理想である。

　しかし、要支援者本人や家族だけで計画に取組むことは困難だ。大分県別府市や兵庫県の先進事例では、要支援者を日常で支援し、状況をよく知っている介護支援専門員や相談支援専門員とともに個別避難計画を策定することで効果を挙げている。**個別避難計画の策定業務において、福祉専門職の参画を得ることが極めて重要**だったと考えられる。また、要支援者本人も参加する地域調整会議を開催し、福祉専門職や地域住民が必要な情報を共有し、調整を行うことが望ましいと

された。ケアマネージャーや相談支援専門員は多くの要支援者を支援しているため、災害時に駆けつけるのは難しいことが多いので、近隣の支援者の確保が重要になる。

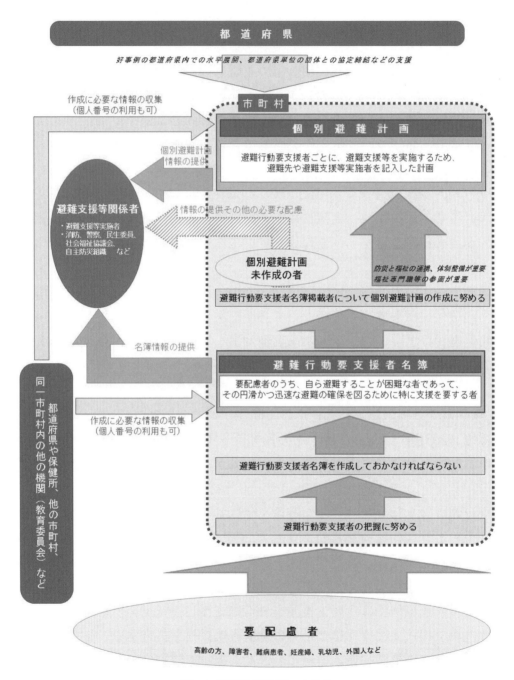

図9 個別避難計画の全体像

出典：内閣府「避難行動要支援者の避難行動支援に関する取組指針」令和3年5月改定

　できるだけ早期に要支援者の個別避難計画を策定するためには、市区町村の限られた体制を踏まえれば、優先度を考慮する必要がある。たとえば、災害リスク、当事者本人の心身の状況、独居等の居住実態、社会的孤立の状況などである。特に、災害リスクの高い場所に住む要支援者については、優先的に策定すべきである。

　同時に、個別避難計画は在宅の要支援者を支援している介護事業所や障害福祉事業所にとって、災害時の避難支援、安否確認は重要業務であり、BCPの項目として必須である。

　今後、全国の市区町村で個別避難計画作成業務が始まる。特に介護保険を利用している要支援の高齢者については、ケアマネジャーや訪問支援サービス事業所に大きな期待が寄せられる。研修などを受講して、防災に必要な知識、行動力を高めていただきたい。

　将来的には、高齢の要支援者の個別避難計画は、通常のケアプランの一部として必須記載事項となるのが望ましい。また、財源も介護保険による負担が望ましいと考えている。恒久的な安定財源あっての安定的な制度となる。個別避難計画の作成に福祉専門職が関わることで、要支援者を守るだけでなく、福祉専門職、事業所の災害対応力を高め、地域全体の防災力を高めることにもつながる。同時に、地域住民と要支援者がつながり、日常からの地域共生社会づくりに資する。

2. 福祉避難所

　在宅の高齢者、障がい者等が被災して避難所を利用しなければならないとき、スペース、バリアフリー設備、支援者、物資等の準備が必要だ。そこで開設されるのが福祉避難所である。福祉施設は、バリアフリー環境が整っているため、多くの市区町村が福祉施設と福祉避難所協定を結んでいる。（避難所は92,561施設、福祉避難所は20,185施設。平成28年10月1日現在　内閣府調査）

　福祉避難所は、おおむね10人の要配慮者に1人の生活相談職員の配置、要配慮者に配慮したポータブルトイレ、手すり、仮設スロープ、情報伝達機器等の物資・器材、日常生活上の支援を行うために必要な紙おむつ、ストーマ用装具等の消耗機材の費用について国庫負担を受けられる。

　大災害時に、多数の住民が自宅外へ避難しなければならない場合、過去の事例では公的に位置づけられているか否かを問わず、福祉施設が受け入れてきた。

　しかし、ほとんどの市区町村、福祉施設には福祉避難所運営の実務を支える実

効性ある計画、マニュアルもなければ訓練のノウハウもないのではないだろうか。支援者を確保する方策も未定だ。実際に、災害が発生してしばらくは、市町村も福祉施設も福祉避難所の協定を結んでいたことを知らなかったという事例さえある。

（1）福祉避難所の経緯と高齢者の増加

　福祉避難所は、阪神・淡路大震災の取組みを総括した「災害救助研究会」（旧厚生省平成7（1995）年）で「福祉避難所の指定」が初めて報告された。それ以降、福祉避難所の必要性は認識されているものの、取り組みは遅れていた。2007年能登半島地震で福祉避難所が初めて設置され、高齢者等への支援に貢献した例もあり、内閣府は「福祉避難所設置・運営に関するガイドライン」（2008（平成20）年6月）を作成したが、制度的に定着するまでには至らなかった。

　2011年3月に発生した東日本大震災では、直接死以外に高齢者を中心に3,775名（令和元（2019）年12月復興庁）もの方が災害関連死で亡くなった。その後、内閣府が平成28（2016）年4月に「福祉避難所の確保・運営ガイドライン」を改定したが、同年4月に発生した熊本地震、及びその後の災害でも十分な効果を発揮しているとはいいがたい状況にある。

　一方で、わが国の75歳以上の高齢者人口は、阪神淡路大震災時の1995年に約717万人であったが、2020年には約1,870万人と2.6倍に急増した。熊本地震においては、直接死が50名であるのに対し、関連死が218名（2021年4月熊本県）と4倍を超えている。東日本大震災では約9割、熊本地震でも約8割が高齢者である。

　これは、高齢者にとって避難生活がいかに過酷であるかを示している。災害前には、近隣のさりげない見守りや生活支援、福祉事業者による定期的な支援に支えられて生活できていた高齢者が、災害で近隣者や福祉関係者も被災することにより、一挙に困難な状況に陥るのである。特に怖いのが在宅の高齢者である。避難所や福祉施設などでは高齢者等の状況の変化が見えるものの、在宅になるとわからなくなってしまうのだ。

（2）低調な福祉避難所利用

　2018年7月豪雨災害（西日本豪雨災害）では、福祉避難所の開設が遅れ、利用できない避難者が多かった。

　「被害が大きい岡山県倉敷市、広島市、愛媛県宇和島市では約2,900人が避難生

活。福祉避難所の利用は14日時点で約20人にとどまる。過去に一般避難者が殺到した事例があり、存在を積極的に知らせていないことが、妨げの一因となっている。（産経WEST 7月14日）」

「岡山、広島、愛媛の３県では災害弱者向けの「福祉避難所」は46カ所で開設され、計253人が利用。（中略）相当数の災害弱者が孤立している可能性がある。（毎日新聞7月22日）」

福祉避難所の利用者は災害救助法で「高齢者、障害者の他、妊産婦、乳幼児、病弱者等避難所での生活に支障をきたすため、避難所生活において何らかの特別な配慮を必要とする者、及びその家族まで含めて差し支えない。」となっている。だとすれば、福祉避難所を利用すべき要配慮者が、2,900人の避難者の１％以下の20人にとどまって良いはずがない。

（3）福祉避難所は二次避難所か

福祉避難所の開設が遅れる理由について、私が聞き取った限りでは、「急いで開設する必要はないと思った」「市区町村職員が福祉避難所を運営することになっていたが、人手が足りなかった」「福祉避難所の運営方法がわからなかった」などがある。

先述した平成28（2016）年４月の「福祉避難所の確保・運営ガイドライン」には、「市町村は、災害が発生し又は発生のおそれがある場合で、一般の避難所に避難してきた者で福祉避難所の対象となる者がおり、福祉避難所の開設が必要と判断する場合は、福祉避難所の施設管理者に開設を要請する。」となっている。

文字どおりに解釈すれば、要配慮者は最初に一般避難所に行き、福祉避難所の対象となる者と認められてから、福祉避難所が開設され、そこに行くことになる。まさに二次的な避難所であり、それゆえ、災害応急対策の中で位置づけが低くなっている可能性がある。ガイドラインは、要配慮者が最初から福祉避難所を利用することや、福祉避難所の指定を受けていた福祉施設が自主的に開設することを禁止しているわけではないが、誤解を生みやすい表現になっている。

要配慮者の立場から考えるとどうだろうか。災害後に自宅に住めなくなってから、一度、一般避難所まで避難物資を持って移動し、福祉避難所が開設されるのを待って、そこから再度、移動することになる。一般避難所は、通常、福祉避難所よりも環境が整っていないのだから、体調が悪化する可能性がより高い。本来は体調が悪化しないように避難生活を送ることが大事なはずだ。

また、一言で「移送」というが、避難所を移るためには本人の希望、親族や支

援者の考え、福祉避難所の受け入れ態勢の確認、受け入れ同意の確保、移送日時や方法の打合せ、荷物を含めた移送業務、立ち合いによる確認と多くの調整作業が発生することを知っているだろうか。多忙な時期に、要配慮者本人はもとより関係者、市区町村職員にさらに大きな負荷を加えてしまう。

　だとすれば、要配慮者の体調悪化や関係者、市区町村職員の業務量増大を避けるためにも、**一般避難所での生活が難しい要配慮者と家族は、最初から福祉避難所に向い、利用するべきである。**

（4）内閣府検討会のとりまとめ

　先に述べた「令和元年台風第19号等を踏まえた高齢者等の避難に関するサブワーキンググループ」では、福祉避難所の在り方についても検討し、12月24日に「最終とりまとめ」を報告している。その概要は次のとおりである。

○ 個別計画の策定プロセス等を通じて、事前に避難先である福祉避難所ごとに受入れ者の調整等を行い、福祉避難所等への直接の避難を促進。

○ 福祉避難所ごとに、受入対象者を特定してあらかじめ指定の際に公示することによって、受け入れ対象者とその家族のみが避難する施設であることを明確化し、福祉避難所における受け入れを促進。

○ 小規模な施設やスペースでも、主として要配慮者の滞在が想定される場合は、福祉避難所の指定が適当であること等を明確化。

　コロナ禍においては、災害時は特に少人数・分散避難が推奨される。そうなると市区町村は小中学校の体育館に避難者を詰め込むことはできずに、避難先を拡充する必要がある。特に避難が困難な高齢者、障がい者については、バリアフリーの設備、相談員・介護支援者など人員の整った福祉避難所の拡充が求められる。

　そこで、避難行動要支援者については個別避難計画作成時に事前に福祉避難所となる施設とマッチングを行う。実際に、警戒レベル3が発動されたら、福祉避難所が事前マッチングした高齢者、障がい者等を受け入れることが、当事者にとって最も安全安心で、施設も市区町村も負担が少なくなる。そのために、受入対象者を特定して福祉避難所を指定したり、量的拡大を目指して小規模施設も指定することが必要なのである。

（5）福祉避難所ガイドラインの改定

　検討会報告を受けて2021年5月、福祉避難所ガイドラインは改定された。重要な項目2点を紹介する。まず、従前からの課題であった福祉避難所への直接避難については以下のように明確化された。

①指定福祉避難所ごとの受入対象者の調整

・市町村は、指定福祉避難所へ直接に避難する者について、地区防災計画や個別避難計画等の作成プロセスを通じて、事前に指定福祉避難所ごとに受入対象者の調整等を行う。

・市町村が希望する要配慮者全員を指定福祉避難所に直接の避難をさせることができない場合などには、まず一般の避難所に要配慮者スペースを設置して一時的に避難し、その後、指定福祉避難所に移送する方法も個別避難計画等の策定時に検討する。

◆実施にあたってのポイント・留意点

○ 障害者等については、例えば知的障害者や精神障害者（発達障害者を含む。）の中には、障害特性により急激な環境の変化に対応することが難しい場合があるなど、一般避難所で過ごすことに困難を伴うことが要因となり、一般避難所へ避難する行動を起こすことが難しい場合や避難行動にためらいが生じる場合があるとの指摘がある。こうしたことから、平素から利用し、その環境に慣れている施設へ直接に避難したいとの声がある。また、避難生活の段階を考慮すると、当初から適切な避難先に避難することが有効である。

○ このため、地区防災計画や個別避難計画等の作成を通じて、避難先である福祉避難所ごとに、事前に受入対象者の調整等を行い、避難が必要となった際に福祉避難所等への直接の避難を促進することが適当である（個別避難計画により、指定福祉避難所へ避難することになっている場合は、最寄りの一般の避難所等ではなく、指定福祉避難所へ直接に避難することとなる。）

○ 要配慮者の意向（近所の人と一緒にいた方がいい等）や地域の状況等に応じ、個別避難計画及び地区防災計画により、指定一般避難所等の一般の避難所内の要配慮者スペース等を活用することも考えられる。

○ 被災者の直接の避難を想定していない指定福祉避難所にあっては、災害規模や状況に応じて、支援者の到着が間に合わない等、災害発生後初日に開設が間に合わない場合もあるため、市町村においては発災直後の要配慮者の避難先の確保について必要な検討を行う。

②指定福祉避難所の指定及び公示

　次に受入対象者を特定する制度の創設である。これまで、指定福祉避難所は要配慮者すべてが対象とされてきた。たとえば高齢者施設に障がい者が避難してきたり、障がい者施設に高齢者が来た場合には、普段と違う要配慮者を受け入れることになる。それが原因で指定を受けることをためらう場合があった。そこで、指定を受ける際に、対象者を特定する制度が新たに設けられた。

- 市町村は、指定福祉避難所として利用可能な施設に関する情報及び指定福祉避難所の基準等を踏まえ、指定福祉避難所として指定する施設を選定し指定する。
- 市町村は、指定福祉避難所を指定したときは、その名称、所在地及び当該指定福祉避難所に受け入れる被災者等を特定する場合にはその旨その他市町村長が必要と認める事項を公示するものとした。（令和３年施行規則改正）
- 福祉避難所が指定避難所として公示されると、受入れを想定していない被災者等が避難してくることを懸念するとの意見を踏まえ、市町村は、指定福祉避難所ごとに受入対象者を特定し、指定の際に公示することができることとしたものであるものである。
- 指定福祉避難所の指定に当たっては、その受入対象者について当該指定福祉避難所の施設管理者等と調整すること。
- 令和３年施行規則改正の施行時（令和３年５月20日）において、施行令において、施行令第20条の６第11号から第55号に該当する福祉避難所については、受入対象者を当該福祉避難所の施設管理者と調整の上、特定し速やかに公示されたい。
- 指定福祉避難所の受入対象者を変更した場合は、適切に周知する観点から改めて公示すること。

◆実施にあたってのポイント・留意点（抜粋）

（施設管理者等、関係者との調整について）

○ 特別養護老人ホーム等の入所居住型施設については、災害時において指定福祉避難所として利用した場合に、入所者の処遇に甚大な支障が生じないかどうか確認する。

○ あらかじめ指定した指定福祉避難所のみでは量的に不足すると見込まれる場合は、公的宿泊施設、旅館、ホテル等と協定を締結し借り上げるなど事前に対応する。

○ 指定福祉避難所における要配慮者の支援に必要な物資・器材や、専門的な技

術を有する人材の確保、要配慮者の移送手段の確保についても、関係団体・事業者との間で協議をしておく必要がある。

（受入対象者の特定について）

○ 令和3年施行規則改正により、指定福祉避難所を指定したときに、あらかじめ受入対象者を特定し本人とその家族のみが避難する施設であることを公示する制度が創設されており、これを活用して、指定福祉避難所の指定を一層進めることが重要である。

○ 指定福祉避難所の受入対象者は、当該指定福祉避難所の通常業務におけるサービス対象者や平素から利用している者、当該福祉避難所の体制などの実情等を踏まえて特定する。例えば、高齢者介護施設が高齢者、障害者福祉施設が障害者、特別支援学校が障害児及びその家族を受入対象者として特定することなどが考えられる。

○ 受入対象者を特定することは、避難者数、受入対象者への支援内容の検討や必要な物資の内容や数量の検討、さらに必要な物資の備蓄、非常用発電機等の設備の準備等を一層進めるとともに、一般の避難所で過ごすことに困難を伴う障害者等の指定福祉避難所への直接の避難を促進していくことにもつながると考えられる。

（指定福祉避難所の公示）

○ 福祉避難所ごとに、受入対象者を特定してあらかじめ指定の際に公示することによって、受入対象者とその家族のみが避難する施設であることを明確化し、福祉避難所における受け入れを促進。

〔参考〕受入対象者を特定した公示の例

受入対象者を特定した表記は、一例として次のようなものが考えられる。

＜高齢者の場合＞

名称	住所	受入対象者（※）	その他
社会福祉法人○○園	○○市△△1-1-1	高齢者	
●●高齢者福祉センター	○○市●●2-1-1	市が特定した者	
社会福祉法人○●苑	○○市□□3-1-1	高齢者（要介護3程度）	

※家族等も受入対象とする

③福祉避難所は覚悟が必要

　熊本地震では、福祉避難所に指定されていた福祉施設に多くの一般避難者が押し寄せ、要配慮者への支援が手薄にならざるを得なかった。近年の災害対応で、福祉避難所の開設を積極的にPRしない事例が出てきているが、このような事情を参酌したものと思われる。だが、混乱を避けることを優先するがゆえに、支援を必要とする要配慮者を見過ごしてはいないだろうか。

写真３：熊本地震時の避難所となった福祉施設
高齢者を支える福祉避難スペース

熊本県益城町特別養護老人ホーム　いこいの里提供

　熊本地震で実際に福祉避難所を運営した福祉施設職員は次のように述べている。

　「テレビで90歳のおばあちゃんが車中泊をしているのを見て、ここに来てもらえればいいのに、と思ったこともあります。福祉避難所を知らない人もいたので『災害時はここに福祉避難所ができるので来てくださいね』とお知らせするのが大事です。行っていいのか迷った人もいたようです。福祉避難所といっても地域の方だけではありません。デイサービスや居宅の利用者、職員の家族、その他色々なツテを使って集まってきます。ライフラインが復旧するまでは、選別できないほど多くの方が来られるので、覚悟が必要です。」

第6章　災害時にも尊厳を守る条例改正を

　これまでの防災では、災害前後に人命を守ることが最優先されてきた。それは、当然のことではあるが、避難生活や復旧復興のステージで被災者の尊厳を守ることが相対的に軽んじられてきたと考えている。福祉関係者が災害時の対応を考え、実践することで、避難生活や復旧復興の時期において、尊厳を守ることが重要になってくる。そのためには、災害法制度の理念を見直す必要がある。

（1）災害対策基本法、地域防災計画の目的とは

　災害対策基本法（1962年施行）の目的は「国土及び国民の生命、身体及び財産を災害から保護する」となっている。おそらく自治体の地域防災計画の目的もこの災害対策基本法を援用して「住民の生命、身体及び財産を災害から保護する」となっているはずだ。

　ところで、「生命、身体及び財産」の文言は、17世紀のイギリスの政治哲学者ジョン・ロックが基本的人権として示した「生命、自由及び財産」に酷似している。ロックのこの文言はトーマス・ジェファーソンが起草したアメリカの独立宣言、そして日本国憲法第十三条後段「生命、自由及び幸福追求に対する国民の権利については、公共の福祉に反しない限り、立法その他の国政の上で、最大の尊重を必要とする。」へと受け継がれている。

　災害対策基本法の立法者は、当時は、災害時に「自由」までは守れないので「身体」としたのかもしれない。しかし、今の社会状況を見ると、「身体」を守るではいかにも目標が低すぎるのではないか。

（2）自由と尊厳

　自由という価値観は、生命と並び称されるほど重要である。しかし、近年は自由を存分に享受できるのは一定の豊かさ、健康な者というイメージがあることから、より根源的な人間の価値として「尊厳」が基本的人権にはふさわしい用語と考えられる。

　事実、介護保険法（2000年施行）では、その目的が「この法律は、加齢に伴って生ずる心身の変化に起因する疾病等により要介護状態となり、（中略）これら

の者が**尊厳**を保持し、その有する能力に応じ自立した日常生活を営むことができるよう、必要な保健医療サービス及び福祉サービスに係る給付を行うため、国民の共同連帯の理念に基づき介護保険制度を設け、その行う保険給付等に関して必要な事項を定め、もって国民の保健医療の向上及び福祉の増進を図ることを目的とする。」とある。

　また、1997年に複数の人道支援を行うNGOと国際赤十字・赤新月運動によって始められたスフィア・プロジェクト（以下、スフィア）は、人道支援の質と説明責任の向上を目的としている。スフィアの原理は以下の2つに基づいている。

・災害や紛争の影響を受けた人びとには、**尊厳**ある生活を営む権利があり、従って、支援を受ける権利がある。
・災害や紛争による苦痛を軽減するために、実行可能なあらゆる手段が尽くされなくてはならない。

（3）災害時の尊厳

　災害時には、次のようなことが発生しやすい。
・高齢者の逃げ遅れ・関連死が多い
・障がい者（児）が安心して避難できない
・避難所では授乳時には人にジロジロ見られる
・避難所では夜間に女性が安心してトイレに行けない
・避難所では弁当は早く並んだ順に配られる

　これらは、人の尊厳を守っているだろうか。「災害は弱い者いじめ」という状況から脱するためには、尊厳をキーワードに災害対応を見直さなければならないのではないか。たとえば、東日本大震災で被災した福島県においては、死者・行方不明者が1,810名（警察庁、令和3年3月）に対して、災害関連死が2,320名（復興庁、令和3年3月）と500名以上も多くなっている。この数字は、我が国の避難生活環境がいかに過酷かを示唆することに繋がるだろう。尊厳が守られなければ生命さえも危ないのが超高齢社会である。

　一方で、新型コロナ感染症から避難者を守るために、2020年の出水期前に市区町村はホテル・旅館と協定を結んだり、広いスペースの避難場所を確保したり、パーテーションや段ボールベッドを準備したりした。そして、2021年7月の熱海市伊豆山地区の土石流災害では、高齢者福祉施設の利用者が1つのホテルで避難生活を送った。また、一般の避難者もすべて別のホテル1か所が避難所となって、そこで生活をしている。結果として、これは避難所環境を改善して、人

の尊厳を守ることにつながった。

（4）尊厳を防災基本条例、地域防災計画に組み込む

　そこで、自治体が防災基本条例や地域防災計画の目的を、「住民の生命、**尊厳及び財産を災害から守る**」に変えることを提案したい。実際に、2021年3月26日の戸田市議会本会議において、「尊厳」が規定された戸田市防災基本条例が議決された。前文には「戸田市においては、被害が広範囲に及びやすいという地形的条件を考慮して、市民の**生命、尊厳及び財産を守る**ことができるよう、災害に対する備えを日頃から整えていくことが急務となっています。」と記された。第1条（目的）は「この条例は、自助・共助・公助の考え方の下に、市民の**生命、尊厳及び財産を守る**上での基本理念と防災対策に関する市民、事業者、市及び議会の責務及び役割を明らかにし、防災に関する基本的事項を定めることにより、防災対策を総合的かつ計画的に推進し、被害を最小限にとどめ、災害に強いまちを実現することを目的とする。」とされている。

　このように条例化することで、住民参画の条例検討会や議会審議を通じて、職員だけでなく、住民や議員にも、災害時に尊厳を守ることの意義が共有される。戸田市も、2019年9月に市民、事業者を含めた戸田市防災基本条例検討市民会議を設置し、ワークショップを重ねながら、庁内での検討会を開催し、並行して条例案の内容を検討した。このような自治体の動きが、災害対策基本法の目的を変え、**災害時にも、誰一人取り残さない社会**の実現に近づけることになる。

参考文献

- 柄谷友香・鍵屋一（2013）「障害福祉施設における防災計画上の課題と事業継続計画（BCP）策定に向けた試み」『日本福祉のまちづくり学会全国大会』、2013年8月。
- 鍵屋一ほか（2015）「障害福祉施設の事業継続計画（BCP）作成プロセスの研究－施設職員の災害対応力向上を目指して－」『地域安全学会論文集』27号、113-120。
- 内閣府（防災担当）「令和元年台風第19号等を踏まえた高齢者等の避難の在り方について（最終とりまとめ）」、令和2（2020）年12月
- 厚生労働省老健局「介護施設・事業所における自然災害発生時の業務継続ガイドライン」、令和2（2020）年12月
- 令和2年7月豪雨災害を踏まえた高齢者福祉施設の避難確保に関する検討会

（厚生労働省老健局、国土交通省水管理・国土保全局）「高齢者福祉施設における避難の実効性を高める方策について」、令和３（2021）年３月

- 内閣府（防災担当）「避難行動要支援者の避難行動支援に関する取組指針」、平成25（2013）年８月（令和３（2021）年５月改定）
- 内閣府（防災担当）「福祉避難所の確保・運営ガイドライン」、平成28（2016）年４月（令和３（2021）年５月改定）
- 鍵屋一（監修・著）、岡野谷純、岡橋生幸、高橋洋『ひな型でつくる福祉防災計画〜避難確保計画からBCP、福祉避難所〜』、2020年７月、東京都福祉保健財団
- 鍵屋一「災害関連死を防ぎ、命と尊厳を守るために」、令和２年８月、リスク対策.com
- 鍵屋一「令和元年台風第19号等を踏まえた高齢者等の避難の在り方について（中間とりまとめ）」、令和２年11月、リスク対策.com
- 鍵屋一「災害時にも尊厳を守る〜戸田市防災基本条例〜」『市政』、2021年５月号

Ⅱ

各論編

はじめに

　令和3年4月1日に施行された指定居宅サービス等の事業の人員、設備及び運営に関する基準等の一部を改正する省令（令和3年厚生労働省令第9号）により、介護保険法令に基づいてサービスを提供するすべての施設・事業所*1について、令和6年3月31日までに、業務継続計画（BCP）を策定するよう義務付けられた（経過措置期間中は策定が努力義務とされている。）。

　この各論編では、令和2年12月の令和2年度厚生労働省老健局による業務継続計画（BCP）作成支援指導者養成研修において示された介護施設・事業所における業務継続計画（BCP）ガイドライン（自然災害発生時編・新型コロナウイルス感染症発生時編。以下「ガイドライン」という。）に基づき、第1章では、自然災害発生時における業務継続計画（BCP）について介護老人福祉施設、訪問介護事業所及び居宅介護支援事業所における策定例を示し、また第2章では、新型コロナウイルス感染症発生時における業務継続計画（BCP）について入所系、通所系事業所及び訪問系事業所における策定例を示し、今後、施設・事業所が業務継続計画（BCP）を策定する際の参考となるよう紹介する。

＊1　介護保険法に根拠を置くものではないが、養護老人ホームについては養護老人ホームの設備及び運営に関する基準（昭和41年厚生省令第19号）の一部改正により、介護療養型医療施設については健康保険法等の一部を改正する法律（平成18年法律第83号）附則第130条の2第1項の規定により、なおその効力を有するものとされた指定介護療養型医療施設の人員、設備及び運営に関する基準（平成11年厚生省令第41号）の一部改正により、また軽費老人ホームについては軽費老人ホームの設備及び運営に関する基準（平成20年厚生労働省令第107号）により、それぞれ同様に業務継続計画（BCP）の策定が義務付けされている。

各論編の読み方・使い方
①　各論編では、国のガイドラインに沿って、自然災害発生時における業務継続計画（BCP）では「総論」、「平常時の対応」、「緊急時の対応」、「他施設・事業所との連携」、「地域との連携」の5つのテーマについて、また新型コロナウイルス感染症発生時における業務継続計画（BCP）では「総則」、「平時からの備え」、「初動対応」、「休業の検討」、「感染拡大防止体制の確立」の5つのテーマについて、それぞれ記載項目に関し、業務継続計画（BCP）を作成する際に参考となるよう以下のとおり構成している。
【記載内容チェックリスト】＝記載項目について業務継続計画（BCP）に記載すべき内容を示したもの（詳細は②を参照）
【ガイドライン】＝記載項目について国のガイドラインで述べている解説等を

　　　　　　示したもの

【主旨・補足説明】＝各項目の主旨や記載内容を検討する上で参考となる事項
　　　　　　　　　を述べたもの

【施設・事業所ごとの作成例】＝③及び④のとおり、主な施設、事業所におけ
　　　　　　　　　　　　　　　る作成例を示したもの

② 【記載内容チェックリスト】では、記載項目について記載すべき内容を示す
とともに、チェックボックスを付している。必要に応じ以下のように ☑ を入
れ活用していただきたい。

　また、巻末に記載内容チェックリストを一覧表により掲載しているので、こ
ちらも必要に応じ活用していただきたい。

　（例）

　2　基本方針

　ア）記載内容チェックリスト

　　☑　施設・事業所として、入所者、利用者及び職員並びにサービス提
　　　供に関する基本的考え方を記載する。

　　□　前項目の「目的」に記載した内容と整合が取れるように記載して
　　　いること。

③ 「第1章　自然災害発生時における業務継続計画（BCP）」では、【施設・事
業所ごとの作成例】として「介護老人福祉施設」、「訪問介護事業所」及び「居
宅介護支援事業所」における業務継続計画（BCP）の作成例を示した。また、
作成例では各執筆者による計画作成上のポイントとなる事項等を「コメント」
として付した。

④ 「第2章　新型コロナウイルス感染症発生時における業務継続計画（BCP）」
では、「入所系」、「通所系事業所」及び「訪問系事業所」における業務継続計
画（BCP）の作成例を示している。

⑤ 上記③及び④のとおり、主な施設・事業所における作成例を示しているが、
実際に業務継続計画（BCP）を策定する場合には、各事業所・施設の立地条
件、周辺環境や入所者・利用者の人数、職員数などがさまざまであるほか、新
型コロナウイルス感染症に関しては地域による流行状況がそれぞれ異なり、さ
らに国・自治体における感染対策が随時見直されることから、各施設・事業所
におかれては、そうした特性・状況を十分に把握し、適切に反映して策定する
ようお願いする。

| 第1章 | 自然災害発生時における業務継続計画（BCP） |

1. 総論

　国のガイドラインでは、総論として業務継続計画（BCP）に位置付ける項目は、「基本方針」、「推進体制」、「リスクの把握」、「優先業務の選定」、「研修・訓練の実施、BCPの検証・見直し」を掲げている。総論の記載項目は、業務継続計画（BCP）の基本的な考え方を示す部分に当たるため、施設・事業所として災害発生時に果たすべき役割を十分吟味して内容を記述することが重要である。

（1）基本方針
ア）記載内容チェックリスト

　　□　地震、風水害など自然災害により被災したときに、施設・事業所が業務を再開又は継続していくために必要なもの・守るべきものは何かを検討し記載する。

　　□　業務継続計画（BCP）の策定が何を目的とするものか、計画の策定によって実現（達成）すべきことは何かを想定し記載する。

イ）ガイドライン

　　●　災害において施設・事業所が果たすべき役割を鑑みて検討する。基本方針は優先する事業の選定や地域貢献その他さまざまな項目を検討する際の原点となるので、何のためにBCP作成に取り組むのか、その目的を検討して記載する。

　　●　一般的には、3日間を乗り切ることが出来れば、外部からの何らかの支援を受ける事が出来ると想定され、「3日間の初動対応が重要」となる。

ウ）主旨・補足説明

　　施設・事業所として、地震・風水害等の自然災害の発生時に果たすべき役割に鑑み、災害対策に関する基本方針を定める。基本方針は、業務継続計画（BCP）に位置付ける各記載項目の記載内容と整合が図られなければならない。**計画の完成後に再度基本方針の記載内容を見直す。**

エ）施設・事業所ごとの作成例

①介護老人福祉施設の例

○　当施設の業務継続計画の基本方針は、次のとおりとする。また、基本方針については、法人内及び事業所内で認識の共有を図るものとする。
- ①　入居者・利用者・職員の安全を確保する。
- ②　サービスを可能な限り継続する。
- ③　発災時の地域住民の受け入れと福祉避難所の運営を行う。

コメント

　基本方針は、事業所のBCPの基本となるため、法人内及び事業所内で認識を共有するためにもわかりやすく明記したい箇所である。

　ここで掲げた基本方針は、いずれも施設に求められる役割であるが、発災時には混乱が予想されることから、可能な範囲での運用となるため、優先順位は順に①→②→③としている。生命の安全確保が優先されることは当然ではあるが、社会や地域から期待される役割を果たすためには、法人内・施設内のみならず地域住民と日頃から対話しておく必要がある。

　当施設では、この対話の機会として、通常、年に2回、町会や老人会の食事会を施設内で行い、施設の手作りの食事を共にしながら地域の高齢者の心配事や要望を聞き、可能な範囲で相談に応じている。

②訪問介護事業所の例

○　この業務継続計画は、自然災害発生時に当事業所が被災した場合において、利用者へのサービスの継続を確保するとともに、サービスの提供が一時的に困難となった場合に利用者の命と生活を守るため、できる限り早期に、かつ、必要性の高いサービスから順次再開するために必要な事項を定める。災害時の業務継続のためには、スタッフの安全が前提になることから、スタッフの安全確保を優先順位の最上位とする。

　また、市の洪水ハザードマップによると、当事業所は浸水した場合に予想される水深が3m〜5mの場所に位置していることから、水害対策を規定するとともに、事業所が単独で解決できない事態に備え、他の訪問介護事業所等の各種関係者と業務継続計画策定プロセスを共有する。

コメント

　日常生活に介護を要する方にとって、訪問介護事業所の支援が途切れることは、生命の維持にも関わる重大な脅威にもなり得ることから、有事の際にも事業が継続され、早期の復旧を図るための業務継続計画の策定は極めて重要である。

　当事業所の固有のリスクとしては、水害ハザードマップによると３ｍ～５ｍの浸水区域に立地しており、水害時には事業拠点を失う可能性が高いことから、事業所の情報（パソコンやカルテ等）・モノ（車や感染防御資材等）を事前に別の拠点に移す必要がある。

　自然災害時の著しい資源の減少（出勤可能なスタッフの不足等）に対して、当事業所の自助努力だけでは重要なサービスの継続すら危ぶまれる可能性もあることから、他の訪問介護事業所との相互支援や、行政・保健医療機関・地域住民をはじめとする多様な社会資源との連携に基づいて業務継続計画の策定・運用を進める必要があるという考えに基づいて基本方針を作成した。

③居宅介護支援事業所の例

　○　この計画の基本方針は次のとおりとする。
　　1　自身の命も含めた人命の保護を最優先とし、利用者、職員の生命を保護し、生活を維持するための業務を最優先業務とする。
　　2　安全確保を図ったうえで、業務資源の復旧状況に応じて、できるだけ早期の再開を目指す。
　　3　平常時から利用者ごとの災害時の課題を把握し、災害発生時には優先順位の高い利用者から安否確認を行うなど必要な支援を行う。
　　4　平常時から地域の多職種連携や住民の助け合いの強化を推進し、利用者を含めた家族や地域の関係者と災害時の課題や対応方法を共有するネットワーク体制づくりの推進役となる。発災後、余力のある場合には近隣住民や事業所への協力・支援に当たる。

コメント

　事業所の基本方針が、法人本部の基本方針と同様の場合はそれを転記する。ただし、指定居宅介護支援の基本指針等（利用者の自立支援、利用者の自己決定の保障）や、居宅介護支援の役割（連絡調整等による総合的なサービス提供）などから乖離しないように意識する。

　自然災害により一時的に継続が困難となった場合にも、人命を最優先のうえ、利用者とその家族の状況に加え、周辺のサービス事業所の状況を観察・評価したうえで、柔軟に対応することを基本方針とした。

（2）推進体制
ア）記載内容チェックリスト
　　□　平常時の災害対策推進体制として、どのような役割があるかを検討し記載する。

　　□　設定した役割について、現在の施設・事業所の組織・職員のもとで、誰を充てることにするかを検討し記載する。

　　□　施設・事業所の各部門、各職種が参加した体制を構築すること。

イ）ガイドライン
　　●　災害対策は一過性のものではなく、継続して取り組む必要がある。また災害対策の推進には、総務部などの一部門で進めるのではなく、多くの部門が関与することが効果的であるため、継続的かつ効果的に取組を進めるために推進体制を構築する。

　　●　被災した場合の対応体制は「3.緊急時の対応」の項目に記載する。ここでは平常時における災害対策や事業継続の検討・策定や各種取組を推進する体制を記載する。

　　●　各施設・事業所の実情に即して、既存の検討組織を有効活用する。

ウ）主旨・補足説明
　業務継続計画（BCP）を効果的に機能させるために、平常時からの「備え」として、災害対策を推進する体制を施設・事業所内に構築する。新たに施設・事業所内の各部門・各職種が参加した会議体として立ち上げる方法もあるが、既存の内部会議、例えば、指定介護老人福祉施設の人員、設備及び運営に関する基準第35条第1項第3号に基づく事故発生防止委員会など法令に基づく既存の会議体や任意に設置している運営連絡会議などを活用し、必要な職種等を補充して運営する方法もある。

　なお、推進体制の役割ごとに主担当と副担当（主担当が不在の場合に代行するもの）を置くことが望ましい。

エ）施設・事業所ごとの作成例

①介護老人福祉施設の例

○　当施設の業務継続計画（BCP）の推進体制は次のとおりとする。

主な役割	部署・役職	氏名	代行者
BCP 推進責任者	施設長	○○○○	事務長
BCP 推進副責任者	事務長	○○○○	
推進員（入居者対応）	施設事業部課長	○○○○	フロアリーダー
推進員（家族対応）	施設長補佐	○○○○	相談員
推進員（総務）	業務課	○○○○	業務課スタッフ
推進員	防災委員長	○○○○	防災委員

①推進責任者は、職員に対するBCPの意識づけの指導及び総括

②推進副責任者は、責任者の補佐、教育訓練などの責任者

③推進員は、年２回避難訓練におけるBCP教育の実施責任者

コメント

　推進体制は既存の防災計画にて示されている法人の体制をもとに、事業ごとの役割分担や指揮命令系統を決定している。体制編成においては特定の部署だけではなく、全ての部署がまんべんなく協力し合える体制としている。介護老人福祉施設においては発災時対応が日中、夜間により異なるため、これも防災計画をもとに「誰が」「何を」するかを定めている。

②訪問介護事業所の例

○　当事業所の業務継続計画（BCP）の推進体制は次のとおりとする。

主な役割	部署・役職	氏名	補足	副担当
責任者	管理者	○○○○	BCP マネジメント	サービス提供責任者
推進リーダー	サービス提供責任者	○○○○	責任者の補佐・庶務担当	訪問介護員○○○○
推進員	訪問介護員	○○○○	対応策の立案と構築	訪問介護員○○○○
推進員	訪問介護員	○○○○	対応策の立案と構築	訪問介護員○○○○
推進員	総務課	○○○○	請求及び備品関連の対応策	総務課○○○○

コメント

　当事業所は、介護老人保健施設に併設されていることから、物品購入・備蓄・請求業務は施設と共有（事務）で行っている。また、利用者情報・実施記録・支援経過等の記録はタブレットで行っているが、情報元となるサーバーは施設内にあることから業務継続計画策定については施設と一体的に進める必要

がある。

　人員体制においては、当事業所が専門職が４名という小規模事業所であることから、スタッフ一人一人の業務継続計画への理解度・判断力・実践力を平常時において可能な限り高めておくことが重要となる。そこで、スタッフ全員でリスクアセスメントを行い、対応策について役割分担を行っておく。こうした業務継続計画の策定プロセスに全員参加型で進めることとしている。

③居宅介護支援事業所の例

○　当事業所の業務継続計画（BCP）の推進体制は次のとおりとする。

役割	職・氏名	内容	副担当
BCP責任者	管理者 ○○○○	・全体の掌握、マネジメント ・市、地域包括支援センター等の他機関との連絡窓口	●●●●
BCPリーダー	主任介護支援専門員 ●●●●	・責任者不在時の役割代行 ・サービス事業者の状況把握とサービス調整推進員の情報のとりまとめ	○○○○
BCP推進員１ （利用者）	介護支援専門員 ◇◇◇◇	・利用者とその家族の安否確認とそのとりまとめ	△△△△
BCP推進員２ （事務・物品）	介護支援専門員 △△△△	・記録等の書類、電子機器に関する確認と管理 ・消毒物品などの管理	◇◇◇◇

コメント

　発災時の担当をあらかじめ決めておくことにより、平常時から災害時を意識して対応することが可能となる。

　災害時は、トップダウン式の連絡調整が必要になるため、管理者を中心に行動できるように分担する（窓口を明確にすることで、他機関等との共同をスムーズにする）。また、発災直後～翌日は、被災により主担当が事業所に参集できない可能性もあるため、迅速に対応できるよう副担当を決めておく。副担当も参集できない場合は、参集職員の中で最上位者が判断することとする。

　なお、推進員は、利用者を担当する者と、機材や周辺機器等を担当する者に分けることで、発災時の対応がスムーズになるだけではなく、名簿や備品台帳の管理など、事業所管理・経営面からの職員の育成につながる。

（3）リスクの把握

ア）記載内容チェックリスト

□　国のガイドラインに基づき、この項目に記載する事項として、①ハザードマップなどの確認、②被災想定について定める。

□　施設・事業所が所在する市区町村の防災担当課に問い合わせ、震度分布図、洪水ハザードマップ等を入手し、計画に位置付ける（添付可）。ホームページ上で公開されている場合もあるため確認する。

□　入手した震度分布図、洪水ハザードマップ等を災害対策推進会議（前項1（2）「推進体制」により構築する内部会議）で確認し、図、マップ等において施設・事業所の位置を確認し、被災想定を行うことを記載する。

イ）ガイドライン

＜ハザードマップなどの確認＞

●　施設・事業所が所在する自治体のハザードマップ等を貼り付ける（多い場合は別紙とする）。

●　地震、津波、風水害など災害リスクの頻度や影響度は施設・事業所の立地によるところが大きい。自治体などが公表するハザードマップなどを確認し、これらの災害リスクを把握した上で施設・事業所に応じた対策を検討することが有効である。

●　震度分布図のほか、津波や浸水想定、液状化の想定など様々なハザードマップが提供されており、一通り確認しておくことが有効である。

●　ハザードマップ類は見直しが行われることがあるので、定期的に確認し変更されていれば差し替えることも必要である。

＜被災想定＞

●　自治体から公表されているインフラ等の被災想定を整理する。これらの被災想定から自施設・事業所の設備等を勘案して時系列で影響を想定することも有用である。これにより被災時における自施設・事業所の状況が見える化でき、各種対策を検討していくうえでの土台となる。

ウ）主旨・補足説明

市区町村から震度分布図、洪水ハザードマップ等を取り寄せて、施設・事業所のリスクを把握・分析しておくこと（例：どの程度の高さまで浸水が想定されているのか）。なお、中小河川ではハザードマップができていないところもあるため、市区町村に確認する。このリスク評価に基づいて、既に策定している防災計画の見直しや業務継続計画（BCP）の発動のタイミングを検討することが肝要である。

エ）施設・事業所ごとの作成例

※施設・事業所共通の例

【ハザードマップなどの確認】

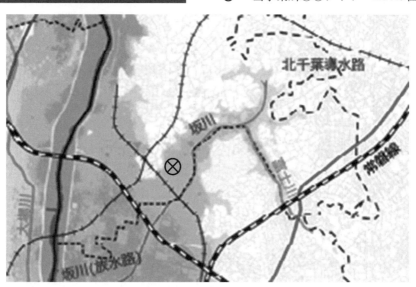

事業所地域の洪水ハザードマップ　　　⊗＝当事業所○○デイサービスの位置

出典：国土交通省関東地方整備局・利根川水系浸水想定区域図（想定最大規模）

【被災想定】

○　▲▲市が公開している洪水ハザードマップは、想定しうる最大規模の降雨（○○年に1度程度）により、周辺地域の河川が氾濫した場合の洪水の危険が予測される地域を示している。

○　マップ上では、当事業所の位置は、○○ｍ～○○ｍの浸水が想定される地域となっている。また、浸水継続時間は、○日間とされている。

○　洪水ハザードマップどおりの浸水が発生した場合は、電力、ガス（LPガス）、水道、施設内の電子機器類は、いずれも○日間程度停止することが想定される。また、パソコン、TV、冷蔵庫など一部の電子機器、電化製品は浸水した場合、使えなくなる可能性が高い。

（4）優先業務の選定

ア）記載内容チェックリスト

□　被災時に優先して対応する業務を選定し、記載すること。

□　同一敷地（建物）内で複数の事業を運営する施設・事業所では、それら

の事業のうち、どの事業を優先し、又は縮小するかを記載する。

□　優先業務の選定は、入所者・利用者の生命を維持するために停止させることができない支援・サービスであることを基準とすること。

□　優先業務として選定したものについても、被災時を想定し、サービス提供方法について効率的に対応できるよう検討すること（例：入浴介助→清拭）。

イ）ガイドライン

●　複数の事業を運営する施設・事業所では、どの事業（入所、通所、訪問等）を優先するか（どの事業を縮小・休止するか）を法人本部とも連携して決めておく。

●　被災時に限られた資源を有効に活用するために、優先する事業からさらに踏み込み、優先する業務について選定しておく。優先業務の洗い出しとともに最低限必要な人数についても検討しておくと有用である。たとえ災害時であっても、生命を維持するための業務は休止できないことに留意する。

ウ）主旨・補足説明

被災時には、インフラも大きな影響を受け、介護サービスの提供にあたる職員についても、業務に就ける者が減少する可能性が高い。したがって、平常時と同量・同内容の介護サービスの提供が困難となることから、入所者・利用者の生命維持のために必要な業務を優先業務としてあらかじめ選定しておくことが必要となる。また、選定した優先業務に優先度を付して優先度の高い業務から順に対応することも有用である。

エ）施設・事業所ごとの作成例

①介護老人福祉施設の例

○　当施設で運営する事業のうち被災時に優先する業務は、次のとおりとする。

＜優先する事業＞

（1）特別養護老人ホーム

（2）短期入所の継続滞在

（3）居宅介護支援事業

（4）通所介護の訪問対応

（5）地域包括支援センター業務

＜当座停止する事業＞

（1）短期入所の新規受入れ

（2）通所介護の来所

（3）各事業の新規受入れ

○　当施設における災害発生時の優先業務については、特別養護老人ホームの入所者・ショートステイ滞在者の安全確保と生命維持に必要な最低限の業務を最優先とする。

優先業務	必要な職員数			
	朝	昼	夕	夜間
与薬介助	4人	4人	4人	4人
排せつ介助	6人	6人	6人	4人
食事介助	6人	6人	6人	一人
口腔ケア	4人	4人	4人	一人
吸引	1人	1人	1人	1人
記録	1人	1人	1人	1人
設備確認	1人	1人	1人	1人

コメント

　災害時のインフラ停止、職員不足の状況下で、基本方針の一番目である入居者・利用者の安全確保をし、生命維持に必要な最低限の業務の優先度を選定しておくものである。これは職員の参集基準にも大きく関わるものである。具体的に優先度の高い業務のピックアップ、そこに何人が必要かも合わせて記載する。当施設では2年前から介護現場における生産性向上、介護の質向上を法人内全部署で実施している。その際に、業務の洗い出し、業務の仕分けなどを行ったので、これをBCP作成過程で有効に活用することができた。

　当施設ではこの選定を行う際に、施設側の都合だけで決めるのではなく、入居者・利用者・家族などの関係者の意見も参考にさせていただいている。優先度は個人の生活歴や価値観、その時の状態により異なることがある。意見・要望をすべて聞き入れることは難しいが、事前に対話し、互いが確認し合うという過程が大切であると考えている。

②訪問介護事業所の例

○　当事業所における災害発生時の優先業務は、次のとおりとする。

優先業務	優先区分	必要な職員数			
		朝	昼	夕	夜間
訪問介護（最重度）	食事・排せつ・内服を中心にした生命維持に関わるサービスで、家族や近隣住民の協力が得られない場合	1	1	1	行わず
訪問介護（重度）	生命の維持は可能だが、それなしでは著しい機能低下や褥瘡の発生が想定されるサービス場合	1	1	1	行わず
訪問介護（中度）	最重度のサービスにおいて、一時的に家族や近隣住民の協力は得られるも、3日以上が難しい場合	1	1	1	行わず
訪問介護（軽度）	入浴などの生命維持には直接的に関連しないと想定されるサービス	1	1	1	行わず
新規の利用者の受入れに係る業務	体制が十分に整うまでは新たな利用者の受入れは停止する。	行わず	行わず	行わず	行わず

コメント

　優先業務の選定においては、利用者の生命維持が最優先となり、食事・排せつ・内服が中心となる。ただし、優先業務の提供対象者の選定については、その生活背景によって異なるため、優先業務だからといって一律にサービスを提供することになるとは限らない。平常時には排せつ介助で支援をしていたとしても、有事の際に同居家族が代替可能ならば優先度は低くなるが、同居家族がいたとしても高齢等の理由により代替できない場合には優先度は高くなる。有事の際のサービス提供のあり方については、平常時から利用者及び家族並びにケアマネジャーと話し合っておく必要がある。

　また、発災時には電話が不通となるなど業務縮小に係る説明が利用者側にできなくなることが想定される。重要事項説明書の中に災害時の業務縮小の可能性に関し記載しておくほか、サービス担当者会議等の機会に有事の際のサービス提供のあり方について理解を得ておくことが望ましいと考える。

③居宅介護支援事業所の例

○　当事業所における災害時の優先業務・休止業務は、次のとおりとする。

	優先業務	優先区分	必要な職員数			
			朝	昼	夕	夜間
優先業務	利用者の安否確認及び避難支援	介護度、状態像、世帯状況（独居・老老等）に基づいて優先度が高い者から順次実施	1	2	1	（1）
	サービス提供事業者の運営状態把握	事業所の運営状態を聞き取り、どの程度のサービス提供が必要かを把握	1	2	1	行わず
	サービス利用調整	サービスの中断が生命の維持に直結する利用者を優先して調整	1	2	1	（1）
	利用者の居宅への訪問	避難している場合は避難所等の避難先に訪問	1	3	1	行わず
休止業務	モニタリング訪問	定期的な居宅へのモニタリング訪問は、平常時の体制に戻るまで中断	行わず	行わず	行わず	行わず
	新規の相談・受入れに係る業務	平常時の体制に戻るまで中断	行わず	行わず	行わず	行わず
	サービス担当者会議	平常時の体制に戻るまで中断（本人の心身状態等に応じて主治医等に助言を要請）	行わず	行わず	行わず	行わず

（　）は携帯電話で対応する

コメント

　地域防災上、自然災害の場合には、介護支援専門員については平常時からの利用者との関係を活かし、利用者本人の安否確認や避難所等安全な場所への避難支援への関わりが期待されている。

　利用者の身の安全が確認できた場合は、本人の状態や周辺環境（居宅の損壊等）に基づいて、当面必要となるサービスを判断し、サービス提供事業者の調整を行っていく。サービス利用中の者の調整を優先し、新規の受入れのほか不急でないケアマネジメント（例：定期的なモニタリングなど）については、平常時の体制に戻るまで中断することも検討する。

（5）研修・訓練の実施、BCPの検証・見直し
ア）記載内容チェックリスト

　　□　国のガイドラインに基づき、この項目に記載する事項として、①研修・訓練の実施、②業務継続計画（BCP）の検証・見直し、について定める。

　　□　業務継続計画（BCP）の実効性を高めるための職員を対象とした研修の実施のほか、定期的にシミュレーション訓練を行うことを記載すること。

□ 訓練の実施により、課題点が明らかになった場合は、その解決策を検討し、必要に応じて、業務継続計画（BCP）に反映するなど検証・見直しを行うことを記載すること。

イ）ガイドライン

＜研修・訓練の実施＞

● 作成したBCPを関係者と共有し、平時からBCPの内容に関する研修、BCPの内容に沿った訓練（シミュレーション）を行う。

＜BCPの検証・見直し＞

● 最新の動向や訓練等で洗い出された課題をBCPに反映させるなど、定期的に見直しを行う。

ウ）主旨・補足説明

業務継続計画（BCP）作成後は、計画の実効性が高められるよう施設・事業所として取り組まなければならない。施設・事業所の職員には、業務継続計画（BCP）を知っているだけではなく、実際に運用できるよう知識・技能を高めることが求められる。

業務継続計画（BCP）の実効性を高めるための研修については内部研修のほか学識経験者を講師に招聘して実施する方法も考えられる。また、訓練は施設・事業所全体で実施するのか、施設の場合はユニットやフロア階ごとにするか十分検討すること。

エ）施設・事業所ごとの作成例

※施設・事業所共通の例

【研修・訓練の実施】

○ 施設長（管理者）は、業務継続計画（BCP）作成後は、職員全員に周知するとともに、業務継続計画（BCP）に基づいて迅速かつ効果的に対応できるよう研修を実施する。研修の種類等は以下のとおりとする。

名称	時期等	対象者	内容等
定期研修	年1回	全職員　＊施設の場合は、ユニット、職種ごとに実施を検討	施設長（管理者）又は課長・主任等が講師となる。業務継続計画（BCP）に基づく役割、対応等を理解・確認する。
フォローアップ研修	年1回	課長・主任級の職員及び希望者	外部講師を招き、災害対策の最新情報とともに、効果的な業務継続計画（BCP）の運用のための知識を得る。

○　業務継続計画（BCP）の実行性を高めるため、定期的（最低年1回）に、訓練を実施する。訓練には、施設長（管理者）が指名した者が参加すること。

○　訓練は、自然災害（風水害、地震など訓練の都度設定する。）により被災した場合を想定し、当計画に位置付けた役割分担、対応方法について確認を行う仮想訓練とする。

【BCPの検証・見直し】

○　業務継続計画（BCP）に基づく仮想訓練を通じ業務継続計画（BCP）の内容を検証するとともに、訓練を通じて課題点が見つかった場合は、その解決方法を協議し、必要に応じ、業務継続計画（BCP）に反映する。

○　災害対策に関する最新の動向や国などからの通達等を踏まえ、定期的に、業務継続計画（BCP）に定めた各項目の適合性について検証し、必要に応じ、業務継続計画（BCP）の見直しを行うものとする。

2．平常時の対応

国のガイドラインでは、平常時の対応として業務継続計画（BCP）に位置付ける項目は、「建物・設備の安全対策」、「電気が止まった場合の対策」、「ガスが止まった場合の対策」、「水道が止まった場合の対策」、「通信が麻痺した場合の対策」、「システムが停止した場合の対策」、「衛生面（トイレ等）の対策」、「必要品の備蓄」及び「資金手当て」を掲げている。

入所者・利用者の生命の維持に必要なサービスを中断させないために、自身の施設・事業所の安全対策とともに、電気・ガス・水道等のライフラインに係る事前対策や被災時の対応策について記載しておく。また、備蓄品の確保状況や被災した場合の当面の資金や保険関係を明らかにしておくようにする。

（1）建物・設備の安全対策
ア）記載内容チェックリスト

□　国のガイドラインに基づき、この項目に記載する事項として、①人が常駐する場所の耐震措置、②設備の耐震措置、③水害対策について定める。

□　自身の施設・事業所の建物の建築年を確認し、耐震補強の必要性について記載する。

□　施設・事業所内の設備・什器について、地震の際の影響を評価し、具体的対応方法を記載する。

□　水害対策としては、洪水ハザードマップで確認・評価した結果に基づいて対応策を記載する。

イ）ガイドライン

＜人が常駐する場所の耐震措置＞

●　建築年を確認し、新耐震基準が制定された1981（昭和56）年以前の建物は耐震補強を検討する。

＜設備の耐震措置＞

●　居室・共有スペース・事務所など、職員、入所者、利用者が利用するスペースでは、設備・什器類に転倒・転落・破損等の防止措置を講じる。

●　不安定に物品を積み上げず、日頃から整理整頓を行い、転落を防ぐ。

●　破損して飛散した場合に特に留意が必要な箇所（ガラス天井など）や避難経路には飛散防止フィルムなどの措置を講じる。

●　消火器等の設備点検及び収納場所の確認を行う。

＜水害対策＞

●　建物や設備について、水害対策のチェック対象及びその対応策に基づき確認を行う。

ウ）主旨・補足説明

耐震補強の検討が必要な建物である場合で、自己所有であるときは、費用面で法人との調整が必要となるが、対応が必要な建物部分及び対応策（可能な範囲で詳細に）をまとめておくとよい。

施設・事業所の設備に関する安全対策を整理する際には、入所者の居室、各フロア、食堂・厨房、事務室等についてあらためて状況を点検し、改善が必要な点を洗い出して重点的に記載することが望ましい。

地震対策では、崩壊、転倒・転落・破損の防止措置を検討し、水害対策については、建物及び設備が水に浸かることを想定した対応策を検討する。

エ）施設・事業所ごとの作成例

①介護老人福祉施設の例

【人が常駐する場所の耐震措置】

○　当施設は、1997（平成9）年竣工であるため、耐震基準設計を満たしている。

【設備の耐震措置】

○　対象設備ごとに以下の対応策を講じる。

対象	対応策	備考
キャビネット	作り付けによる固定	
キャビネット	耐震金具で固定	
本棚	耐震金具、突っ張り棒で固定	
金庫	床固定	
窓ガラス	飛散防止フィルム	

※設備等に関しては、定期的な日常点検を実施する。

【水害対策】

○　水害対策として以下の対応策を講じる。

対象	対応策	備考
浸水による危険確認	業務課による点検　月1回	
外壁ひび割れ、欠損	業者点検　年1回	
外壁の留め具の錆や緩み	業者点検　年1回	
屋根材や留め具のひびや錆	業者点検　年1回	
植栽や周囲の樹木の危険	業務課による点検　月1回	
側溝の落ち葉やごみ	業務課による点検　月1回	

> **コメント**

　日頃から建物・設備の点検をするということは、業者による大がかりな設備点検だけでなく、設備を一覧にし、転倒・転落・破損防止のため場所・対応策を施設内の月次自主点検時にチェックし改善報告をだすことが平常時対応として有効ではないか、という意見が出ている。BCPの観点から、日常的に目に触れる機会の多いものをチェックすることは、防災意識を高める点においても良いのではないかと考える。

　場所の確認としては、当施設の場合、浸水被害が最も影響を受ける可能性があるため、BCPとしては表のとおり対象を列挙し、定期的にチェックするよう対応する。

　業者による建物・設備の定期安全点検の際には、点検箇所のフィードバックを受けながら、最新の災害対策に関し情報交換もできればよりよいのではないかとも考えている。

第1章　自然災害発生時における業務継続計画（BCP）

②訪問介護事業所の例

【人が常駐する場所の耐震措置】

○　当時事業所は、新耐震基準が制定された1981（昭和56）年以降の建物であり、耐震構造となっている。

【設備の安全対策】

○　事務所においては、設備・什器類 に転倒・転落防止措置を講じる。

○　事務所内では、不安定に物品を積み上げず、日ごろから整理整頓に努める。

○　事務所の窓ガラスに飛散防止フィルムを貼る。

○　消火器等の設備点検及び収納場所の確認を行う。

○　パソコンやタブレット等の電子機器が、転落により破損しないよう耐震マットなどの対策を講じる。

○　カルテ庫の棚が転倒しないよう対策を講じる。

【水害対策】

○　市の洪水ハザードマップによると当事業所は3ｍ～5ｍの浸水区域に立地しており、浸水継続時間は24時間が見込まれる位置にある。水害対策としては次のとおりとする。

①　外壁にひび割れ・欠損・膨らみはないか定期的に点検する。

②　外壁の留め具に錆や緩みはないか定期的に点検する。

③　パソコン、タブレット、カルテについて、浸水のおそれがあるときに持ち出せるように整理、準備をしておく。

④　事業所の拠点について、浸水時の一時的な移転先を確保しておく。

⑤　水害の可能性があると判断した場合は、事業所の出入口・カルテ庫のドアに水嚢を設置する。

コメント

　消火器等の設備があっても、スタッフが使用方法を分からなければ初期消火ができないことから、定期的に訓練する必要がある。また、パソコン等の電子機器が転落により破損した場合には、業務の復旧が遅れることから、事前に耐震マットなどの予防策を講じておく必要がある。

　当事業所は洪水ハザードマップにおける浸水区域にあることから、水害対策については、策定後も定期的に計画の内容を検証し、最新の情報を踏まえた対策が講じられるようにする考えである。

＊段ボールを利用した水嚢（すいのう）の活用について

水を入れたポリ袋を入れた段ボールをビニールシートで包み、事業所入口ドアに置く。

③居宅介護支援事業所の例

【人が常駐する場所の耐震措置】

○　当事業所が現在使用中の建物については、新耐震基準が制定された1981（昭和56）年以前の建築であるため、法人本部に対し耐震補強の検討を進言する。

　　耐震補強が行われるまでの間は、年１回、事業所の外壁にヒビ等が入っていないかなど確認する機会を持つ。

【設備の安全対策】

○　職員と利用者が利用するスペースでは、設備等が転倒することによる事故や破損等の防止措置を講じる。

○　棚の上には荷物を置かない、机の上に物品を積み上げない、日ごろから、事業所内と職員個人のスペースについて整理整頓を行う。

○　転倒による破損で飛散する可能性がある場所（書棚のガラスや窓、ガラス扉など）や避難経路には飛散防止フィルムなどの措置を講じる。

○　消火器等の収納場所の確認を行い、使用期限等が切れていないか点検する。

【水害対策】

○　当事業所の所在する場所は、地元自治体の洪水ハザードマップでは、ハザード外に位置している。

コメント

　建物全体の管理と方針は法人主導で行うが、事業所の職員も自分の安全を守るためにも、確認の機会を定期的に持てるよう配慮する。

（２）電気が止まった場合の対策

ア）記載内容チェックリスト

□　自身の施設・事業所が、①自家発電機が設置されていない場合、②自家発電機が設置されている場合のいずれか該当する場合に従って計画に定める。

□　自家発電機が設置されていない場合は、代替策を記載する。

□　自家発電機が設置されている場合は、設置場所、稼働時間、稼働方法、出力の程度、燃料の種別等を記載するとともに、優先的に電源を供給する必要がある事項を明確にしておくこと。

イ）ガイドライン

＜自家発電機が設置されていない場合＞

●　電気なしでも使える代替品（乾電池や手動で稼働するもの）の準備や業務の方策を検討する。

●　自動車のバッテリーや電気自動車の電源を活用することも有用である。

＜自家発電機が設置されている場合＞

●　自家発電気を稼働できるよう、予め自家発電機の設置場所・稼働方法を確認しておく。

●　自家発電機のカバー時間・範囲を確認し、使用する設備を決めたうえで優先順位をつける（例〜最優先：医療機器・情報収集、優先：照明・空調）。

ウ）主旨・補足説明

　被災時に電気が止まった場合において、自家発電機が設置されていない場合は、代替策をどのように講じるかを検討する。なお、小型のものであれば価格も含め手に入りやすいことから、必要に応じ、購入を検討することが望ましい。

　自家発電機が設置されている場合でも、電源供給可能時間を明確にしておくとともに、稼働方法についても平常時から定期的に確認しておくことが重要である。また、自家発電機の有無にかかわらず、電気が止まった場合に、早急に対応すべき事項（医療機器、要冷蔵の医薬品など）について対応策をまとめておくことが必要である。

エ）施設・事業所ごとの作成例

①介護老人福祉施設の例

○ 電気が止まった場合の設備ごとの対策は、次のとおりとする。

稼働させるべき設備	自家発電機もしくは代替策
酸素濃縮器	酸素ボンベ切り替え〜自家発電機
吸引機	自家発電機
携帯電話充電	ソーラー充電器
タブレット充電	ソーラー充電器
浴槽への貯水	蓄電に余裕があれば実施
ラジオ	乾電池

コメント

BCPには電気を稼働させる項目を優先順位ごとに記載している。自家発電機はあるものの容量が限られているため、当施設では、生命維持に関わる医療機器（在宅酸素濃縮器の起動、喀痰吸引）の使用、情報収集のための機器の活用への使用とともに、貯水のための使用を優先順位として挙げている。

当施設では加圧ポンプ方式による給水のため、停電時には給水ができなくなる。貯水のための使用は2018（平成30）年の台風により近隣エリアで停電が発生した際に、停電エリア内の介護老人福祉施設が生活用水（飲料水以外の用途）確保のため、非常用発電設備を使って風呂など貯水量が大きい場所に水をためたことにより、1日半続いた停電下で排せつケアなどに水を有効に使うことができた、という事例があった。この事例を参考に、当施設のBCPでは、電力制限及び停電に備える項目では、貯水のための自家電力使用の優先度を上げた。もちろん、これに併せて排せつケアでは水を使わなくてよい物品の用意、排せつ場所の変更なども考えている。経済産業省の資料「台風15号・19号に伴う停電復旧プロセス等に係る個別論点について（令和元年10月17日）」によると停電復旧見通し公表までにかかった時間は1日以内が多く、この調査ではエリアによる差はあるものの概ね2日以内に復旧したと報告されている。このことから、トイレの使用箇所を限定し排せつのストレスを減らすこと、また災害時に平常時以上に労力が増している職員の衛生対策に活用することも想定している。

②訪問介護事業所の例

> ○　電気が止まった場合は、緊急対応として、実施記録や支援経過等の記録（平常時はタブレット）を紙媒体での記録用紙に変更する。また、車両の充電器を活用してスマートフォンやタブレットの充電を行う。この対応の準備として、①紙媒体の記録用紙とボールペンを事業所及び訪問用車両に常備するとともに、②訪問用車両に充電アダプタを搭載しておく。
> ○　利用者へのサービス提供について、停電した場合の対応を事前に取り決めておく。

コメント

　当事業所には自家発電がないことから、停電時はパソコンがダウンすることが想定される。また、固定電話も使えなくなることから、停電時にスマートフォンの充電ができる対策を立てておくことで、スタッフや外部との連絡が滞りなく行えるようにすることが望ましいと考えた。

　なお、停電による利用者へのサービス提供に支障を来すことが考えられることから、停電時の対応について、平常時に、利用者と取り決めておくべきと考えている。

③居宅介護支援事業所の例

> ○　電磁的方法としているケアプランや支援経過については、電力が復旧するまでの間、一時的に紙媒体での記録用紙に変更する。事業所内と社用車に、紙媒体の記録紙を常備しておく。
> ○　災害時には、自動車や公共交通機関を使用した移動が困難な場合も想定されるため、自転車やバイク等の移動手段を確保しておく。
> ○　災害時には、車両シガーソケットからの電源確保を行うことや、新たな燃料等の補充が難しくなる可能性もあるため、ガソリン車両のガソリンを半分以下にしないよう、気づいた者が給油する。

コメント

　電気が止まった場合には、事業所の機能に支障が生じる。自家発電は有していないため、日ごろからの備えと、対応を検討しておく必要がある。また、車両の充電器を事業所内の電気として安定的に活用することも可能である電気自

動車を社用車として活用することも検討したい。なお、電動車から電力を取り
出すには給電器が必要である。

（３）ガスが止まった場合の対策

ア）記載内容チェックリスト

□　地震、浸水害などによりガスの供給が一時停止となった場合を想定した
対応策を記載する。

□　ガスの供給が再開されるまでの代替策について、給湯、調理、暖房、入
浴設備などガスによる稼働設備ごとに記載する。

イ）ガイドライン

● 都市ガスが停止した場合は、復旧まで長期間（1か月以上）要する可能
性がある。

● カセットコンロは火力が弱く、大量の調理は難しい。それらを考慮して
備蓄を整備することが必要である。

● プロパンガス、五徳コンロなどでの代替も考えられる。

ウ）主旨・補足説明

施設・事業所におけるガスの供給法（都市ガス、プロパンガスなど）に従っ
て被災時を想定した対応策を検討する。

調理については、備蓄食料品の活用、配食の利用なども想定した対応策を検
討する。また、冬季に備え、暖房器具として灯油ストーブ、使い捨てカイロな
どを備蓄品として確保しておくことを検討したい。

エ）施設・事業所ごとの作成例

①介護老人福祉施設の例

○　ガスが止まった場合の対策は、次のとおりとする。

稼働させるべき設備	代替策
調理器具	カセットコンロ
暖房器具	毛布、使い捨てカイロ
給湯設備	入浴は中止し清拭

コメント

ガスについても電気同様、被災時に優先的に稼働させるものを挙げている。
当施設では、平常時にガスは給湯と加熱調理の一部と乾燥機に使用している。
加熱調理については、日頃から行事用品として保管しているカセットコンロを

代替品として使用する予定である。都市ガスについては復旧に1か月以上かかることもあると聞いているため、この点についてはBCPを更新させていく必要があると考えている。

②訪問介護事業所の例

> ○　ガスが止まった場合は、事業所での湯沸かし、調理準備等は復旧まで行わない対応とする。
> ○　利用者へのサービス提供について、生活援助における調理について、ガスを使用しない調理に変更する。入浴介助については、清拭など事前に利用者とともに取り決めた代替サービスに変更して実施する。

コメント

　利用者へのサービス提供について、ガスの停止に備えて、冷凍食品をはじめとするガスを使用しない食材を利用者において備蓄していただくことが望ましい。ただし、有事の際には停電も同時に発生し、電子レンジが使用できない事態も想定されることから、非常食やカセットコンロの備えがあると心強い。

③居宅介護支援事業所の例

> ○　給湯機能、暖房器具については、ガスが復旧するまで活用しないこととする。

コメント

　職員の利便性や快適さは低下するが、給湯機能と暖房器具はガスが復旧するまで使用しない。また、利用者宅でガスが止まった場合に対応できるよう、カセットコンロなども在庫管理の対象とするが、二次災害を防ぐためにも、備蓄は最低限の数とする。

（4）水道が止まった場合の対策

ア）記載内容チェックリスト

> □　水道が止まった場合の対策として、飲料水、生活用水のそれぞれについて対応策を記載する。
> □　地震、浸水害などにより水道の供給が一時停止となった場合を想定した対応策を記載する。

□　水道の供給が再開されるまでの代替策について、飲料水に係る対策とともに、生活用水については、トイレ、食事、入浴など水道水を利用する場面ごとに記載する。

イ）ガイドライン

＜飲料水＞

● 　飲料水用のペットボトルなどは、当面の運搬の手間を省くため、入所者・利用者の状況によっては、あらかじめ居室に配布するなど工夫することも一案である。なお、一般成人が1日に必要とする飲料水は、3.0リットル程度である。

● 　飲料水の備蓄では、消費期限までに買い換えるなど定期的なメンテナンスが必要。

＜生活用水＞

● 　生活用水の多くは「トイレ」「食事」「入浴」で利用され、対策は「水を使わない代替手段の準備」が基本。

● 　「トイレ」であれば簡易トイレやおむつの使用、「食事」であれば紙皿・紙コップの使用などが代表的な手段である。

● 　「入浴」は、優先業務から外すことで生活用水の節約にもつながる。給水車から給水を受けられるよう、ポリタンクなど十分な大きさの器を準備しておくことも重要である。また、浴槽は、損傷がなければ生活用水のタンクとして活用可能である。

● 　井戸水の活用も有効（間違っても飲用しないこと）。

ウ）主旨・補足説明

　災害時に水道が停止した場合を想定し対応策を検討する。

　飲料水については、備蓄品による対応になることから、施設・事業所の入所者、利用者、職員等の人数に基づいて、何日分を想定して備蓄するかスペースを考慮しつつ定めておくことが求められる。また、備蓄品購入時に消費期限をチェックして管理を行うこと。

　市町村等が行う給水車により給水を受けて利用することも重要な手立てである。

エ）施設・事業所ごとの作成例

①介護老人福祉施設の例

○　水道が止まった場合の対策は、次とおりとする。
　①　飲料水
　・飲料水については、フロアごとに、備蓄品の２ℓのペットボトル300本（３日分×100人分）により対応する。
　・３日目以降は、給水所又は○○区役所へ避難物資の受取りにより対応する。
　②　生活用水
　・２階一般浴槽へ貯水（蓄電で可能な場合）。各フロアへはバケツで配水。
　・各フロア大型ポリバケツ（90ℓ）２つ分を貯水。

コメント

　生活用水の確保については「電気が止まった場合の対策」で記載したように、蓄電で対応可能な場合に生活用水確保のための浴槽への貯水を行う。また、給水車が来た際に貯水できる大型ポリケースを備蓄している。

②訪問介護事業所の例

○　水道が止まった場合は、事業所の飲料水に関しては、事業所の備蓄（３日分）により対応するとともに、可能であればスタッフが各自購入等して持参する。
○　事業所の生活用水については、手指衛生に関してはアルコール消毒により対応するほか、流水や濡れタオルでの対応はウエットティッシュにアルコールを混ぜて拭き取るなどの対応に切り替える。また、排せつに関しては、段ボールトイレにゴミ袋45ℓを設置して、消臭凝固剤を使用して処理した後に、燃えるゴミとして廃棄する。
○　水道が止まった場合の利用者へのサービス提供は、次のとおりとする。
　①　飲料水については、あらかじめ利用者に備蓄の協力を依頼して対応する。
　②　生活援助において洗浄が生じないよう使い捨ての食器で対応するほかアルコールタイプのウエットティッシュで拭き取りする。

③　排せつ介助については、オムツ対応又はポータブルのほか、段ボールトイレを利用し、排せつ物については消臭凝固剤を使用して燃えるごみとして廃棄するよう対応する。

コメント

　飲料水は３日分の備蓄をすることが重要になるが、長期化する可能性もあることから、スタッフが入手可能であれば持参することが望ましい。トイレ対策は、中断できない最重要業務である。簡易トイレやポータブルトイレを備え置いておくという方法もあるが、事業所内に置き場がないことも想定される。そのような場合に、消臭凝固剤を使用して廃棄する方法をとる。近年はバリアフリーや清潔に処理できる商品もある。

　水道が止まった場合の利用者へのサービス提供のあり方についても、平常時に、利用者と対応の仕方を話し合っておくべきである。

③居宅介護支援事業所の例

　○　水道が止まった場合の対策は、次のとおりとする。
　①　飲料水：職員数×３日分の備蓄とする（２ℓのペットボトルを12本）。
　②　生活用水：手指等の衛生用には、ウエットティッシュとアルコール消毒を利用する（飲料水は、けがの応急処置以外での衛生行為では使用しない）。
　③　断水が３日以上続く場合には、２丁目○番○号のＡ氏宅が、災害用井戸の指定を受けている。Ａ氏宅にポリタンクを持参し、生活用水を確保する。

コメント

　飲料水は、常勤・非常勤、専従・非専従にかかわらず、勤務者数×３日分は備蓄しておく。また、飲料以外では、できるだけ水を使わなくてよいよう申し合わせるとともに、近隣の災害用井戸の場所について把握、確認しておく。

（5）通信が麻痺した場合の対策

ア）記載内容チェックリスト

　□　被災時に、固定電話が使用できなくなる場合を想定し、代替通信手段の確保策を記載する。

イ）ガイドライン

　　被災時に施設・事業所で実際に使用できる方法（携帯メール）などについて、使用可能台数、バッテリー容量や使用方法等を記載する（携帯電話／携帯メール／PCメール／SNS等）。

- ●　被災時は固定電話や携帯電話が使用できなくなる可能性があるため、複数の連絡手段で関係機関と連絡が取れるように準備しておく。
- ●　整備した緊急連絡網はいざという時に活用できるよう、定期的にメンテナンスを行う。
- ●　被災地では電話がつながりにくくなるため、同じ被災地域にいる人同士が連絡を取ろうとしても、連絡が取りづらくなることがある。そういった際には、例えば遠方の交流のある施設などを中継点とし、職員・施設が互いに連絡を入れるなど、安否情報や伝言などを離れた地域にいるところに預け、そこに情報が集まるようにしておく（三角連絡法）。

ウ）主旨・補足説明

　　災害時には、停電等により固定電話の使用ができなくなる可能性があることから、代替の通信手段を確保し明記しておく必要がある。

　　携帯電話（施設専用のもの。非常時には職員個人の携帯を使用せざるを得ないことも想定しておくこと。）、携帯メール、PCメールなどが考えられるが、災害規模が大きい場合などは、被災地ではつながりにくくなることを想定しておく必要がある。

　　なお、停電により携帯電話、PCの充電ができなくなることを想定し、小型の自家発電機などを備え付けておくことを検討する。

エ）施設・事業所ごとの作成例

①介護老人福祉施設の例

> ○　通信が麻痺した場合の対応は、次のとおりとする。
> ①　固定電話が不通となった場合、業務用携帯電話を使用する。場合によっては個人携帯電話使用する。このほか、SNS通話アプリ、SNSメッセージ通信、ショートメールなどを活用する。
> ②　連絡送受信、情報収集のため、以下の2台を優先充電する。
> ・施設長携帯
> ・業務課タブレット
> ③　介護記録ソフト、電子カルテは、手書きに切り替えて対応する。

コメント

　停電や機器の損傷により通信が麻痺した場合の対策として、情報収集と共有を重視し、前述した「電気が止まった場合の対策」でも酸素・吸引機に次いで発電機を用いて稼働させる設備の優先順位2番目に位置付けている。

　2018（平成30）年から各部署に1〜3台タブレットを配置し、情報共有やデータのバックアップアクセスの端末としている。コロナ禍においてはオンライン面会、オンラインミーティングの端末として内外のコンタクトツールとしても使用している。

　課題としては、現在、職場用の携帯電話は、いわゆる従来型電話フューチャーフォンであり、災害時の個別への通話やメールに手間を要することが予想される。一斉連絡やアプリケーション活用、情報収集手段としてスマートフォンが必要ではないか、ということが検討課題になっている。

②訪問介護事業所の例

○　通信が麻痺した場合は、SNSを使用して安否確認等を行う。また、SNSも繋がらない場合には災害用伝言ダイヤルを活用する。各種関係者との連絡はインターネットメールを中心にして行う。

○　通信が麻痺した場合の利用者へのサービス提供としては、利用者本人の安否確認を最優先とし、居宅介護支援事業所、民生委員その他緊急連絡先としての協力者と連携（SNS、メール等によるやり取り）により本人の状況の把握に努める。

コメント

　固定電話や携帯電話が停電や回線集中などにより使用できなくなった場合を想定し、SNSを利用して職員の安否確認や連絡事項の送受信を行う。事前準備として、SNSのグループを作成して、操作法を周知しておく。

　災害用伝言ダイヤルについては、手順を忘れることのないよう手順書（財布等に入る大きさがよい）を作成し携帯するほか、年に1回程度の訓練を行うとよい。

③居宅介護支援事業所の例

○　平常時には、自宅の固定電話、携帯電話、メールアドレス等を記載した緊急連絡網の作成を行う。

○　発災時には、次のとおり対応する。

①　職員と連絡が取れない場合には、災害用伝言ダイヤルとSNSを使い安否確認を行う。

②　サービス事業所への連絡は、インターネットメールを使用する。

③　利用者と固定電話、携帯電話、インターネットメールがつながらない場合には、利用者と担当する事業所や担当者に、一斉に情報伝達ができる携帯アプリやSNS等、緊急時に早急に連絡できる手段により安否確認を行う。

コメント

発災時に慌てないで災害用伝言ダイヤルを活用できるよう、手順を確認し、年1回程度練習をしておく。SNSや携帯アプリは、利用者の個人情報の保護の観点から、平常時での使用は控えるが、災害時では一つの手段として使いこなせるよう準備しておく。近年は無料で使える業務用のSNSもあるので活用を検討する。

（6）システムが停止した場合の対策

ア）記載内容チェックリスト

□　停電や浸水によるサーバがダウンした場合を想定し、対応策を記載する。

□　万一に備え、定期的（基本的に毎日）にサーバデータのバックアップを取っておくことを記載する。PCのハードディスクに保存している重要データも同様。

□　洪水ハザードマップを参照し、上層階が浸水深以上である場合は、サーバを移動できるかを検討し、対応策を記載する。

イ）ガイドライン

電力供給停止などによりサーバ等がダウンした場合の対策を記載する（手書きによる事務処理方法など）。浸水リスクが想定される場合は、サーバの設置場所を検討する。データ類の喪失に備えてバックアップ等の方策を記載する。

●　PC、サーバ、重要書類などは、浸水のおそれのない場所に保管されているか（上階への保管、分散保管など）。BCPそのものも重要書類として

保管する必要がある。

● PC、サーバのデータは、定期的にバックアップを取っているか。

● いざという時に持ち出す重要書類は決まっているか　など。

ウ）主旨・補足説明

ケアの記録、入所者・利用者データ、職員の勤務状況や給与支給、介護報酬請求など日々の業務の多くがPCにより行われており、こうした重要データが電力供給停止や浸水により失われないように対応策を検討しておくことが重要である。

なお、昨今、クライアントサーバシステム以外に、クラウドシステムによるデータ管理を提供するシステム会社も多くあることから、専門的知識のある者の意見を聴き、記録の管理・保存について有効な対策を検討することが望まれる。

エ）施設・事業所ごとの作成例

①介護老人福祉施設の例

○　システムが停止した場合に備え、平常時の作業業務での使用頻度が高いデータ、法令、通知等は、並行して、紙ベースでファイルに保管しておく。システムが使えなくなった場合には、当該ファイルの使用により作業業務を行う。

○　入所者・利用者の健康観察記録は、手書き又はタブレットのメモ機能への入力により対応する。

○　浸水被害にそなえ、館内にはサーバを設置せず、情報保管を安全確保する。

○　各部署で使用するソフトの問い合わせ一覧を作成しておく。

○　人事労務関連データ、経理システムについては、毎日バックアップを行う。

コメント

システムが停止した場合に備え、人事労務関連データ、経理システムについては毎日バックアップを取るようにしている。これらの情報が保全されたとしても、データやシステムへのアクセスは被害が落ち着いた状況になってからと想定されるため、その間の情報蓄積をどのようにするかは引き続き検討していく。

近年、台風の影響により、当施設の隣接地域に所在する高齢者施設・事業所が浸水被害を受けたことを教訓とし、当施設ではバックアップ用サーバを1階

から上部階に置くように変更した。また主たるデータバックアップはクラウドとし、施設内だけに情報保管を頼らない対応に変更している。ほかに、発災時の機器の移動を考え、パソコンは可能な範囲でデスクトップパソコンからノートパソコンに切り替えている。

②訪問介護事業所の例

> ○　停電などによりシステムが停止した場合には、電子媒体への記録ができなくなるため、実施記録や支援経過等は手書きの記録物に変更する。
> ○　当事業所は、市の洪水ハザードマップで浸水区域にあるため、水害の可能性を把握した時点で隣接する老人保健施設の上層階にサーバを移動し、浸水によるデータの喪失を防止する。
> ○　カルテ（紙媒体）などの重要書類は、持ち運びできる場所が確保できないことから、事前にPDF化して社内LANに保存しておく。

コメント

　当事業所は、市の洪水ハザードマップの浸水区域にあるため、事前の対応を含めた対策が必要となる。同一敷地内に老人保健施設があることから、上層階にサーバや重要書類等を移動することを考えている。ただし、多くの訪問介護事業所では、機器等の移動先となる置き場の問題が想定されることから、現実的な環境を考慮した対応策が計画されることが重要になる。そうした点では、クラウド上でのデータ管理やUSBでの複製（バックアップ）のほか、紙媒体の資料についてPDFに加工し電子媒体により保管する対応も進めていく必要がある。

③居宅介護支援事業所の例

> ○　人事労務関連データ、経理システム、給付管理ソフトは、クラウドを活用する。
> ○　職員が電磁的方法で記録をしている記録については、毎日退勤前にUSBにバックアップを取る。データを保存しているUSBは、パスワードをかけ、担当者と管理者以外にはパスワードを公表しない。USBの保管場所は、2階の管理者が鍵を管理する書庫とし、毎日、管理者が数を確認する。

○　事業所で使用するデバイスは、避難対応がしやすいよう、ノートパソコンを主とする。デスクトップ型のパソコンについては、現状保有しているもの限りとする。

コメント

　大規模な自然災害が発生した場合には、クラウドへのアクセスが困難な場合もあるため、各人の電磁的な記録が確認できるよう、準備をしておく。データを保存する媒体は、浸水被害によるデータの損壊・消去を避けるため、できるだけ高い場所に保存をする。この際、平常時においては、個人情報保護（盗難などへの対応など）を徹底していることを明記する。

（7）衛生面（トイレ等）の対策
ア）記載内容チェックリスト

□　衛生面（トイレ等）の対策として、トイレ対策（利用者・職員の双方について）、汚物対策について記載する。

□　施設・事業所内のトイレが使えなくなった場合の入所者・利用者用のトイレの対応について記載する。

□　入所者の使用済みのオムツ等の汚物の一時保管場所や処理方法を記載する。

イ）ガイドライン

＜トイレ対策＞

（利用者）

●　電気・水道が止まった場合、すみやかに簡易トイレを所定の箇所に設置し、そちらを使用するよう案内をする（周知が遅れると、汚物があふれて処理業務が発生するため）。

●　排泄物や使用済みのオムツなどを衛生面に配慮し、一時的に保管する場所を決めておく。

●　消臭固化材を汚物に使用すると、燃えるごみとして処理が可能。

（職員）

●　職員のトイレ対策としては、簡易トイレ、仮設トイレなどを検討する。

●　女性職員のために、生理用品などを備蓄しておくことも必要。

＜汚物対策＞

●　排泄物などは、ビニール袋などに入れて密閉し、利用者の出入りの無い

空間へ、衛生面に留意して隔離、保管しておく。敷地内に埋めるのは、穴掘り業務や後に消毒する必要が生じるため、留意する。

ウ）主旨・補足説明

電気、水道の停止により施設・事業所内のトイレが使用できなくなった場合を想定した対応策を検討し計画に示しておくものである。また、使用済みオムツなどの汚物についても衛生面に配慮しつつ、処理方法をあらかじめ決めておく。

エ）施設・事業所ごとの作成例

①介護老人福祉施設の例

○　利用者に係るトイレ対策は、次のとおりとする。

①　居室トイレを自動水洗から手動水洗に切り替える。

②　使用するトイレを各フロア2か所に限定し、水洗用の水をポリバケツ（大）に確保する（2階浴室より）。

③　上記が使えない場合は、備蓄の簡易トイレを設置する。

④　排せつ物は消臭凝固剤を入れ、ビニール袋で密閉し、汚物処理室に保管する。

○　職員に係るトイレ対策は、次のとおりとする。

①　トイレを自動水洗から手動水洗に切り替える。

②　使用するトイレを限定する。2階職員トイレ1か所、3階詰所トイレ1か所。

③　水洗用の水をポリバケツ（大）に確保する（2階浴室より）。

④　上記が使えない場合は、備蓄の簡易トイレを設置する。

⑤　排せつ物は消臭凝固剤を入れ、ビニール袋で密閉し、2階共用トイレ内に保管する。

⑥　生理用品を確保する。

○　汚物対策は、次のとおりとする。

①　排せつ物は消臭凝固剤を入れ、ビニール袋で密閉し、専用蓋つきポリバケツへ。

②　入居者排泄物と使用済みオムツは各フロア汚物処理室にて保管する。

③　ゴミ回収が再開次第、ゴミ庫へ移動する。

コメント

衛生（トイレ）対策については、電動から手動への切り替え手順、使用箇所の限定、水洗用の水の貯水、貯水場所からの水の移動などを記載した。入居

者・職員の負担軽減を図れる方法を優先したいと考えている。衛生対策については、ごみ収集が停止することが想定されるため、個別にビニール袋で密封し、対策をしながら所定場所に保管することとしている。この際に通常よりビニール袋などの備品が多く使用されることも保存備品項目に反映させておきたい。近年はバリアフリーや清潔な処理のできる商品も出ており導入を検討する。

②訪問介護事業所の例

○　事業所の衛生面（トイレ等）の対策については、段ボールトイレにゴミ袋45ℓを設置し、排せつ物については消臭凝固剤を使用して処理した後に、燃えるゴミとして廃棄する。

○　利用者に係る衛生面（トイレ等）の対策は、事業所の対応と同様の方法により、トイレ、排せつ物の処理について対応する。

コメント

　居宅サービス系のうち単独の事業所では、仮設トイレを設けることは難しいことから、消臭凝固剤を使用した処理が検討の対象となる。事前に、市販の段ボールトイレを備蓄しておく必要がある（折りたたみ式）。なお、災害時の仮設トイレ、マンホールトイレが近在に設けられた場合には、利用することを検討する。

　利用者への対応としては、同様に対応することが考えられることから、利用者への対応用として段ボールトイレ、ゴミ袋、消臭凝固剤を備えておく。

③居宅介護支援事業所の例

○　事業所内のトイレは、非常用トイレセット（トイレに袋を入れ、使用後は消臭凝固剤で固め、燃えるごみとして処理することができるもの）を活用する。

○　外出先での排せつの可能性に備え、社用車に携帯用簡易トイレセットを乗せておく。

○　○○公園（2丁目○番）に災害用のマンホールトイレが設置されるため、並行して活用する。利用者や家族等からのトイレに関する問い合わせには、マンホールトイレの場所を案内する（事業所のトイレは、感染症予防の点からも、職員以外の使用は不可とする）。

○　手指等の衛生用には、ウエットティッシュとアルコール消毒を利用する（飲料水は、けがの応急処置以外での衛生行為では使用しない）。

コメント

　できるだけ水を使わなくてよいよう申し合わせるとともに、公的な（周辺住民が使用可能な）マンホールトイレ等の設置場所について把握、確認しておく。コンビニエンスストアなどのトイレを貸してもらえない場合に備え、移動する際は携帯用簡易トイレセット等を忘れないようにする。

（8）必要品の備蓄

ア）記載内容チェックリスト

　　□　被災時に必要な備蓄品について計画的に備蓄すること及び備蓄品リストを作成し管理することを記載する。

　　□　備蓄品リストには、品目名、数量（備蓄数量の計算根拠を備考欄に示すとよい）、消費期限、保管場所等を記載する。

　　□　担当者を決めて管理するとともに、定期的に在庫量の確認をすることを記載する。

イ）ガイドライン

　被災時に必要な備品はリストに整理し、計画的に備蓄する。定期的にリストの見直しを実施する。備蓄品によっては、賞味期限や使用期限があるため、メンテナンス担当者を決め、定期的に買い替えるなどのメンテナンスを実施する。

　　●　行政支援開始の目安である被災後3日目まで、自力で業務継続するため備蓄を行う。

　　●　準備した備蓄品はリスト化し、賞味期限や使用期限のあるものを中心に担当者を決めて、定期的にメンテナンスを行う。

ウ）主旨・補足説明

　被災時には、一時的に自力（行政支援開始の目安である被災後3日までと言われている。）で業務継続せざるをえない状況になることを想定し、備蓄品について、施設・事業所の入所者・利用者・職員の人数等に応じ、必要と見込む日数分を計画的に備蓄しなければならない。

　備蓄品リストを作成し、担当者を決めて、消費期限、使用期限を適切に管理する。

　また、現場の職員からの意見を把握しつつ定期的に物品の種類の追加等の見直しを行うことも必要である。

　マスク、手袋、ガウンなどの感染防護具については、地域の感染拡大状況や施設内での感染者発生により必要量が大きく変動するため、市場の流通の動向

を踏まえつつ早めの発注を心掛ける。

エ) 施設・事業所ごとの作成例

①介護老人福祉施設の例

<＜食料品備蓄リストの例＞>

〔 在庫最終確認日：○○年○○月○○日／確認者○○○○ 〕

区分	品目	商品名	賞味（消費）期限	入数	数量	保管場所	納入先	連絡先
食料	白飯	食品災害用○○	○○年○○月○○日	25食×2箱	6箱	○階倉庫	○○○	△△△
	五目ごはん	食品災害用○○	○○年○○月○○日	25食×2箱	6箱	○階倉庫	○○○	△△△
	白かゆ	○○食品白かゆ	○○年○○月○○日	20食	24箱	○階倉庫	○○○	△△△
	レトルトカレー	○○食品○○	○○年○○月○○日	200g×30食	10箱	○階倉庫	○○○	△△△
	大根と昆布の煮物	○○○○の大根と昆布の煮物	○○年○○月○○日	1kg×10P	4箱	○階倉庫	○○○	△△△
	栄養補助食品	○○カロリーゼリー	○○年○○月○○日	40g×50個	2箱	食課事務室内	○○○	△△△
	・・・・	・・・・	・・・・	・・・・	・・・	・・・	・・・	・・・
	保存水	○○○の水	○○年○○月○○日	1ℓ×6本	50セット	3〜6階の各保管庫	○○○	△△△
消耗品	ディスポ容器	○○○	―	900枚	1セット	屋外倉庫	○○○	△△△
	紙コップ	○○○	―	100個	5セット	屋外倉庫	○○○	△△△
	プラスチックスプーン	―	―	100個	5セット	屋外倉庫	○○○	△△△
	プラスチックフォーク	―	―	100個	5セット	屋外倉庫	○○○	△△△
	・・・・	・・・・	・・・・	・・・・	・・・	・・・	・・・	・・・
その他	カセットコンロ	―	―	―	10台	屋外倉庫	○○○	△△△
	ガスボンベ	―	―	―	15台	屋外倉庫	○○○	△△△
	・・・・	・・・・	・・・・	・・・・	・・・	・・・	・・・	・・・

コメント

　必要物品はリスト化し、計画的に備蓄することを心がけている。当施設は大きな備蓄場所がないため、行政支援開始の目安である災害発生3日後までの備蓄を使用目的の利便性を基準に館内に分散して保管している。

　食事については、電気・ガスが使用できないことを想定しておおよそ3日分の備蓄をしている。可能ならば3日分の献立を作っておくとよい。

　リスト化された物品の保管状況は、保管場所や期限管理を徹底するため、定期的に確認することが重要である。

　備蓄品の効果的な管理・活用方法をひとつ紹介する。

　当施設の所在する地域の町内会では、年1回、楽しみながら災害時対応を学ぶ防災イベントを開催しており、当施設も協力させていただいているが、ここで行われる災害時を想定したカセットコンロと土鍋を使った炊き出し用に備蓄している米や食器類を提供している。ここでは、単に備蓄米を提供するのではなく、災害時を想定し、備蓄品の使用期限等の確認や切り替え、備蓄品の持ち出し・使い方の確認を行いながら関係職員が共同して取り組んでいる。

②訪問介護事業所の例

○　当事業所における災害時の必要物品については、次の表とおりとし、これらを計画的に備蓄を行う。

○　備蓄品の管理担当者は、○○部（課）の△△とし、定期的に、備蓄量を把握し、必要に応じ、追加購入を行う。

【衛生用品】

品名	数量	使用期限	保管場所	備考
アルコール消毒液	5ℓ入り×○個	○○	保管庫○○	
次亜塩素酸水	5ℓ入り×○個	○○	保管庫○○	
ウエットティッシュ	50枚入り×○個	○○	保管庫○○	
手洗いせっけん液	2ℓ入り×○個	○○	保管庫○○	

【感染防護具】

品名	数量	使用期限	保管場所	備考
不織布マスク	50枚入り×○箱	○○	保管庫○○	
N95マスク	○○枚	○○	保管庫○○	
ガウン	○○着	―	保管庫○○	
手袋	○○双	―	保管庫○○	
ゴーグル	○○個	―	保管庫○○	

【災害用備蓄品】

品名	数量	使用期限	保管場所	備考
飲料水	2ℓ入り×○本	○○	保管庫○○	
食料品（非常食）	○食分	○○	保管庫○○	
排せつ用品（消臭凝固剤等）	○○組	―	保管庫○○	
懐中電灯	○本	―	保管庫○○	

コメント

　施設と比較すると訪問介護事業所の事業継続に必要な備蓄の品目は少ないものの、サービス提供上必要な食品類、物品（オムツ類等）は訪問先であるご家庭に委ねられていることから、利用者宅に備蓄がない場合は生活継続のためのサービス提供が困難になる懸念がある。よって、利用者と話し合い、利用者宅での備蓄品について理解・協力を求めることが必要となる。

③居宅介護支援事業所の例

○　事業所内の備蓄品については、別表のとおりとし、半年ごとに担当者が確認をする。賞味期限や消費期限が半年以内の物品については、新たに購入し入れ替える（入れ替えた物品は、捨てずに通常業務で活用する）。

○　物品の納入先は複数に分散させることにより、納入先が被災した場合に、他の納入先からの購入が可能になるよう、平常時から取引をしておく。

別表

| 区分 | 品目 | 数量 | 保管場所 | 最終在庫確認日　・　・ | | 確認日　・　・ | |
				直近の有効期限	有効期限対象数	納入先	電話番号
飲料、食料及び食器等	水（ペットボトル）2ℓ	12	備品庫10/社用車2	・　・			
	保存用ご飯	12	備品庫	・　・			
	カップヌードル	12	備品庫				
	おかゆ	12	備品庫	・　・			
	災害用食器セット	5	備品庫	・　・			
	ラップ	1	備品庫	・　・			
	アルミホイル	1	備品庫	・　・			
生活用品	毛布	4	備品庫	・　・			
	タオル	4	備品庫	・　・			
	ティッシュ	5箱	備品庫	・　・			
	ごみ袋（45ℓ）	30	備品庫	・　・			
	懐中電灯と電池	2	備品庫				
	ランタンと電池	2	備品庫				
	防水ラジオ	1	備品庫				
	乾電池　単3、単4	各4本	備品庫	・　・			
	ポリタンク（10ℓ）	1	備品庫	・　・			

衛生関係用品	携帯用簡易トイレ	50	備品庫45/社用車5	・・				
	非常用トイレセット（60回分）	3日分	備品庫					
	不織布マスク	100	備品庫	・・				
	ゴム手袋100枚入	5箱	備品庫	・・				
	アルコール消毒液	5本	備品庫3/社用車2	・・				
	次亜塩素酸ナトリウム　500mℓ	2本	備品庫					
	ウエットティッシュ	10	備品庫	・・				
	応急セット	1	備品庫	・・				
資器材等	カセットコンロ	1	備品庫	・・				
	カセットボンベ	3	備品庫	・・				
	段ボール	1	備品庫	・・				

コメント

　事業所職員分が3日間必要な分の物品を備蓄する。併せて、利用者と家族に災害用の備蓄の必要性を伝え、準備しておくよう勧奨する。

（9）資金手当て

ア）記載内容チェックリスト

　　□　施設・事業所において現在加入している災害保険（地震、火災、水害等）の種類、内容、保険会社（担当窓口）等を記載する。

　　□　被災時は、予測していなかったような対応のために緊急に資金が必要となる場合があるほか、被災対応で介護報酬請求事務を遅らせざるを得ない場合がある。被災時に必要な手元資金を用意しておく旨を記載する。

イ）ガイドライン

　災害に備えた資金手当て（火災保険など）を記載する。緊急時に備えた手元資金等（現金）を記載する。

　●　地震保険については、事業用物件への保険契約を制限する傾向にあり、地域によっては地震保険を付けられないケースもあるので注意する。

　●　現在加入の火災保険で水害について補償できるか確認すること。もしカバーできなければ立地などを踏まえて見直しを検討する。

ウ）主旨・補足説明

　入所者・利用者へのサービスが途切れることのないようにするためには、被災により損傷を受けた建物、設備の補修や買い替えを早急に行うほか、毎月の

介護報酬請求の事務が滞ることにより予定時期に報酬が入ってこないことも予測しておくべきである。被災時用の手元資金を確保しておくことが必要である。

エ）施設・事業所ごとの作成例

介護老人福祉施設の例

○　災害時に備えた保険・手許金は次のとおり
① 地震保険　○○損保　担当者：□□　…—…・…—…
② 火災保険　○○損保　担当者：□□　…—…・…—…
③ 総合保険　○○損保　担当者：□□　…—…・…—…
④ 手元金　　　小口金庫 1,000 円札×○○枚＝○○万円
　　　　　　　　　　　　 10,000 円札×○○枚＝○○万円
宿直管理 1,000 円札×○○枚＝○○万円

コメント

資金手当てに関して、保険内容の確認はもちろんであるが、保険請求がスムーズに進むように被害状況の記録担当者を決めておくことも必要である。2018（平成30）年の台風の際に当施設は小規模であるが建物数カ所に被害を受け保険申請に至った。台風の影響が落ち着いた時点で項目に沿って建物・設備の点検、各部署からの報告をまとめ、被害場所を撮影し保管した。この手順で記録しておくと申請手続きがスムーズである。

3.　緊急時の対応

国のガイドラインでは、緊急時の対応として業務継続計画（BCP）に位置付ける項目は、「BCP発動基準」、「行動基準」、「対応体制」、「対応拠点」、「安否確認」、「職員の参集基準」、「施設内外での避難場所・避難方法」、「重要業務の継続」、「職員の管理」、「復旧対応」を掲げている。

被災直後には、入所者・利用者及び職員の安否確認、建物・設備の被災状況の把握と応急対応、インフラの確保、備蓄品の搬出などの対応に追われるが、その後は、施設・事業所のサービス提供について、どの程度の水準で継続していけるかを検討・判断しなくてはならない。

出勤可能な職員が限られ、又はインフラや施設・事業所の建物・設備の一部に支障がある場合は、業務継続計画（BCP）の運用により状況に応じたサービス提

供を行っていくこととなる。

（1）BCP発動基準

ア）記載内容チェックリスト

□ 地震、水害の場合に分けて業務継続計画（BCP）の発動基準を記載する。

□ 台風・大雨の場合において、施設・事業所の立地場所が浸水等のおそれがあるときは、発災前であっても業務継続計画（BCP）を発動する必要性があることに留意する。

□ 業務継続計画（BCP）の発動を判断するのは、施設長・管理者となる。

イ）ガイドライン

地震の場合、水害の場合等に分けてBCPを発動する基準を記載する。

● 発災時には、安否確認・応急救護など、通常時には行う必要のない特殊な災害時業務が発生する。特殊な災害時業務に対応するため、あらかじめ役割と組織を決め、訓練等を行ってその有効性を確認しておく。

● 統括責任者が不在の場合の代替者を決めておく。

ウ）主旨・補足説明

発災直後は、入所者・利用者及び職員の安否確認とともに施設・事業所の建物・設備の被害状況（応急措置含む）、インフラの稼働状況を把握することが最優先となる。

施設長（管理者）は、災害時の緊急対応を統括しつつ、施設・事業所の被災状況を総合的に把握・評価し、当分の間平常時のサービス提供が困難であり、また復旧に相当の日数を要すると判断したときに、業務継続計画（BCP）を発動し、同計画に従ってサービス提供の継続等に取り組むこととなる。

また、台風や大雨の場合において、施設・事業所の立地場所が浸水害や土砂災害のおそれが高い場所である場合などは、今後の気象の見込み等を踏まえ、発災前から業務継続計画（BCP）を発動することが有効である。

エ）施設・事業所ごとの作成例

※施設・事業所共通の例

① 地震災害の場合

施設長（管理者）は、当施設（事業所）が所在する○○市（区・町・村）周辺において、震度○以上の地震が発生した場合において、当施設（事業所）の入所者（利用者）及び職員の安否確認とともに、建物・設備の被災状況、インフラの稼働状況等を総合的に勘案し、必要と判断した場合は、当業務継続計画（BCP）を発動し、対策本部を設置する。

施設長（管理者）が不在の場合は、事務長（介護主任）が発動の判断を行う。

② 水害の場合

Ⓐ 施設長（管理者）は、当施設（事業所）が所在する○○市（区・町・村）周辺において、台風、大雨により、当施設（事業所）が浸水害を受けた場合において、入所者（利用者）及び職員の安否確認とともに、建物・設備の被災状況、インフラの稼働状況等を総合的に勘案し、必要と判断した場合は、当業務継続計画（BCP）を発動し、対策本部を設置する。

施設長（管理者）が不在の場合は、事務長（介護主任）が発動の判断を行う。

Ⓑ ＜発災前の発動の例＞　施設長（管理者）は、当施設（事業所）が所在する●●市（区・町・村）に大雨・洪水警報の発令があった場合又は●●市（区・町・村）による警戒レベル3（高齢者等避難）の発令があった場合は、当業務継続計画（BCP）を発動し、対策本部を設置する。

施設長（管理者）が不在の場合は、事務長（介護主任）が発動の判断を行う。

（2）行動基準

ア）記載内容チェックリスト

☐　発災時に、職員として行動すべき基準について記載する。

☐　職員の所属部署により行動内容が異なる場合は、可能であれば、担当部署ごとの行動基準を作成し記載する。

イ）ガイドライン

発生時の個人の行動基準を記載する。

● 行動基準は安否確認方法、参集基準、各種連絡先等の必要な事項を「携帯カード」に整理して、職員に携帯させるよう運営すると効果的である。

ウ）主旨・補足説明

発災直後は職員においても自身の命を守る行動をとることが重要となる。

その後は、入所者・利用者の安否確認、所属部署（ユニット、デイサービス、厨房等）の設備等の被災状況の確認、関係先への連絡、情報の伝達・共有のほか、施設長（管理者）等の指示に基づいて災害対応に従事するといった行動が求められる。こうした職員としての行動基準をまとめ、全職員に共有しておくことが必要となる。

エ）施設・事業所ごとの作成例

①介護老人福祉施設の例

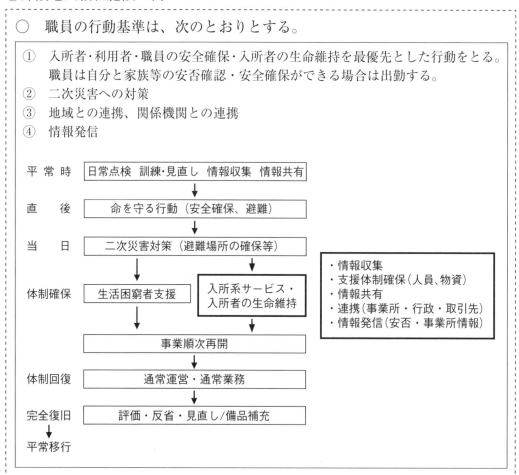

コメント

　前記の基準に該当する際に、同時に、各職員が自発的に行うことを行動基準と呼んでいる。

　担当事業の入所者・利用者・職員の「安否確認」が行われ、職員は、自分と家族等の安否確認・安全確保ができる場合は出勤する、という「参集基準」も適応されることとなる。

②訪問介護事業所の例

地震・（津波）　発災直後　アクションカード		
管理者・主任の指示があるまで、あなたがリーダーです まずは落ち着いて、自身の安全確保を行いましょう		
◆◆◆デフォルトルール◆◆◆ 自らの安全確保が最優先 アクションカードに沿って対応後はステーション（または代替拠点）に帰所		
災害モード「ON」：緊急地震速報の発報、大きな地震を感じた場合に発勤		
訪問先	**移動中**	**事務所**
□ 自身の安全確保	□ 自身の安全確保	□ 自身の安全確保
□ 利用者および同居家族の安全確保	□ 車を安全な場所に停車（津波の可能性あり➡高台に避難）	□ 避難出口の確保
□ 避難出口の確保	□ スマホは「省電力モード」にして、バッテリー消費の軽減	□ 津波被害の可能性があるときは、揺れが落ち着いたら直ちに上階、高台に避難
□ 電気を必要とする医療機器のバッテリーへの切り替えの確認	➡通信が繋がる場合	□ 所長または代行者による本震・余震に備えて、代替拠点を開設するか（避難）の判断
□ 津波被害の可能性があるときは、揺れが落ち着いたら直ちに上階、高台に避難	□ 自己の状況の報告	➡避難しない場合、二次災害の予防
□ 本震・余震に備え、利用者には避難所への移動、もしくは自宅避難を指示	□ 次のアクションの指示に従う	□ ガスの火を止める
□ 在宅避難の場合、二次災害の予防	➡通信が繋がらない場合	□揺れがおさまったら、必ず「器具栓」・「ガス栓」・「メータガス栓」を閉める
□ ガスの火を止める	□ 事務所または代替拠点へ移動	□ 電気のブレーカーを落とす
□揺れがおさまったら、必ず「器具栓」・「ガス栓」・「メータガス栓」を閉める	➡道路の状況等で、事務所までに移動が難しい場合、避難所等、安全な場所に一時避難	□ 懐中電灯などの明かりを確保
□ 電気のブレーカーを落とす	➡事務所への帰路にあるガソリンスタンドで給油可能であれば、給油しておく	□ 電気のコンセントを抜く
□ 懐中電灯などの明かりを確保		➡代替拠点の開設（避難）の場合
□ 電気のコンセントを抜く		□ スタッフへの周知
□ 夏であれば熱中症、冬であれば低体温症予防のための環境整備		□ 行政や関係機関への周知
□ 電動ベッド・エアマットの調整		□ スマホは「省電力モード」にして、バッテリー消費の軽減
□ スマホは「省電力モード」にして、バッテリー消費の軽減		□ 行政や各種メディアからの情報の集約
➡通信が繋がる場合		□ 訪問スタッフの安否および状況の把握
□ 自己の状況の報告		□ 所長または代行者による対応レベルの判断
□ 次のアクションの指示に従う		□ スタッフの状況や被害のレベル等を鑑みつつ、地震対応マニュアルに沿って、スタッフに情報提供および対応指示
➡通信が繋がらない場合		
□ 二次災害への予防策を講じた上で、事務所または代替拠点へ移動		
➡道路の状況等で、事務所までに移動が難しい場合、避難所等、安全な場所に一時避難		
➡事務所への帰路にあるガソリンスタンドで給油可能であれば、給油しておく		

出典：山岸暁美ら　いのちと暮らしを守るBCP。Inpress.ヘルス出版

コメント

　発災時の職員の行動基準は、訪問時、移動時及び事業所での待機時の区分ごとに取り決めたものをアクションカードにまとめた。

　災害は、どのような場面で遭遇するかわからないので、アクションカードは、常に携帯することが望ましい。

③居宅介護支援事業所の例

○　一般社団法人日本介護支援専門員協会作成の「災害対応マニュアル」を参考にする。

○　自宅で被災した場合は、まずは、自身と自身の家族の安否確認を行い、事業所への参集の可否を自身が判断する。

○　事業所で被災した場合：まずは、自身と自身の家族の安否確認を行い、業務が継続可能な場合には、利用者の安否確認を行う。

○　移動時に被災した場合：まずは、自身と自身の家族の安否確認を行い、事業所へ参集するか否かを自身が判断する。事業所にて業務が継続可能な場合には、利用者の安否確認を行う。

コメント

　災害は、どこで（自宅、事業所内、利用者宅、移動時）遭遇するか予測できないため、被災した場所によって対応が異なる。また、どのように判断するかは、職員自身が総合的に判断し、行動することが基本となる。

（3）対応体制

ア）記載内容チェックリスト

□　業務継続計画（BCP）に定めた事項に取り組むための施設・事業所内の対応体制を記載する。

□　地震、水害の際に必要となる対応を想定し、班やグループとして複数名で組織化し、班長（リーダー）、副班長（サブリーダー）及びメンバーを定めて記載する。

□　情報収集班（災害情報の収集と伝達・共有）、災害復旧班（地震・水害による直接的な対応）、避難救助班（入所者等の避難誘導等）、物資輸送班（備蓄物資の調達・配布）、救護班（けが人等の対応）といった役割が考えられる。

イ）ガイドライン

　対応体制や各班の役割を図示する。代替者を含めたメンバーを検討し、記載する。

● 対応体制や各班の役割を図示するとわかりやすい。

● 代替者を含めて班長、メンバーを検討し、あわせて記載する。

● 復旧後に活動を振り返るために活動記録をとることも重要であり、役割に入れることを推奨する。

ウ）主旨・補足説明

　平常時の災害対策や業務継続計画（BCP）に基づく対応体制は、1の（2）「推進体制」で定めたのに対し、ここでは被災した場合の緊急時の対応体制を定めておく。可能な限り図示することが望ましい。施設・事業所の実情に応じて役割を設定し、担当する職員を割り当てるようにする。

エ）施設・事業所ごとの作成例

①介護老人福祉施設の例

○　当施設の対応体制は次のとおりとする。

【災害対策本部】災害対策本部長＝施設長（代替者①：事務長、代替者②：施設長補佐）

【情報班】班長＝施設長補佐（代替者①：相談員　メンバー：業務課職員、相談員）
＜主な役割＞行政と連絡をとり、正確な情報の収集、指示の受命に努め、本部長に報告するとともに、入所者・利用者の家族へ入所者等本人の状況を連絡する。

【応急物資班】班長＝食課課長（代替者①：管理栄養士　メンバー：食課職員）
＜主な役割＞食料、飲料水などの確保に努めるとともに、炊き出しや飲料水の配布を行う。

【安全指導班】班長＝施設課課長（代替者①：フロア主任　メンバー：施設課職員）
＜主な役割＞入所者・利用者の安全確保、施設設備の損傷を確認し報告する。本部長の指示がある場合は、入所者・利用者の避難誘導を行う。

【救護班】班長＝看護主任（代替者①：看護師のいずれか　メンバー：看護職員）
＜主な役割＞負傷者の救出、応急手当及び病院などへの搬送を行う。

【地域班】班長＝居宅介護支援課管理者（代替者①：通所課管理者　メンバー：在宅事業職員）
＜主な役割＞地域住民や近隣の福祉施設と共同した救護活動、ボランティアの受入体制の整備や対応を行う。

コメント

　国のガイドラインにおいて、体制は図示することがわかりやすいとされており、役割分担について図式化した。これにより指揮命令系統も明確化することができた。法人や施設運営者が一方的に役割を決めて依頼するだけでなく、この体制図を見ながら互いの役割の理解や協働できる担当者との確認を事前にできることを期待している。

②訪問介護事業所の例

○　当事業所の対応体制は次のとおりとする。

役割	部署・役職	氏名	内容
情報管理・指揮担当	管理者	○○○○	情報の収集・把握とBCPに沿った指揮・管理
	サービス提供責任者	○○○○	
災害復旧担当	訪問介護員	○○○○	災害対応と安否確認
	訪問介護員	○○○○	
物資輸送担当	総務課	○○○○	備蓄物資の管理・調達

コメント

　当事業所は、専門職が４名という小規模事業所であることから管理者を含め職員全員が発災時の対応とともに、BCPを主体的に推進する役割を担う必要がある。少人数ゆえに連絡・連携を取り易いことから、手の足りないところを互いに補い合いながらBCPに定めた事項に取り組んでいく。

③居宅介護支援事業所の例

○　当事業所の対応体制は次のとおりとする。

役割	職・氏名	内容	副担当
責任者	管理者 ○○○○	・全体の掌握、マネジメント ・市、地域包括支援センター等の他機関との連絡窓口	○○○○
リーダー	主任介護支援専門員 ○○○○	・責任者不在時の役割代行 ・サービス事業者の状況把握とサービス調整 ・推進員からの情報のとりまとめ	○○○○
推進員1（利用者）	介護支援専門員 ○○○○	・利用者とその家族の安否確認とそのとりまとめ	○○○○
推進員2（事務・物品）	介護支援専門員 ○○○○	・記録等の書類、電子機器に関する確認と管理 ・消毒物品などの管理	○○○○

コメント

発災時の担当を決めておくことにより、平常時から災害時を意識して対応することが可能となる。

災害時は、トップダウン式の連絡調整が必要になるため、管理者を中心に行動できるように分担する（窓口を明確にすることで、他機関等との共同をスムーズにする。）。

また、発災直後～翌日は、被災により主担当が事業所に参集できない可能性もあるため、迅速に対応できるよう副担当を決めておく。

なお、推進員は、利用者を担当する者と、機材や周辺機器等を担当する者に分けることで、発災時の対応がスムーズになるだけではなく、名簿や備品台帳の管理など、事業所管理・経営面からの職員の育成につながる。

（4）対応拠点

ア）記載内容チェックリスト

□　被災した場合の緊急時の対応体制の拠点をどこに置くかを定め、記載する。

イ）ガイドライン

緊急時対応体制の拠点となる候補場所を記載する（安全かつ機能性の高い場所に設置する）。

● 津波で浸水する恐れがある等、被災想定によっては、施設・事業所以外の場所での設置も検討する。

ウ）主旨・補足説明

緊急時の対応拠点は、地震又は水害により想定する拠点は異なると考えられる。また、想定した箇所が被災により使用できない場合があるため、複数の候補場所を決めておくとよい。

エ）施設・事業所ごとの作成例

①介護老人福祉施設の例

○　対策本部の対応拠点は、次のとおりとする。

第1候補場所	第2候補場所	第3候補場所
2階相談室	2階居宅事業所	2階家族介護室

コメント

2の（6）「システムが停止した場合の対策」で述べたように、当施設では

実際の被災経験はないものの、近隣状況から参考になったことがあり、緊急時の対応拠点は平常時に法人本部機能がある1階ではなく、2階以上の場所を候補場所としている。ただし、この候補場所は最近のBCP見直しミーティングにおいて、感染症対応、福祉避難所開設をした場合に課題があるという指摘があるため、再考しているところである。

②訪問介護事業所の例

> ○　災害に伴い当事業所建物を対応拠点とすることが困難になった場合は、〇〇居宅介護支援事業所（〇〇市〇〇丁目〇〇番地）を代替の対応拠点とする。

コメント

　避難所では対応拠点として利用できる保証はなく、またホテル等の確保は費用的に難しいこともある。当事業所では、平常時から信頼関係がある市内の居宅介護支援事業所に災害時の代替拠点として活用することについて受け入れていただいている。なお、代替拠点の選定にあたっては、水害等のハザード区域外であることや環境（駐車場やネット環境の有無等）を確認するほか、代替拠点が他法人の運営する事業所等である場合には、有事の際の利用について法人間で合意を得ておく必要がある。

　自身の事業所外に対応拠点を確保するには、平常時から、地域との連携構築に力を入れ、他事業所との信頼関係の醸成を図る努力が重要となる。

③居宅介護支援事業所の例

> ○　災害に伴い、当該事業所を対応拠点とすることが困難になった場合には、災害協定書（〇〇年〇月〇日締結）に沿って、〇〇地域包括支援センター（〇丁目〇番〇号）を代替の対応拠点とする。
> ○　法人は、7日以内に新たな活動拠点を確保するよう努める。

コメント

　災害で建物が被災する可能性を予測し、市が主導で地域の事業所と地域包括支援センターとで、災害時の協定を結んでいる。ただし、地域包括支援センター業務を止めることはできないため、できるだけ早く、個人情報保護等に配慮した別の場所へ拠点を移せるよう法人主導で場所を探す。

（5）安否確認

ア）記載内容チェックリスト

□　入所者・利用者及び職員の安否確認の方法とその結果の記録方法を記載する。

□　安否確認については、誰が行い、確認結果についてどのように施設長（管理者）に集約するかを併せて記載する。

□　職員については、被災時に勤務中の者及び非番の者のそれぞれの安否確認の方法を記載する。

イ）ガイドライン

＜利用者の安否確認＞

利用者の安否確認方法を検討し、整理しておく。なお、負傷者がいる場合には応急処置を行い、必要な場合はすみやかに医療機関へ搬送できるよう方法を記載する。

●　利用者の安否確認がすみやかに行われるよう担当を決めておく。

●　すみやかに安否確認の結果を記録できるよう安否確認シートを準備しておくとよい。

＜職員の安否確認＞

職員の安否確認方法を複数検討し準備しておく。

●　フロア・ユニット毎などで安否確認を行い、報告ルール・ルートを明確にしておく。

●　非番職員には、緊急連絡網の災害時連絡先に自主的に安否報告をさせる。

●　その他「NTT　災害伝言ダイヤル」や「Web171」の活用も検討しておくとよい。なお、蓄積件数や保存期間は無制限ではない。利用方法など事前確認しておくとよい。

●　すみやかに安否確認結果を記録できるよう安否確認シートを準備しておくとよい。

ウ）主旨・補足説明

入所者・利用者及び職員の安否確認を迅速かつ確実に行うことは、その命と安全を守るため最優先で行う災害時対応である。2011年から避難行動要支援者については、市区町村が避難確保計画を作成することが努力義務となった。利用者に避難の必要性を伝えたり、避難の有無を確認する対応が必要になる場合がある。負傷していることが判明した場合は、救護の担当による応急措置や救急搬送により対応する。

　入所者・利用者の安否については、すみやかに家族に知らせること。

　非番職員の安否確認においては、家族の安否や自宅の状況、出勤の可否ついて併せて確認を行うほか、勤務中に被災した職員についても家族・自宅の状況により出勤が難しくなる可能性があるため当該職員から報告を求めることとする。

エ）施設・事業所ごとの作成例

①介護老人福祉施設の例

①　入所者の安否確認

　　災害発生時の入所者の安否を確認し整理記録する。なお、負傷者がいる場合には応急処置を行い、必要な場合はすみやかに医療機関へ搬送する。

【安否確認ルール】

　　ア）食事チェックシートを活用し、「無事・死亡・負傷・不明」の状態確認を行う。

　　イ）負傷者がいる場合は救護班に連絡

　　　　応急手当、必要に応じて医療機関へ搬送

　　以上の記録は食事チェックシート空欄部へ記載する。

【医療機関への搬送方法】

　　ア）施設車両が使用できる場合　提携医療機関へ施設車両で搬送

　　イ）施設車両が使用できない場合　近隣医療機関へストレッチャー又は車いすで搬送

　　ウ）浸水、倒木により道路が不通の場合　施設内待機

②　職員の安否確認

【施設内】

　　ア）各部署所属長へ職員から口頭又はSNSグループ送信にて連絡する。

　　イ）各部署所属長は、部署全員の安否確認をまとめ、施設長へ口頭又は業務用携帯へSNSで報告を行う。

　　ウ）施設長は、総務と共有し、全職員の安否確認をまとめる。

【自宅等】

　　ア）各部署所属長へ職員から携帯メール又はSNSグループ送信にて連絡する。

　　イ）各部署所属長は、部署全員の安否確認をまとめ、施設長へ口頭又は業務用携帯へSNSで報告を行う。

　　ウ）施設長は、総務と共有し、全職員の安否確認をまとめる。

【所属長一覧】
　　介護：○○
　　相談：○○
　　看護：○○
　　食課：○○
　　業務：○○

コメント

　国のガイドラインでは、安否確認の情報整理のためにシートの作成を提案しているが、当施設では、発災時に紙シートを取り出すこと、また普段使用していない様式をPCの様式フォルダから選択しタブレット上に起動させることが難しいのではないか、という意見から、各フロアで入所者・利用者一覧として最も使用頻度の高い食事・水分摂取票を活用して安否確認を整理することとしている。

　職員については部署・フロア単位のSNSグループ送信にてリーダーがBCP発動基準に適応した時点で安否の報告を促し、各職員はここに報告することとしている。このアプリケーションを使える環境にない職員は所属部署の所属長へショートメールなどで報告を行う。部署単位で集まった安否情報を対策本部と各部署のSNSグループ送信で報告するという体制になっている。

②訪問介護事業所の例

【利用者の安否確認】
○　優先業務に基づくサービスの対象となる利用者を中心にしつつ、各関係者と事前に取り決めた役割分担に応じて安否確認を迅速に行い、必要に応じて救急搬送や救護所（設置されている場合）の手続き・利用支援を行う。安否確認に関する結果については管理者に報告するとともに、居宅介護支援事業所等の関係者と共有する。

【職員の安否確認】
○　管理者がSNSを活用して安否確認のアンケートを発信する。スタッフは訪問時・移動時・非番時に関わらず自身の安否と出勤可能の有無を返答する。SNSがつながらないことも想定し、災害伝言ダイヤルを合わせて活用する。

コメント

　利用者の安否確認については、出勤可能な職員の人数によっては当面優先業務に限定したサービス提供となることから、優先業務の対象者から優先して安否確認を行っていく。関係する居宅介護支援事業所や他の訪問系事業所とも連携して安否確認を行う。可能であれば、平常時に、サービス担当者会議等を通じて利用者の安否確認に係る役割分担を決めておくとよい。利用者の安否確認がとれた場合は、メール、SNS等により情報共有し、安否確認の手間が重複しないよう取り決めることも必要となる。

　職員の安否確認については、複数の手段を準備しておくことが望ましい。また、定期的に実践訓練を行っておくべきである。

③居宅介護支援事業所の例

【職員の安否確認】

○　災害用伝言ダイヤルとSNSを使い、職員の安否確認を行う。

【利用者の安否確認】

○　災害時利用者一覧表（安否確認優先順位）を作成しておく（別表参照）。

○　利用者と固定電話、携帯電話、インターネットメールがつながらない場合には、利用者と担当する事業所や担当者に、一斉に情報伝達ができる携帯アプリやSNS等、緊急時に早急に連絡できる手段により安否確認を行う。

○　把握した利用者の安否確認の情報については、地域包括支援センター等の行政機関の担当課に連絡をする。また、安否が確認できない利用者については、できるかぎり情報収集を続ける。

（別表）

災害時利用者一覧表（安否確認優先順位）

事業所名　　　　　　　　　　（担当者　　　　　　　　　　　　　）　　　　　　　　作成日　年　月　日

No	優先順位※	地域区分	氏名（年齢）	性別	介護度	住所（自治会名）	想定される避難場所	特記	担当ケアマネ	安否確認日
1	人工呼吸器・胃ろう・吸引	○地区	佐藤○男（88）	男	5	○○123-1（○自治会）	○○病院	高齢世帯、妻は要支援者（軽度認知症）ALS、ストレッチャー移動、胃ろう、吸引	AA	
2	経管栄養・吸引	□地区	鈴木●子（85）	女	5	■■9-8-7（□自治会）	□自治会館	高齢世帯、転倒家具危険ストレッチャー移動、胃ろう、吸引	BB	
3	経管栄養・褥瘡	△地区	田中□子（88）	女	4	△△4・4（△自治会）	△自治会館■ショート	長男家族と同居、ストレッチャー移動、日中独居、胃ろう、褥瘡あり	CC	
4	人工透析	□地区	伊藤●●（90）	女	3	□□・・・・	■第一小学校	高齢世帯、裏山のがけあり車いす使用、透析（火・木・土）	DD	
5	在宅酸素	○地区	渡辺★子（90）	女	2	●●・・・・	○公民館	独居、孤立傾向、古い民家、隣家まで徒歩5分、在宅酸素3ℓ/分	BB	
6	認知症、自己注射	□地区	高橋◎◎（78）	女	2	□■■…	□福祉避難所	軽度認知症、糖尿病のためインスリンの自己注射、精神疾患のある長男と二人暮らし	BB	
7	認知症	△地区	山本●夫（89）	男	4	▲▼▲	△自治会館	長男家族と同居重度の認知症、避難先で馴染めない・混乱	DD	
8										

※優先順位は、医療依存度、移動能力、介護度、家屋等の環境、家族構成などから、事業所で総合的に判断する

出典：静岡県介護支援専門員協会作成のものを一部修正

コメント

　　まずは職員と担当している利用者の安全確保とその対応を優先する。その後、参集職員が、優先順位の高い利用者から安否確認を行う。発災時に慌てないで災害伝言ダイヤルを活用できるよう、手順を確認し、年1回程度は訓練をしておく。SNSや携帯アプリは、利用者の個人情報の保護の観点から、平常時での使用は控えるが、災害時では一つの手段として使いこなせるよう、準備しておく。近年は業務で使えるSNSもあることから導入を検討する。

（6）職員の参集基準

ア）記載内容チェックリスト

　　□　災害発生時の職員の参集基準を記載する。

　　□　地震、水害のそれぞれに応じ、できる限り客観的な基準に基づいて自動参集できるよう工夫（例：地震＝震度4以上、水害＝○○市（区町村）による警戒レベル3（高齢者等避難）の発令があった場合など）して記載する。

　　□　台風の接近など災害が差し迫っている中で非番中の職員を参集させる場合は、職員が判断に迷ったり、危険に身をさらしてまで参集することのないよう「参集しなくてよい状況について」定め、記載する。

イ）ガイドライン

　　発災時の職員の参集基準を記載する。なお、自宅が被災した場合など参集しなくてもよい場合についても検討し、記載することが望ましい。

　　● 　災害時は通信網の麻痺などにより、施設から職員への連絡が困難になるため、災害時に通勤可能か、また災害時の通勤所要時間等も考慮しつつ、職員が自動参集するようあらかじめルールを決め、周知しておく。

　　● 　一方、「参集しなくてもよい状況」を明確に定め、職員を危険にさらしたり、参集すべきか板挟みで苦しませたりすることのないように配慮することも重要。

　　● 　24時間ケアを行う必要がある入所施設は、災害が「日中に発生した場合」と「夜間に発生した場合」に分けて自動参集基準を定めるとよい。利用者の安否確認がすみやかに行われるよう担当を決めておく。原則として夜間の移動は危険なので、できるだけしないようにする。

　　● 　災害時の移動は原則「徒歩」であり、道路の陥没や橋梁の落下などにより、迂回ルートを取る必要性などから移動速度は「2.5キロメートル毎時」が目安（平常時は4キロメートル毎時）。

ウ）主旨・補足説明

　緊急時には、できる限り多くの職員が参集し災害対応に当たることが必要となるが、電話、メール等の通信手段により参集を呼びかけることは、非効率であるほか、通信網に支障が生じた場合には連絡が困難となる。したがって、地震、水害の場合とも、一定の客観的基準を示し、その基準を職員が確認することにより自動的に参集する仕組みを作っておくことが肝要となる。

エ）施設・事業所ごとの作成例

①介護老人福祉施設の例

> ○　職員は自分と家族等の安否確認・安全確保ができる場合、以下の基準で参集する。
>
> 【地震による参集基準】
> 　　参集　震度５強以上
>
> 【水害による参集基準】
> 　　参集　大雨、洪水、暴風雨、高潮警報等が発令され、○○市内で浸水等による被害が発生し、施設長が必要と認めた時

コメント

　職員は、BCP発動基準に適合した時点で、自分と家族等の安否確認・安全確保ができる場合は出勤するという「参集基準」が適応されることとなる。ただし、被災状況により、管理職のみが参集する場合、指定された職員が参集する場合、全員参集する場合などの運用を行うようにしている。

②訪問介護事業所の例

> ○　地震災害＝震度５強以上であり、かつ、○○市が災害対策本部を立ち上げた場合
> 　　水害＝レベル３（高齢者等避難）を基本とするが、台風の進路に当たるなど水災害の発生のおそれが気象庁などから報じられている場合も参集の基準とする。
> ○　事業所から10km圏内のスタッフが自動参集するものとする。
> ○　水害等により事業所が浸水した場合は、事前に取り決めた代替拠点である○○居宅介護支援事業所を参集場所とする。
> ○　職員の自宅が浸水もしくは倒壊している場合、職員本人が受傷してい

> る場合、職員が養護しなければならない対象者がいる場合においては、
> 参集から除外されるものとする。

コメント

　公共交通機関の利用が難しいことも想定し、徒歩での参集が可能なスタッフを事前に選定しておくことが望ましい。発災時には、職員自身の被災状況等により参集できない状況も想定されることから、平常時から、職員との話し合いにより例外規定を設けておく。なお、大雨や夜間の移動は危険なのでできるだけしないようにする。

③居宅介護支援事業所の例

> ○　地震については、事業所の所在する地域が震度５以上であった場合、
> 　水害については、地元○○市がレベル３（高齢者等避難）を発令した場
> 　合を、それぞれ参集基準とする。
> ○　徒歩や自転車で参集可能な職員が参集する。
> ○　職員とその家族の状況（受傷の有無）や移動の安全を確保できない等
> 　の際は、参集の優先順位を下げる（参集の判断は職員が行う）。

コメント

　まずは職員と担当している利用者の安全確保とその対応を優先する。参集担当職員であっても、自身の安全を優先して参集の有無を決める。

（7）施設内外での避難場所・避難方法

ア）記載内容チェックリスト

　□　地震、水害など災害発生時の一時避難場所について記載する。

　□　一時避難場所について、施設内、施設外のそれぞれについて明記しておくとともに、避難場所までの避難方法や注意点を記載する。

　□　施設内の場合で、水害時の垂直避難（２階以上への高所避難）において停電によりエレベーターが使用できない場合を想定した避難方法も併記する。

イ）ガイドライン

　地震などで一時的に避難する施設・事業所の内外の場所を記載する。また、津波や水害などにより浸水の危険性がある場合に備えて、垂直避難の方策について検討しておく。

＜施設内＞

● 被災時では順序正しく、整列して避難はできないことが想定され、やること（どこへ、どのように非難させる）、注意点（車いすの方など）を職員各自が理解した上で臨機応変に対応する必要がある。

● 津波や水害の場合、他所へ避難する「水平避難」よりも、建物内の高所へ避難する「垂直避難」の方が安全性が高い場合がある。

● 垂直避難を行う場合に備えて、場所・誘導方法を検討しておく。

● 「垂直避難」を検討する場合、エレベーターが使用できないこともあることを想定する。

＜施設外＞

● ハザードマップなどを確認し、河川の洪水浸水想定区域および土砂災害警戒区域に立地している場合は、避難確保計画を検討する。

● 広域避難場所の場所や経路を確認し、実際に避難経路を辿ってみることも有用（例えば、車いすに職員を乗せて避難経路を辿ることで、段差や階段などの障害物を事前に確認することができる。）。

● 避難先でも最低限のケアを継続できるよう、手順や備蓄品を検討しておく。

● 水害の場合、行政などが出す避難情報を理解し、避難のタイミングを検討しておく。

＜その他＞

● 勤務者の少ない祝祭日や夜間、あるいは荒天などの不利な状況を想定して検討しておくことが望ましい。

● いつ、どのような状態になれば避難を開始するか、基準を検討しておくことが望ましい。

ウ）主旨・補足説明

　地震及び水害の場合の一時避難先について、施設・事業所の内外の避難先をそれぞれ明記しておく。地震の場合は、事前予測が難しいことから発災後に一時避難する場合が多いと想定される。水害の場合は、発災前に避難（警戒レベル３：高齢者等避難が発令されたとき等）することが多いと考えられる。この場合、施設・事業所が洪水ハザード内に立地している場合は、ハザード外の避難場所、避難経路を実際に確認しておくこと。

　地震、水害それぞれの避難の特性に応じ、避難先を検討し、定めておくものである。

エ）施設・事業所ごとの作成例

①介護老人福祉施設の例

【施設内】

建物倒壊など大きな被害がない場合は、原則施設内垂直避難とする。

	第1避難場所	第2避難場所
避難場所	・自フロア ・1階及び2階に勤務の職員は2階	自フロアに損傷があり滞在できない場合は、一つ上のフロア。 ※6階は5階へ降りる。
避難方法	・非常階段を使用し垂直避難 ・安全に留意しながら避難誘導 ・天井からの落下物に留意 ・避難時は極力靴を履く	設備を点検し安全が確認できればエレベーター

【施設外】

	第1避難場所	第2避難場所
避難場所	○○公園内体育館	
避難方法	・安全に留意しながら避難誘導 ・車や落下物に留意 ・避難時は極力靴を履く ・車いすの方には、複数名で補助する ・応急手当セットを携帯する。	

コメント

当施設の立地条件の場合、地震により建物に大きな破損が生じない限り、基本的には施設内垂直避難とする。避難方法では、基本的にエレベーターは使用できないと想定している。昨今の自然災害は想定を超える被害が出ているため、施設外の避難場所について、今後BCPを見直していく中で、○○市の指定避難場所以外の場所にも設定していきたいと考えている。できるだけ同種の施設が望ましいので、協定等で協力関係をつくっておく。

②訪問介護事業所の例

【利用者の避難誘導】

○　浸水区域に居住する利用者については、事前に本人と相談し、避難所への避難、避難の際の支援の必要性について話し合っておく。本人の状態によっては、事前にショートステイの利用を促すこともありうる。

　　地震災害の場合は、発災後の安否確認に基づき関係者と連携し避難所への避難を支援する。

【職員の避難】

○　水害について当事業所は浸水区域にあることから、気象状況に基づき、代替拠点に避難する。避難が間に合わない場合は、併設する老人保健施設の上層階に避難する。

　　地震災害の場合は、当事業所は耐震構造になっていることから、発災時は机の下等で身の安全を確保し、安全が確認されるまで事業所内で待機する。訪問時、移動時については近隣の避難所に移動する。

コメント

　サービス担当者会議等を活用して、利用者の避難場所、方法等を事前に取り決めておくことが必要となる。避難誘導に関し家族や親戚、近隣住民の協力が得られるかを事前に確認することも必要。取り決めた対応方法を訪問介護計画書に記載しておく。

③居宅介護支援事業所の例

【利用者の避難支援】

（平常時の対応）

○　発災時の利用者の避難がすみやかに行われるように、平常時において、最寄りの避難場所及び避難方法について利用者本人、家族とともに確認しておく。緊急連絡先については、関係者で共有したうえで、ケアプラン第1表に記載する。

（水害の場合）

○　台風や大雨等による水害の場合は、警戒レベル3の高齢者等避難の発出により、即座に、避難所等安全な場所への避難の呼びかけなど支援するほか、避難支援者がいる場合には連携して避難支援する。なお、避難場所への避難が間に合わない場合は、家屋の2階など高所への避難を支援する。

○　重度の要介護者等の場合は、台風の進路予測に応じ、ショートステイの利用を検討する。

（地震の場合）

○　地震災害の場合は、利用者の安否確認について、家族、緊急連絡先となっている者、避難支援者等と連携し、すみやかに実施する。この場合

において、本人の安否が確認できた場合は、その情報について本人が利用する居宅サービス事業所に共有する。

○　利用者の居宅の被災状況により、必要に応じ、最寄りの避難場所への避難を支援する。この場合において、避難支援者がいる場合には連携して避難支援する。

コメント

　地域防災上、居宅介護支援事業者には、担当する居宅サービス利用者の安否確認、避難支援が期待されていることから利用者の避難支援について記載した。

　災害時の避難場所について、利用者や家族から聴き取る。その際に、移動に不安な利用者については、移動の手段や補助してくれる自治会の役員等の避難支援者に関する情報についても確認をしておく。利用者等から得た情報については、サービス担当者会議にて担当者で共有をする。

（8）重要業務の継続

ア）記載内容チェックリスト

□　1の（4）「優先業務の選定」に係る業務の中から、重要業務として継続するものを特定し、被災後から時系列でその実施方法や内容等を記載する。

□　入所者・利用者の生命を維持する上で必要な業務を重要業務とすべきである。施設の場合、食事、水分補給、排せつ、与薬、健康状態の観察といったものが考えられる。

□　緊急時の職員の招集状況により対応可能な業務量が変動することから、職員の出勤率に応じた対応可能な業務内容を想定し記載する。

□　職員の出勤状況及びライフラインの復旧状況を踏まえ、必要に応じ、サービスを効率的に提供することを検討し記載する。

イ）ガイドライン

　「インフラ停止」、「職員不足」、「災害時に特有の業務の発生」などの理由から、災害時には業務量が増大することが考えられる。そのため、平常時の対応で選定した優先業務から特に重要な業務の継続方法を記載する。被災想定（ライフラインの有無）と職員の出勤と合わせて時系列で記載すると整理しやすい。

●　被災時の厳しい状況でも、入所者・利用者の生命・健康を維持するために必ず実施しなければならない最低限の業務を「重要業務」として選定す

る。

● 　例えば、「食事・排せつ・与薬」などが考えられるが、自施設の状況を踏まえて検討する必要がある（医療依存度の高い利用者が多い施設・事業所では「医療的ケア」も重要業務に含まれる。）。

● 　参集可能な職員数では、重要業務の実施に必要な職員数をまかなうことができない場合は、重要業務の手順を見直したり、省力化に資する備蓄品を準備し代替方法を検討しておく。

ウ）主旨・補足説明

施設・事業所が被災した場合、災害対応として緊急に取り組まなければならない業務（安否確認、けが人等の応急手当・救急搬送要請、施設・事業所の建物・設備の被災箇所の応急措置など）が新たに発生するほか、職員自身やその家族・家屋等が被災した場合に出勤できる職員が限定される。また、電気・ガス・水道等のライフラインの復旧状況も業務継続計画（BCP）に大きく影響する。

このように職員が不足し、かつ、ライフラインの停止といった状況下で、入所者・利用者の生命・健康の維持に係る重要業務について、どのように対応していくかを検討し整理する。

エ）施設・事業所ごとの作成例

①介護老人福祉施設の例

○　当施設における重要業務の継続は、次のとおりとする。

経過目安	発災（夜間）	発災後6時間	発災後1日	発災後3日	発災後7日
出勤率	3％	30％	50％	70％	90％以上
ライフライン	停電・断水	停電・断水	停電・断水	断水	復旧
業務の基本的考え方	入所者、職員の安否確認を最優先	入所者、職員の安否確認と負傷者の救護を中心	食事、排せつを中心に生命維持のために必要最低限	食事、排せつを中心としつつ、徐々に範囲を拡大	ほぼ通常どおりの業務
食事	―	当該時間内に対応が必要な者のみ	メニューは最低限とし、必要な者に介助	メニューは最低限とし、必要な者に介助	必要な者に介助
与薬	―	必要な者に対応	必要な者に対応	必要な者に対応	必要な者に対応
排せつ	―	オムツ交換、ポータブル介助にて対応	オムツ交換、ポータブル介助にて対応	オムツ交換、ポータブル介助にて対応	ほぼ通常どおりの介助
口腔ケア	―	休止	休止	うがいにて対応	ほぼ通常通りの介助

水分補給	―	備蓄品で対応	備蓄品で対応	備蓄品で対応	ほぼ通常通りの介助
入浴	―	休止	清拭で対応	清拭で対応	順次入浴を再開
着替え	―	休止	汚れに応じて必要な者に介助	汚れに応じて必要な者に介助	ほぼ通常通りの介助

コメント

　ライフラインの状況、職員人数の不足、災害時特有の業務の発生などの理由から、特に重要な業務内容を選定している。時間の経過とともに状況も変わるため、当施設では、国のガイドラインを参考として作成した。

②訪問介護事業所の例

経過目安	発災後1日	発災後2日	発災後3日	発災後5日
出勤率	出勤率25％未満	出勤率25〜50％	出勤率50〜75％	出勤率75〜90％
訪問介護の業務内容	食事・排せつ介助・服薬確認のみ	食事・排せつ介助・服薬確認のみ	ほぼ平常時のサービスが可能	ほぼ平常時のサービスが可能
地域との連携	他事業所に応援要請			

コメント

　当事業所の場合、75％の出勤可能者が確保できれば、勤務シフトの調整等により、ほぼ平常時のサービス提供が可能であるが、同じ状況が3日を超える場合には職員の休日等が確保できなくなることから別途対策が必要となる。

　出勤可能者が50％以下となる場合は、通常通りのサービス提供が難しくなることから、食事・排せつ・服薬確認を中心とした生命維持に欠かせないサービスに限定する。

　さらに、出勤可能者が25％未満の場合は、優先業務（生命維持に関わるサービス）の提供自体が難しくなることから、地域の訪問介護事業所に応援要請し、人員派遣の協力を求める必要性が生じる。

③居宅介護支援事業所の例

○ 優先業務と休止業務の目安は、次のとおりとする。

発災後		6時間以内	～1日	～3日	～7日、1ヶ月以降
参集職員割合（人数） 業務の種類		出勤25% （1名）	出勤50% （2名）	出勤75% （2～3名）	出勤90% （3～4名）
災害時優先業務	災害対策応急業務	・職員の安否確認 ・優先順位の高い利用者から安否確認	・職員の安否確認 ・優先順位の高い利用者から安否確認と連絡調整	・職員の安否確認 ・全利用者の安否確認と連絡調整	・職員の安否確認 ・全利用者の安否確認と連絡調整
	継続通常業務	・通常業務は行わない	・通常業務は行わない ・記録類、物品の確認	・通常の業務に近づける ・記録類、物品の確認と保存	・通常どおりの業務を提供する ・失われた記録の復旧
休止業務	新規相談	新規相談・受入は休止する	新規相談・受入は休止する	相談内容に応じて、新規相談に対応する	通常業務に近づける

コメント

　まずは職員と担当している利用者の安全確保とその対応を優先する。発災直後から発災後1日のあいだ、通常業務を停止することにより、災害対応に人員と時間を割くことができる。

　また、発災時の新規の相談の地域の窓口については、地域包括支援センターが行うなど、平常時から地域での連絡体制を整備できるよう働きかける。

（9）職員の管理

ア）記載内容チェックリスト

　□ 国のガイドラインに基づき、この項目に記載する事項として、①休憩・宿泊場所、②勤務シフトについて対応策を定める。

　□ 職員の休憩・宿泊場所については、被災状況下でも、できる限り専用の場所として確保することが望ましい。施設・事業所内のどの場所又は施設・事業所外のどこに確保できるか、その場所と利用（宿泊）可能人数を記載する。

　□ 被災した状況下での勤務シフトを記載する。例えば、重要業務ごとに班長と副班長を置き、メンバーは施設・事業所の近隣に住居のある職員のみを位置付け、当該業務に最低限必要となる人数を記しておく方法もある。

イ）ガイドライン

　場合によっては、職員は極限の状況で業務を続けなければならないことが想定される。少しでも職員の負担が軽減できるよう職員の休憩・宿泊場所の確保や利用者向けだけではなく職員向けの備蓄を備えるなど、職員に対する準備も重要。

　　　＜休憩・宿泊場所＞

　● 震災発生後、職員が長期間帰宅できない状況も考えられるため、候補場所を検討し、指定しておく。通所事業所等を休止した場合はこれらも選択肢となる。

　　　＜勤務シフト＞

　● 震災発生後、職員が長期間帰宅できず、長時間勤務となる可能性がある。参集した職員の人数により、なるべく職員の体調及び負担の軽減に配慮して勤務体制を組むよう、災害時の勤務シフト原則を検討しておく。

ウ）主旨・補足説明

　業務継続計画（BCP）に基づいて入所者・利用者の生命・健康を守るための重要業務を優先し対応するものの、平常時の業務体制に戻るまでは、被災規模が大きいほど、相当の期間を要することとなる。その間、職員に肉体的にも、精神的にも過度の負担・不安がかかることが避けられない。

　よって、施設長・管理者においては、できる限り職員の負担軽減を図る対応を講ずることが求められる。このうち、勤務シフトについては、実際に参集した職員の人数・職種に応じて組み直す必要があるものの、当計画においてあらかじめ被災時を想定した勤務体制を位置付け、即座に運用できるようにしておくことが肝要となる。

エ）施設・事業所ごとの作成例

①介護老人福祉施設の例

【休憩・宿泊場所】

○ 災害発生後、職員が長期間帰宅できない状況も考えられるため、以下の場所を確保する。

休憩場所	宿泊場所
各フロア職員休憩室	2階職員休憩室（男性4人）
2階デイルーム	2階家族介護室（女性4人）
3～6階　空き部屋	3～6階　空き部屋

【勤務シフト】

○　発災後、職員が長期間帰宅できず、長時間勤務となる可能性があることから、参集した職員の人数により、できる限り職員の体調および負担の軽減に配慮し出勤状況により割り振り、勤務体制を組むこととする。

コメント

　災害時、施設に従事している職員は大きな負担を抱えながらの勤務・対応となる。少しでも負担が軽減できる環境を準備することが重要である。基本的に、施設内の空間活用を計画しているが、コロナ禍で感染症BCPを作成する過程で近隣の民泊施設やホテルに一定期間の継続利用を相談したところ、ご協力いただけることが判った。状況によってはホテル等を宿泊場所として活用することも検討し、より良い環境を職員同士で相談しながら構築していきたいと考えている。

　勤務シフトについては、施設内に長期滞在、長時間勤務となる可能性がある。この課題については、法人のBCP内で規定する優先する業務→事業へのマンパワーの集中を図り、勤務体制をつくっていくこととしている。

　あわせて職員の心身コンディションの確認を継続していくことも大切となる。

②訪問介護事業所の例

【休憩・宿泊場所】

○　当事業所の従業員用食堂を発災時の休憩場所とする。

○　発災時は、自宅から事業所まで徒歩で出勤が可能な職員の勤務体制に変更するが、自宅が被災するなどして帰宅できない場合は、事業所の2階を臨時宿泊場所として開放する。

　併設する老人保健施設の介護用ベッドのマットレス等を搬入し可能な限り休めるよう環境設定をする。

【勤務シフト】

○　自宅から事業所まで徒歩で出勤が可能な職員によるシフト編成とする。ただし、発災から3日を経過しても出勤体制が整わない場合には、業務縮小の継続のほか、地域の他訪問介護事業所に応援を要請し、職員の負担が過度にならないよう配慮する。

③居宅介護支援事業所の例

【休憩・宿泊場所】

○　職員の休憩場所は、事業所内の相談室とする。

○　被災により、自宅の使用が難しい場合や、帰宅困難な場合には、相談室を臨時の宿泊場所とする。

【勤務シフト】

○　職員の負担に配慮した勤務体制に変更する。徒歩若しくは自転車で通勤可能な職員の出勤によるシフト体制とする。ただし、職員の家族が被災等した場合には、柔軟に対応する。また、遠方の職員が危険を冒して出勤しないよう配慮する。

○　人員不足が継続する場合には、地域包括支援センターに新規相談の受入の停止などについて、連絡・相談をする。

コメント

　職員とその家族の安全の確保とその対応を最優先とする。大規模災害の場合は、近隣に居住する職員とその家族も被災者である場合が多いため、参集職員の割合を負担のない範囲で調整したり、担当交代制で対応したり、被災期間の長短により調整する必要もある。

（10）復旧対応

ア）記載内容チェックリスト

□　国のガイドラインに基づき、この項目に記載する事項として、①破損箇所の確認、②業者連絡先一覧の整備、③情報発信について定める。

□　破損箇所の確認では、施設・事業所の建物及び設備について、破損の状態を記録するとともに、設備については稼働・使用の可否を併せて記録する。また、当該破損箇所について応急措置を含め対応状況を記録する。これらについて一覧表により整理し記載することが望ましい。

□　業者連絡先一覧の整備では、被災箇所の修理等を依頼する業者のほか、発災後に連絡をとることが想定される事業所、店舗の一覧表を記載する。電話番号以外にもメールアドレスなど複数の連絡手段を整理しておくことが望ましい。

□　情報発信については、報告については被災状況の把握後になるが、いつまでに報告するかを目安として示しておくことが望ましい。報告先として

　　　　想定する機関のほか、公表方法、マスコミ対応について記載する。

イ）ガイドライン

　　復旧作業が円滑に進むように施設の破損箇所確認シートや各種業者連絡先一覧を整備しておく。

　　　＜破損箇所の確認＞

　　● 　被害のあった箇所は写真を撮り、記録しておく。

　　● 　建物・設備の保守管理業者、給食関係の業者など業務委託先や取引先の連絡先をリスト化しておく。

　　　＜業者連絡先一覧の整備＞

　　● 　医療機関やガソリンスタンド等は平常時から災害時における対応方法を取り決めておくことが望ましい。

　　● 　各種協力業者の連絡先を一覧化したり、非常時の連絡先を確認しておくなど、円滑に復旧作業を依頼できるよう準備しておく。

　　　＜情報発信＞（関係機関、地域、マスコミ等への説明・公表・取材対応）

　　● 　公表のタイミング、範囲、内容、方法についてあらかじめ方針を定めておく。

　　● 　風評被害を招くおそれもあるため、丁寧な対応や説明が必要となる。

ウ）主旨・補足説明

　　円滑な復旧対応のためには、まず破損箇所及びその状況を確認することが重要となる。できる限り、破損箇所の状況を一覧で整理するとともに、破損の様子を写真で撮り記録しておくことが望ましい。

　　破損箇所の修理を依頼する業者など、被災状況下で連絡をとる可能性がある業者等については、あらかじめ一覧にしておくことで、すみやかな対応が可能となる。

エ）施設・事業所ごとの作成例

※施設・事業所共通の例

【破損箇所の確認】

　発災後は、施設（事業所）の建物、設備について被害状況を次の点検シートにより確認する。

対象		状態 （該当を☑する）	確認日時 （確認者）	対応状況その他特記事項 （必要に応じ写真を添付）
1階共用部分及び事務室　建物・設備	建物本体の被害	□重大 □軽微 □被害なし	R ．． 　時　　分 （　　　　　）	
	壁面	□破損あり □ひび割れあり □被害なし	R ．． 　時　　分 （　　　　　）	
	天井	□落下あり □ひび割れあり □被害なし	R ．． 　時　　分 （　　　　　）	
	床面	□破損あり □ひび割れあり □被害なし	R ．． 　時　　分 （　　　　　）	
	照明設備	□破損あり □落下あり □被害なし	R ．． 　時　　分 （　　　　　）	
	窓ガラス	□ガラス割れあり □ひび割れあり □被害なし	R ．． 　時　　分 （　　　　　）	
	電気	□通電 □不通	R ．． 　時　　分 （　　　　　）	
	電話	□通話可能 □通話不可	R ．． 　時　　分 （　　　　　）	
	インターネット	□利用可能 □利用不可	R ．． 　時　　分 （　　　　　）	
	水道	□利用可能 □利用不可	R ．． 　時　　分 （　　　　　）	
	・・・	・・・	・・・	
	・・・	・・・	・・・	

2階ユニット ●●	建物本体の被害	□重大 □軽微 □被害なし	R ． ． 時 分 （ ）	
	壁面	□破損あり □ひび割れあり □被害なし	R ． ． 時 分 （ ）	
	天井	□落下あり □ひび割れあり □被害なし	R ． ． 時 分 （ ）	
	床面	□破損あり □ひび割れあり □被害なし	R ． ． 時 分 （ ）	
	照明設備	□破損あり □落下あり □被害なし	R ． ． 時 分 （ ）	
	窓ガラス	□ガラス割れあり □ひび割れあり □被害なし	R ． ． 時 分 （ ）	
	電気	□通電 □不通	R ． ． 時 分 （ ）	
	ガス	□利用可能 □利用不可	R ． ． 時 分 （ ）	
	水道	□利用可能 □利用不可	R ． ． 時 分 （ ）	
	トイレ	□利用可能 □便器破損 □利用不可	R ． ． 時 分 （ ）	
	・・・	・・・	・・・	
	・・・	・・・	・・・	

【業者連絡先一覧の整備】

本施設（事業所）の建物・設備の復旧作業の依頼先は次のとおりである。

補修等対応内容	業者名	連絡先電話番号	メールアドレス	担当者名
建物本体補修	○○建設	03-///-////	+++@++++	○○○○
水道破損修理	○○上水設備	03-///-////	+++@++++	○○○○
ガス機器修理	○○ガス	03-///-////	+++@++++	○○○○
照明器具修理	○○電気店	03-///-////	+++@++++	○○○○
ガソリン給油	○○燃料店	03-///-////	+++@++++	○○○○
・・・	・・・	・・・		・・・

【情報発信】

　施設・事業所が被災したときは、入所者（利用者）、職員並びに建物及び設備の被災状況の把握ができた時点で被害状況を報告、公表を行うこととする。報告、公表は、可能な限り、被害が明らかになってから○○時間後までに行う。

　報告先は、法人本部、指定権者、施設（事業所）所在地市（区町村）、管轄保健所、警察及び○○（任意に設定）とする。

　公表は、法人本部と協議の上、法人及び本施設（事業所）のホームページ上で行うほか、報道機関からの取材があった場合は公表内容を説明する。

4．　他施設・事業所との連携

　国のガイドラインでは、他施設・事業所との連携として業務継続計画（BCP）に位置付ける項目は、「連携体制の構築」及び「連携対応」を掲げている。

　被災状況によっては、自施設の人員、備蓄品等だけでは優先業務の継続が難しくなることが想定される。日頃から、地域の他の施設・事業所とケース対応や勉強会等を通じ協力・信頼関係の醸成に努め、有事の際には相互に支援する体制を構築することを目指すことが求められる。

（1）連携体制の構築

ア）記載内容チェックリスト

　□　国のガイドラインに基づき、この項目に記載する事項として、①連携先との協議、②連携協定書の締結、③地域のネットワーク等の構築・参画について定める。

　□　連携先との協議では、地域内に連携先施設・事業所が既にある場合は、その連携先施設・事業所等を記載し、検討中の段階であれば主な検討状況を記載する。いずれでもない場合は、連携体制の必要性について自施設・事業所の考え方を記載する。

　□　連携協定書の締結では、連携協定の内容（協定締結済みの場合。なお、協定書の写しを添付してもよい。）、連携協定に位置付ける予定事項（検討中の段階）、又は検討すべき連携対応事項（連携の必要性を今後検討する場合）を記載する。

□　地域のネットワーク等の構築・参画では、地域内の他の施設・事業所以外で被災時に協力体制を構築すべき地域の社会資源について記載する。

イ）ガイドライン

＜連携先との協議＞

●　連絡先と連絡内容を協議中であれば、それら協議内容や今後の計画などを記載する。

（主な項目）

・先方施設・事業所名、種別、所在地など

・これまでの協議の経緯

・決定している事項

・今後検討すべき事項

・今後のスケジュール　　　など

＜連携協定書の締結＞

●　地域との連携に関する協議が整えば、その証として連携協定書を締結し、写しを添付する。

（主な記載項目）

・連携の目的

・入所者・利用者の相互受入要領

・人的支援（職員の施設間派遣など）

・物的支援（不足物資の援助・搬送など）

・費用負担　　　など

＜地域のネットワーク等の構築・参画＞

●　施設・事業所の倒壊や多数の職員の被災等、単独での事業継続が困難な事態を想定して、施設・事業所を取り巻く関係各位と協力関係を日ごろから構築しておく。地域で相互に支援し合うネットワークが構築されている場合は、それらに加入することを検討する。

（主な提携先）

・連携関係のある施設・法人

・連携関係のある医療機関（協力医療機関等）

・連携関係のある社協・行政・自治会　等

ウ）主旨・補足説明

被災状況が甚大であった場合は、自施設・事業所だけでは事業継続が困難となることが想定される。特に、職員自身の被災などにより参集できる職員が限

られる場合は、業務継続のためには外部からの人材の応援が必要となる。この場合、同一法人内の他施設・事業所からの職員応援が可能な場合であっても調整から実際に派遣を受け入れるまでに時間を要することも考えられる。

　近隣地域内において、他の施設・事業所をはじめ様々な社会資源と協力体制を構築しておくことは、災害時の避難、復旧作業、職員応援の受入れ等を円滑に進める上で必要なことである。

エ）施設・事業所ごとの作成例

【連携先との協議】・【連携協定書の締結】

①介護老人福祉施設の例

○　○○市災害時応援協定を締結しており、○○区・△△区間での協定に基づいて連携をとる。

　　○○市○○○連盟がこの応援協定の集結やフォローアップ研修を継続的に実施する。

○○区リーダー法人：○○○
△△区リーダー法人：○○○
　　○○区協定参加法人一覧　・○○○　担当者：□□□　連絡先：・・・
　　　　　　　　　　　　　　・○○○　担当者：□□□　連絡先：・・・
　　　　　　　　　　　　　　・○○○　担当者：□□□　連絡先：・・・

①　被災時の連絡
・区間の連絡は、○○区リーダー法人・△△区リーダー法人同士が行う。
・区内の連絡は、各法人がリーダー法人にメールにて連絡する。

②　人的支援、物的支援の選別
・被災法人は必要な支援内容をリストアップして区リーダー法人に応援要請を行う。
・区リーダー法人が、区内各法人へ応援要請に係る情報を伝達
・応援できる法人は、区リーダー法人に対応可能な支援を申し出る。
・被災法人は、区リーダー法人から伝達された応援内容に基づいて受入調整を行う。

③　相互交流
・災害時の応援協定が円滑に行われるように、協定参加法人間においては、平時からの相互交流を図る。

コメント

　当施設のある○○市では区内施設同士、隣接する２つの区の間に災害時応援協定を結び、連携する体制をとっている。協定の締結・運用については、○○市の高齢者施設関連事業者で構成する連盟のバックアップが得られている。

　実際に2018（平成30）年９月に区内湾岸部施設が浸水被害にあったときに、この連携を通じて連絡を取り合うことができた。その結果、各施設では命の危険がある被害状況ではないことを相互に把握できたため、応援の実施には至らなかった。

　一方、この協定締結や訓練に未だ参加していない施設・事業者もあり、地域包括ケアシステムの実践の一環として、この連携がより進むことを目指していきたいと思っている。

②訪問介護事業所の例

> ○　災害時の連携体制については、地域との連携を重視し、平常時から信頼関係の構築、連携体制の構築に努める。
> ○　発災時の事業所の被災状況や職員の出勤状況に伴い、当事業所のみでは利用者の生命維持のためのサービス提供が困難と判断するときは、地域の訪問介護事業所に応援を要請し、人員派遣等の支援を受けて優先業務の継続に努める。

コメント

　事業所の被災状況によっては、他の訪問介護事業所から人員派遣等の応援がなければ生命維持のための利用者へのサービス提供が困難となることに鑑み、当事業所では、市内の訪問介護事業所と共同で災害時の職員応援等の救済システムを構築している。詳細は、後述の各論第２章のコラム：〜地域の訪問介護事業所の連携による有事の際の職員相互応援協定の構築実例〜を参照いただきたい。

③居宅介護支援事業所の例

> ○　災害の規模によっては、事業所単独で復旧や業務を継続する体制を整えることが難しくなる場合があるため、平常時から地域内の地域包括支援センターや他の居宅介護支援事業所との連携体制の構築に努める。

（既に連携に関する協定を締結している場合）

○　当事業所では、○○地域包括支援センター（○丁目○番○号）と災害協定を締結済みである。協定書に基づく連携体制を構築し、災害時の相互協力が円滑かつ効果的に実施できるよう取り組む。

○　協定の主な内容は、次のとおりであり、定期的な協議を通じ必要な場合は適宜内容の更新を行っていく。

- ・人的支援（職員不足の場合の介護支援専門員の派遣）
- ・物的支援（不足物資の援助など）
- ・相互応援実施後の費用負担　　　など

（連携に関する協定の締結をしていない場合）

○　連携体制の構築のもと、特定の地域包括支援センター又は地域内の他の居宅介護支援事業所との間で、災害時の相互協力に関する協定の締結を目指して取り組む。

○　協定の内容としては、人的支援（職員不足の場合の介護支援専門員の派遣）、物的支援（不足物資の援助など）とし、詳細は協定先事業所等との協議により決定する。

コメント

　多くの居宅介護支援事業所では、法人内での連携以外に、地域内の他の事業所等との協定書の締結など災害時の連携体制の構築には未着手であると推察される。

　よって、協定を締結済の事業所の記載例とともに、未だ協定の締結に至っていない事業所における記載例を併記した。災害時に自身の事業所単独では事業継続が困難となる場合が想定されることから、平常時から、地域の地域包括支援センター、他の居宅介護支援事業所との良好な関係を構築し、災害時の相互協定についても話し合っておきたい。

【地域のネットワーク等の構築・参画】

※施設・事業所共通の例

> 　本施設（事業所）では、災害時に連携し相互に支援しあえるように、次の機関、団体等と協力関係を構築する。
>
> | 名称 | 所在地等 | 協力内容 |
> |---|---|---|
> | 特別養護老人ホーム●●苑 | ●●市・・・ | 不足時の職員の相互派遣 |
> | ●●市社会福祉協議会 | ●●市・・・ | ボランティアの派遣 |
> | ●●町内会 | 地域内 | 入所者避難時の応援 |
> | ●●ボランティアグループ | 地域内 | 災害時の非常食の炊き出し |
> | ・・・ | ・・・ | ・・・ |

（2）連携対応

ア）記載内容チェックリスト

　□　国のガイドラインに基づき、この項目に記載する事項として、①事前準備、②入所者・利用者情報の整理、③共同訓練について定める。

　□　事前準備では、連携協定に位置付けた又は記載予定の相互連携支援が円滑に実施されるために必要な事項について記載する。連携協定が検討段階である場合は、連携協定の構築に当たりどのような相互連携支援について協定締結が必要であるか、自施設・事業所の状況を踏まえて記載する。

　□　入所者・利用者情報の整理については、連携協定の締結の有無に関わらず、災害時に入所者・利用者を一時的に他施設・事業所、避難所等に避難させる場合に、当該入所者等の避難先でのケアに関する必要事項としてどのような情報を申し送りするかについて記載する。

　□　共同訓練については、連携協定先の施設・事業所との訓練や、災害時を想定した避難訓練について地域住民、自治会・町内会等と連携して実施することについて、その方法や実施頻度等を記載する。

イ）ガイドライン

＜事前準備＞

連携協定に基づき、被災時に相互に連携し支援し合えるように検討した事項や今後準備すべき事項などを記載する。

　●　相手を支援する観点だけではなく、支援を受ける立場となって、どうすれば円滑に相手から支援を受けられるか、検討、準備を行うことも重要である。

＜入所者・利用者情報の整理＞

避難先施設でも適切なケアを受ける事ができるよう、最低限必要な利用者情報を「利用者カード」などに、あらかじめまとめておく。

● 避難先の施設・事業所に入所者・利用者を預ける場合、必ずしも担当の職員も同行できるとは限らない。入所者・利用者の情報がなければ受け入れ先の施設・事業所でもケアの提供に支障をきたすおそれがある。そのため避難時に備えて入所者・利用者情報を記載したカード等を作成しておき、入所者・利用者とともに預ければ、これらリスクを低減できる。

＜共同訓練＞

連携先と共同で行う訓練概要について記載する。

● 地域の方と共同で防災訓練に取り組むことにより、施設の実情を地域の方にご理解をいただくことにつながるため、一過性で終わることなく継続的に取り組むことが望ましい。

● 津波で浸水することが想定される施設では、地域の方に津波避難所として施設を開放する代わりに、地域の方に利用者を上階へ搬送するよう支援してもらう計画を策定し、日常から地域の方とともに訓練している事例もある。

ウ）主旨・補足説明

施設・事業所の近隣の他の施設・事業所のほか、住民、自治会・町内会、NPO法人、ボランティアグループなど地域との連携体制を構築しておくことは、災害時の緊急避難や安否確認・救助、物資調達など利用者・入所者の命と健康を守り運営の継続を確保するのみならず、自施設等のみでは復旧が困難になるような場合でも、支援協力を得ることにより危機を回避する可能性を高めることができる。

平常時から、地域内の他施設・事業所のみならず、多様な主体（自治会・町内会等）との連携体制を構築しておくことは、災害への対応力を高めることになるため、現時点で連携体制が構築されていない施設事業所においては、積極的に課題解決に取り組むことが望ましい。

エ）施設・事業所ごとの作成例

①介護老人福祉施設の例

> **【事前準備】**
> ○　応援協定を締結している施設間では、模擬訓練などの研修の機会を設け、災害時に相互支援が効果的に実施できるよう努めることとする。
>
> **【入所者・利用者情報の整理】**
> ○　被災時は個人記録の確保・新たな用意が困難となることが予測されるため、入所者・利用者のサマリーやフェイスシートが用意できない場合は、氏名・生年月日・現病・既往歴・投薬内容・ケア上の注意点を書面もしくは口頭で申し送ることとする。
>
> **【共同訓練】**
> ○　災害時の相互支援の観点から、地域の防災訓練への参加、法人・施設・事業所の行事やイベントにおける地域との交流など、日頃から地域との関係性の構築に努めるものとする。

コメント

　模擬訓練を通じ、被災時は個人記録の確保・新たな用意が難しいこともわかってきた。被災により入所者・利用者が協定参加の他施設に移動する場合は、必要最低限の情報を引き継ぎ、後日情報を追加することも可能としている。移動する入所者の継続的なケアが可能となるよう情報を共有し合うことが重要である。

②訪問介護事業所の例

> ○　浸水害が予測される場合又は浸水害等の自然災害が発生した場合の利用者の避難・支援については、利用者に係る居宅介護支援事業所等の居宅系サービス事業所とともに、定期的に、対応について確認を行う機会を設ける。
> ○　災害時における地域の訪問介護事業所との連携体制、応援要請・支援について、発災時に円滑に実施できるよう関係事業所とともに定期的に連携会議等を設け、有事の際の対応を相互に確認しておくものとする。

コメント

　浸水害等の自然災害が発生した場合の利用者の避難・支援について、日頃か

ら当該利用者を担当する居宅介護支援事業所等と協議しておくことにより、有事の際に、その役割分担に応じ本人の安否確認を含め必要な支援をすみやかに行えるように準備しておく。

　また前述のとおり、地域の他の訪問介護事業所と災害時の職員応援等の協定を締結していることから、協定参加事業所との間で有事の際の利用者支援を話し合っておく。

③居宅介護支援事業所の例

【事前準備】

（既に連携に関する協定を締結している場合）

○　○○地域包括支援センターとの間で締結した災害協定に基づいて円滑な支援が受けられるよう、支援要請の発出のタイミング、人数、物資の量について災害時を想定した準備を整えておく。

（連携に関する協定の締結をしていない場合）

○　特定の地域包括支援センター又は地域内の他の居宅介護支援事業所との間で災害時の相互協力に関する協定を締結した場合は、協定に基づいた円滑な支援が受けられるよう、支援要請の発出のタイミング、人数、物資の量について支援先からの協力が得られる範囲を想定し準備する。

【利用者情報の整理】

○　利用者について、被災後に必要な居宅サービス利用が円滑に調整できるように、利用者の要介護状態区分、主治医、利用中の居宅サービス、処方薬、緊急連絡先（担当の介護支援専門員を含む。）等を一覧にまとめるとともに、その副本を当該利用者に交付し、これを避難の際に携帯するよう協力を依頼する。

【訓練】

○　災害時の利用者の避難について、少なくとも年1回は、避難先、避難方法、避難のタイミング、避難支援者の確保等について、利用者及びその家族と確認する機会を持つ。

コメント

　事前準備については、協定締結済の事業所の記載例とともに、未だ協定の締結に至っていない事業所における記載例を併記した。

　利用者情報の整理については、利用者が被災後に自宅に留まる場合のほか避

難所で過ごす場合が想定される。特に、避難所に避難した場合においては、すぐに担当の介護支援専門員が関わることができるとは限らない。本人の医療・介護に関する情報が避難所に係る担当者や医療・介護のスタッフに伝わるよう利用者情報の整理を定めるよう記載した。

5. 地域との連携

　国のガイドラインでは、地域との連携として業務継続計画（BCP）に位置付ける項目は、「被災時の職員の派遣」及び「福祉避難所の運営」を掲げている。

　都道府県が実施する要配慮者に対し避難所で福祉支援を行う災害派遣福祉チーム（DWAT、DCAT等）への派遣に関し記載するとともに、施設・事業所が市区町村から福祉避難所の指定を受けている場合の福祉避難所としての運営方針を記載しておくことにより、自施設・事業所が福祉避難所として開設を求められた場合にすみやかに対象避難者を受け入れ、運営できるよう準備態勢を記載しておくものである。

（1）被災時の職員の派遣（災害福祉支援ネットワークへの参画や災害派遣福祉
　　チームへの職員登録)
ア）記載内容チェックリスト
　　□　都道府県が実施主体となって行う災害派遣福祉チームについて、自施
　　　設・事業所の職員を登録している場合は、その職員名とともに対応につい
　　　て記載する。
　　□　災害派遣福祉チームへの職員登録を行っていない場合は、対応方針を記
　　　載する。
イ）ガイドライン
　　「災害時の福祉支援体制の整備に向けたガイドライン」では、都道府県は、
　一般避難所で災害時要配慮者に対する福祉支援を行う災害派遣福祉チームを組
　成することが求められており、それらが円滑に実施されるよう都道府県、社会
　福祉協議会や社会福祉施設等関係団体などの官民共同による「災害福祉支援
　ネットワーク」を構築するよう示されている。
　　社会福祉施設等は災害派遣福祉チームにチーム員として職員を登録するとと
　もに、事務局への協力、災害時に災害派遣福祉チームのチーム員の派遣を通じ
　た支援活動等を積極的に行うことが期待されている。地域の災害福祉支援ネッ

トワークの協議内容等について確認し、災害派遣福祉チームのチーム員としての登録を検討する。

ウ）**主旨・補足説明**

　高齢者、障がい者、乳幼児等の要配慮者について、一般避難所における体調の悪化や生活機能の低下による状態等の更なる悪化といった二次的被害を生じさせないように、避難所における福祉ニーズに対応するために、都道府県が主体となって災害派遣福祉チームを組織し、災害時に避難所に派遣する仕組みが構築されている。

　避難所においては、その環境上、要介護高齢者、障がい者等の生活支援ニーズが高まることから災害派遣福祉チームへの期待が大きい。都道府県等からのチーム員の推薦要請があった場合には、施設・事業所として積極的に対応することが望まれる。

エ）**施設・事業所ごとの作成例**

※施設・事業所共通の作成例

> 　施設長（管理者）は、都道府県等から一般避難所における福祉ニーズに対応する災害派遣福祉チームへの職員派遣の協力があった場合は、要請にかかる資格を有する者のうちから適任であると認めるものを推薦するものとする。

（2）福祉避難所の運営（福祉避難所の指定を受けている施設・事業所のみ記載する）

ア）**記載内容チェックリスト**

□　国のガイドラインに基づき、この項目に記載する事項として、①福祉避難所の指定、②福祉避難所開設の事前準備について定める。

□　福祉避難所の指定については、施設・事業所の所在する市区町村から福祉避難所の指定を受けている概要を記載する。

□　福祉避難所開設の事前準備については、福祉避難所として開設するために、平常時に準備しておく事項について記載する。

イ）**ガイドライン**

＜福祉避難所の指定＞

　福祉避難所の指定を受けた場合は、自治体との協定書を添付するとともに、受入可能人数、受入場所、受入期間、受入条件など諸条件を整理して記載する。

社会福祉施設の公共性を鑑みれば、可能な限り福祉避難所の指定を受けることが望ましいが、仮に指定を受けない場合でも被災時に外部から近隣住民等の受入れの要望に沿うことができるよう、上記のとおり諸条件を整理しておく。

　＜福祉避難所開設の事前準備＞

　福祉避難所として運営できるように事前に必要な物資の確保や施設整備などを進める。

　受入れにあたっては支援人材の確保が重要であり、自施設の職員だけでなく、専門人材の支援が受けられるよう社会福祉協議会などの関係団体や支援団体等と支援体制について協議し、ボランティアの受入方針等について検討しておく。

ウ）主旨・補足説明

　福祉避難所の指定を受けている事業所では、要介護高齢者・障がい者等の災害時要配慮者を受け入れるために、平常時から準備をしておく必要がある。

　特に、受け入れた要介護高齢者等の支援にあたる人材の確保については、自施設・事業所の職員のみでは不足することが想定されるため、地域との連携を図るなかで、例えば、福祉避難所の指定を受けていない他施設・事業所からの職員の応援について協定を締結しておくことなどを協議しておくことが必要となる。

エ）施設・事業所ごとの作成例

介護老人福祉施設の例

【福祉避難所の指定】

○　当施設は、○○区との間に災害時の福祉避難所に関する協定を締結しており、その概要は次のとおりである。

　①　当施設は、○○区の要請に従い福祉避難所を開設する。

　②　当施設は、災害により居宅での居住が困難となった高齢者、障がい者等の要配慮者について、○○区からの受入要請に基づいて要配慮者の施設での滞在を受け入れる。この場合において、当該要配慮者に介護者が同伴するときは、当該介護者についても受け入れるものとする。

　　　・受入可能人数　　○○人

　　　・受入場所　　１階ロビー○○人・１階機能訓練室○○人、２階会議室　　　　　　○○人

　③　要配慮者の滞在中の生活に必要な物資（ベッド、パーテーション、毛布、衣類、紙おむつ、食料、マスク等衛生用品、その他日常生活用

品等）については、○○区からの提供により対応するほか、不足する
場合には当施設の備品により対応する。

④　要配慮者の支援に必要な人員に不足が生じるときは、○○区に対し
人員の派遣を要請する。

⑤　要配慮者については、感染症対策及び熱中症対策を徹底し、当施設
での滞在を支援する。

⑥　要配慮者の居宅での生活の再開が可能な状態になるなど事態が収束
した場合は、○○区と協議の上、福祉避難所としての運営を終了する。

【福祉避難所の事前準備】

○　福祉避難所の開設にあたり必要な物資は次のとおりとし、要配慮者の
受入れにあたり○○区から提供を受けるが、不足する場合は、当施設の
備品により対応する。

　　寝具一式（ベッドを含む）、衣類、紙おむつ、マスク等衛生用品、車い
す、椅子、テーブル、食料、飲料水、食器、スプーン、フォーク、カ
セットコンロ、ガスボンベ、ウエットティッシュ、ティッシュペー
パー、医薬品など

○　要配慮者の生活を支援する人員については、不足する場合に○○区に
対し人員の派遣を要請するほか、○○区の社会福祉協議会を通じてボラ
ンティアを受け入れるものとする。

○　福祉避難所の開設・運営に関し必要な事項は、○○区（担当：○○課
○○係）と協議し、災害時に要配慮者を円滑に受け入れられるよう努め
るものとする。

コメント

　当施設は、○○区からの要請に応じて災害時に福祉避難所を開設することに
なっている。定期的に福祉避難所開設訓練を行っているものの、物資及び人員
の確保について課題がある。自施設だけでなく、社会福祉協議会や近隣の他施
設とも役割分担しながら必要に応じた開設ができるようにしたいと考えている。

　昨今、地域住民の防災意識が高まっており、「事前に施設内の設備や環境を
見たい」という希望があり、見学の機会を設け対応している。このほか、津波
や浸水被害が起こった場合の一時的な垂直避難場所とさせてほしいという要望
があり、災害状況に応じて受け入れることとしている。

　なお、2021（令和3）年5月、災害対策基本法の改正に伴い、国の福祉避難

所の確保・運営ガイドラインが改定され、要配慮者の意向や地域の実情を踏まえつつ、事前に福祉避難所ごとの受入対象者の調整を行うことにより災害時に要配慮者が指定された福祉避難所に直接避難できることとされたことから、今後、福祉避難所指定施設においては、協定締結市区町村との協議・調整が必要となることに留意する必要がある。

第2章	新型コロナウイルス感染症発生時における業務継続計画（BCP）

第2章では、前章と同様に、国のガイドラインに基づいて、施設・事業所が、新型コロナウイルス感染症発生時における業務継続計画（BCP）を策定する場合の例を示す。

第2章における読み方・使い方も、第1章と同様である。詳細は、Ⅱ各論編の冒頭部「はじめに」を参照いただきたい。

1. 総則

国のガイドラインでは、総則として業務継続計画（BCP）に位置付ける項目は、「目的」、「基本方針」、「主管部門」を掲げている。総則は、業務継続計画（BCP）に様々な対応策を規定していく上で原点となるものである。施設・事業所として新型コロナウイルス感染症の発生時に果たすべき役割とは何かを十分吟味しながら記すことが重要である。

（1）目的

ア）記載内容チェックリスト

　□　新型コロナウイルス感染症が施設・事業所内で発生したときに、施設・事業所として入所者・利用者に対し果たすべき役割を踏まえ業務継続計画（BCP）は何を主要な内容とするものかを記載する。

イ）ガイドライン

業務継続計画（BCP）ひな形に例文の提示あり

＊　目的

本計画は、新型コロナウイルス感染症の感染者（感染疑いを含む）が施設・事業所内で発生した場合においても、サービス提供を継続するために当施設・事業所の実施すべき事項を定めるとともに、平時から円滑に実行できるよう準備すべき事項を定める。

ウ）主旨・補足説明

要介護・要支援認定者の命を守り、生活の継続を確保する役割を果たす施

設・事業所として、感染（疑い）者の発生時であっても、入所者・利用者に対し必要なサービス提供や支援を継続することが求められている。一方で、通所系事業所においては、感染拡大を最小限に抑え込むために一時的に事業休止を判断する場合もありうる。ただし、事業再開後は、感染防止対策の徹底などを丁寧に説明して利用者の不安の解消に努め、利用の再開につなげることが大切となる。

エ）施設・事業所ごとの作成例

①入所系の例

> ○　この業務継続計画（BCP）は、新型コロナウイルス感染症の感染（疑い）者が施設内で発生した場合において、施設サービスの提供を継続するために当施設が取り組む事項を定め、もって、入所者の生活の確保及び職員の安全確保を図ることを目的とする。

②通所系事業所の例

> ○　この業務継続計画（BCP）は、新型コロナウイルス感染症の感染（疑い）者が事業所内で発生した場合において、サービス提供を継続するために当事業所が取り組む事項を定めるとともに、事業休止を含めた感染拡大防止策について定め、もって、利用者の命と生活を守るとともに、職員の安全を確保し事業所の運営継続を図ることを目的とする。

③訪問系事業所の例

> ○　この業務継続計画（BCP）は、新型コロナウイルス感染症の感染（疑い）者が利用者又は職員に発生した場合において、サービス提供を継続するために当事業所が取り組む事項を定め、もって、利用者の命と生活を守るとともに、職員の安全を確保し事業所の運営継続を図ることを目的とする。

（2）基本方針

ア）記載内容チェックリスト

□　施設・事業所として、新型コロナウイルス感染症の感染（疑い）者が発

生した場合の入所者・利用者及び職員並びにサービス提供に関する基本的
考え方を記載する。

□　前項目の「目的」に記載した内容と整合が取れるように記載する。

イ）ガイドライン

業務継続計画（BCP）ひな形に例文の提示あり

*　**基本方針**

本計画に関する基本方針を以下のとおりとする。

①入所者の安全確保　入所者（利用者）は重症化リスクが高く、集団感染が
　　　　　　　　　　発生した場合、深刻な被害が生じるおそれがあること
　　　　　　　　　　に留意して感染拡大防止に努める。

②サービスの継続　　入所者（利用者）の健康・身体・生命を守る機能を維
　　　　　　　　　　持する。

③職員の安全確保　　職員の生命や生活を維持しつつ、感染拡大防止に努め
　　　　　　　　　　る。

ウ）主旨・補足説明

目的に規定した内容を踏まえ、業務継続計画（BCP）の全編に共通する基本
方針を明確にすることにより、統一的な視点・考え方のもと計画策定が進める
ことが可能となる。また、実際に感染（疑い）者が発生したときには、基本方
針のもと職員の意思統一を図り、効果的な感染拡大防止策を講じることを目指
すものとする。

シミュレーション訓練、計画の定期的な見直しの際に、基本方針を軸として
行うことによりブレを最小限にしつつ計画を精緻化することが期待できる。

エ）施設・事業所ごとの作成例

①入所系の例

○　本計画に関する基本方針を次のとおりとする。	
①入所者の命と生活の継続の確保	入所者は重症化リスクが高いため感染（疑い）者が発生した場合は、感染拡大を防止することを最優先に施設職員が一丸となって対応する。
②サービスの継続	入所者の命と生活を守るためのサービスの継続を確保する。
③職員の安全の確保	サービス提供の要である職員に係る感染防止に努め、その健康と生活を維持する。

②通所系事業所の例

○　本計画に関する基本方針を次のとおりとする。

①利用者の命と生活の継続の確保	利用者は重症化リスクが高いため感染（疑い）者が発生した場合は、感染拡大を防止することを最優先に事業所職員が一丸となって対応する。
②利用者のためのサービスのあり方	感染拡大を防止するために、必要に応じ、業務の一時休止による対応のほか、訪問や電話・インターネットを活用した安否確認、機能訓練の提供など利用者本位の支援やサービスについて柔軟に対応する。
③職員の安全の確保	サービス提供の要である職員に係る感染防止に努め、その健康と生活を維持する。

③訪問系事業所の例

○　本計画に関する基本方針を次のとおりとする。

①利用者の命と生活の継続の確保	利用者は重症化リスクが高いため感染（疑い）者が発生した場合は、感染拡大を防止することを最優先に事業所職員が一丸となって対応する。
②利用者のためのサービスのあり方	利用者の命と生活の確保のためサービスの継続を原則とする。通常どおりのサービス提供が困難となる場合や当事業所のみでは対応が困難となる場合は、利用者の状態等に基づく優先業務の提供及び地域との連携に基づくサービスの継続に取り組む。
③職員の安全の確保	サービス提供の要である職員に係る感染防止に努め、その健康と生活を維持する。

（3）主管部門

ア）記載内容チェックリスト

　　□　施設長（管理者）とサービス提供部門の間に立ち感染症対応の機能を発揮できる施設・事業所内の組織を主管部門として選定し、記載する。

イ）ガイドライン

　　業務継続計画（BCP）ひな形に例文の提示あり。

　＊　主管部門

　　本計画の主管部門は、○○とする。

ウ）主旨・補足説明

　　施設・事業所内において、新型コロナウイルス感染症発生時における業務継続計画（BCP）の作成・運用にかかる中心的役割を果たす部門を決めておくことは、平時の計画管理とともに、感染防止及び感染（疑い）者発生時の対応において統括責任者の指揮のもと機能的な計画の運用を図る上で必要となる。

計画の作成・運用の管理を担う部門は、事務部門の課・係・班が適していると考えられるほか、新たに担当する部門を立ち上げることも有効である。

エ）施設・事業所ごとの作成例

（入所系・通所系事業所・訪問系事業所共通の例）

> ○　本計画の主管部門は、当施設（事業所）の○○（例：運営管理部総務課）とする。

2.　平時からの備え

国のガイドラインでは、平時からの備えとして業務継続計画（BCP）に位置付ける項目は、対応主体並びに対応事項として「体制構築・整備」、「感染防止に向けた取組みの実施」、「防護具、消毒液等備蓄品の確保」、「研修・訓練の実施」及び「BCPの検証・見直し」を掲げている。

新型コロナウイルス感染症の感染（疑い）者の発生時に業務継続計画（BCP）が有効に稼働するためには平時から緊急時を見据えた体制の構築やシミュレーション訓練、訓練結果を通じた計画の検証と見直しを繰り返していくことが重要となる。

平時からの備えが有事の際の対応の結果を左右するといえるほど重要な計画部分となることを念頭に置くべきである。

（1）対応主体

ア）記載内容チェックリスト

□　新型コロナウイルス感染症への対応を業務継続計画（BCP）に基づいて取り組む上で、統括管理する者を記載する。

イ）ガイドライン

業務継続計画（BCP）ひな形に例文の提示あり。

* 　対応主体

○○の統括のもと、関係部門が一丸となって対応する。

ウ）主旨・補足説明

業務継続計画（BCP）に基づく対応を統括する者を定めるものであるが、施設においては施設長の職にある者が、また通所系・訪問系の事業所においては管理者が望ましいと考えられる。統括責任者に情報を集約するとともに、統括

責任者の指示に基づいて各職員が役割分担に則って協力して業務継続計画（BCP）を実行に移す体制を構築する。

エ）施設・事業所ごとの作成例

（入所系・通所系事業所・訪問系事業所共通の例）

> ○　施設長（管理者）の統括のもと、関係部門が連携を密にして対応するものとする。

（2）対応事項

（2-1）体制構築・整備

ア）記載内容チェックリスト

□　新型コロナウイルス感染症に対応する組織体制について、一覧表を作成し記載する。

□　役職委員については、代行者を置くほか、各部門から選出する構成員については、主担当・副担当制として記載することを検討する。

□　新型コロナウイルス感染（疑い）者発生時の報告・情報共有先については、文章で表記する以外に、図式化して示す方法を検討する。

□　施設・事業所外連絡リストについては、一覧表を作成し記載する。

イ）ガイドライン

●　全体の意思決定者、各業務の担当者（誰が何をするか）を決めておき、関係者の連絡先、連絡フローの整理を行う。

ウ）主旨・補足説明

新型コロナウイルス感染症に関し、平時の対応とともに、感染（疑い）者発生時の対応、感染拡大防止策等について施設・事業所が組織的に対応する必要がある。よって、施設等内の各部門から選出する職員により構成する内部の組織体（対策推進本部、対策本部といった名称がふさわしい。）を設け、それぞれの役割を明確にする。

組織体は、既存の内部組織（例：介護老人福祉施設の場合における指定介護老人福祉施設の人員、設備及び運営に関する基準（平成11年厚生省令第39号）第27条第2項第1号に規定する感染・食中毒対策検討委員会など）を参考に構成員等を検討し、全職員が連携を密にして対応できるようサービス部門、事務部門など各部門から委員を選出することが望ましい。

また、感染（疑い）者発生時の報告・情報共有先及び施設外連絡リストの作

成については、委託事業者、搬入業者、機器等の保守管理会社等といった関係
先を洗い出し、一覧表を作成し掲載しておくこと。

エ）施設・事業所ごとの作成例

①入所系の例

【対策本部の設置】

○　新型コロナウイルス感染症への対応のため特別養護老人ホーム○○苑感
染症対策本部を設置する。その構成員及び役割は次の表のとおりとする。

職名	部署・役職	氏名	役割
対策本部長	施設長	○○　太郎	・対策本部の統括 ・緊急対応に関する意思決定
対策副本部長	事務長	○○　富士夫	・本部長の補佐 ・本部長不在時はその役割を代理する。
事務局長	総務部総務課長	○○　A子	・対策本部の運営に関する実務を統括する。 ・本部長の指示を各部署へ伝達 ・各部署からの情報の集約と本部長への報告
事務局次長	総務部経理課長	○○　A男	・事務局長の補佐 ・事務局長不在時はその役割を代理する。
リーダー	総務部総務係長	○○　B男	・対策本部の事務局事務を担当 ・各部門の構成委員の取りまとめ
委員	事務担当部門	○○　B子 ○○　C子	主担当は○○B子、副担当は○○C子
委員	介護部門	○○　C男 ○○　D子	主担当は○○C男、副担当は○○D子
委員	看護部門・リハビリテーション部門	○○　E子 ○○　F子	主担当は○○E子、副担当は○○F子
委員	調理部門	○○　G子 ○○　H子	主担当は○○G子、副担当は○○H子
委員	相談員支援部門	○○　I子 ○○　D男	主担当は○○I子、副担当は○○D男

【感染（疑い）者発生時の報告・情報共有先】※文章による記載例

○　新型コロナウイルスの感染（疑い）者が発生したときの報告の流れ・
情報共有先は次のとおりとする。

①　対策本部長（施設長）は、職員から新型コロナウイルス感染（疑い）
者の発生の報告を受けたときは、事務局長（総務部総務課長）を通じ、
当面の対応について職員に指示を行う。

②　対策本部長は、職員を通じ、協力病院等の地域の医療機関又は新型
コロナウイルスに関する受診相談センターに、感染（疑い）者に関す
る報告・相談等を行い、指示・助言を受け、必要な対応を行う。

③ 対策本部長は、職員を通じ、管轄の保健所に対し、感染（疑い）者に関する報告・相談等を行い、指示・助言を受け、必要な対応を行う。

④ 対策本部長は、職員を通じ、指定権者（都道府県知事等）及び施設が所在する市区町村の介護保険担当課に対し、感染（疑い）者に関する報告・相談を行い、指示・助言を受け、必要な対応を行う。

⑤ 対策本部長は、施設内の情報共有・注意喚起に努め、法人本部に対し、感染状況の報告を行い、指示・助言を受け、必要な対応を行う。また、必要に応じて応援職員の派遣や防護具、消毒液等の補充の支援要請を行う。

⑥ 対策本部長は、職員を通じ、感染（疑い）者の家族に本人の状態、受診・検査の実施の状況等を報告する。

⑦ 対策本部長は、職員を通じ、感染（疑い）者以外の入所者及びその家族に連絡し施設内の感染状況、対応状況等について説明する。

⑧ 対策本部長は、職員を通じ、関係業者（清掃、リネン、ごみ収集、厨房業務等）に情報を共有し、必要な対応を依頼する。

⑨ 対策本部長は、職員を通じ、協力医療機関や入所者の疾病を管理する医療機関に情報を共有し、必要な対応を依頼する。

＊①～⑨を順番に行うのではなく、状況に応じ、優先度を判断して迅速に対応する。

【施設外連絡リスト】

○ 新型コロナウイルス感染（疑い）者発生時の施設外連絡リストは次のとおりとする。

機関種別	名称	担当者	部署	電話番号	メールアドレス	住所	備考
保健所	○○保健所	課長 ○○A男	総務課	○○-○○○-○○○○	○○@○○.jp	○○市○○町○○番地	
指定権者	○○県庁	班長 ○○B男	法人指導・監督班	○○-○○○-○○○○	○○@○○.jp	○○市○○町○○番地	
施設所在地保険者	○○市	課長 ○○A子	介護保険課	○○-○○○-○○○○	○○@○○.jp	○○市○○町○○番地	
協力医療機関	○○病院	事務長 ○○B子	医事課	○○-○○○-○○○○	○○@○○.jp	○○市○○町○○番地	
食材搬入	○○フードサービス	担当 ○○C太	関東支店渉外係	○○-○○○-○○○○	○○@○○.jp	○○市○○町○○番地	
・・・	・・・	・・・	・・・	・・・	・・・	・・・	
・・・	・・・	・・・	・・・	・・・	・・・	・・・	

②通所系事業所の例

【対策本部の設置】

○　新型コロナウイルス感染症への対応のため○○デイサービスセンター感染症対策本部を設置する。その構成員及び役割は次の表のとおりとする。

職名	部署・役職	氏名	役割
対策本部長	管理者	○○　太郎	・対策本部の統括 ・緊急対応に関する意思決定及び各職員に対応を指示
対策副本部長	デイサービス・リーダー	○○　富士夫	・本部長の補佐 ・対策本部の事務局事務を担当 ・各部門・職員からの情報の集約と本部長への報告 ・本部長不在時はその役割を代理する。
委員	デイサービス・介護部門	○○　A子 ○○　A男	・主担当は○○A子、副担当は○○A男 ・○○A子は、副本部長不在時にその役割を代理する。
委員	看護・リハビリテーション部門	○○　B子 ○○　B男	・主担当は○○B子、副担当は○○B男
委員	事務担当部門	○○　C子 ○○　D子	・主担当は○○C子、副担当は○○D子
委員	運転手	○○　C男 ○○　D男	・主担当は○○C男、副担当は○○D男
委員	生活相談部門	○○　J子 ○○　E男	・主担当は○○J子、副担当は○○E男

【感染（疑い）者発生時の報告・情報共有先】※図式による記載例

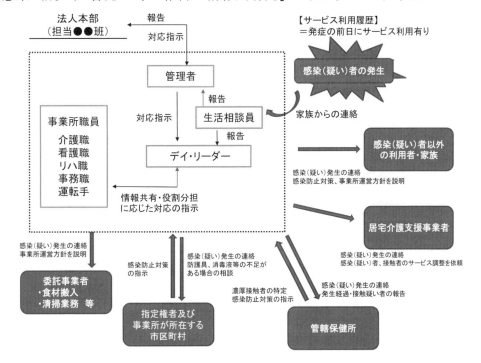

【事業所外連絡リスト】

○ 新型コロナウイルス感染（疑い）者発生時の事業所外連絡リストは次のとおりとする。

機関種別	名称	担当者	部署	電話番号	メールアドレス	住所	備考
保健所	○○保健所	課長 ○○A男	総務課	○○-○○○-○○○○	○○@○○.jp	○○市○○町○○番地	
指定権者	○○県庁	班長 ○○B男	法人指導・監督班	○○-○○○-○○○○	○○@○○.jp	○○市○○町○○番地	
事業所在地保険者	○○市	課長 ○○A子	介護保険課	○○-○○○-○○○○	○○@○○.jp	○○市○○町○○番地	
清掃委託業者	○○サービス	社長 ○○C男	―	○○-○○○-○○○○	○○@○○.jp	○○市○○町○○番地	
居宅介護支援事業所	○○ケアプラン	ケアマネ ○○B子	―	○○-○○○-○○○○	○○@○○.jp	○○市○○町○○番地	利用者Aの担当
居宅介護支援事業所	○○ケアプラン	ケアマネ ○○C子	―	○○-○○○-○○○○	○○@○○.jp	○○市○○町○○番地	利用者Bの担当
・・・	・・・	・・・	・・・	・・・	・・・	・・・	
・・・	・・・	・・・	・・・	・・・	・・・	・・・	

③訪問系事業所の例

【対策本部の設置】

○ 新型コロナウイルス感染症への対応のため○○訪問介護事業所感染症対策本部を設置する。その構成員及び役割は次の表のとおりとする。

職名	部署・役職	氏名	役割
対策本部長	管理者	○○ 太郎	・対策本部の統括 ・緊急対応に関する意思決定及び各職員に対応を指示
対策副本部長	サービス提供責任者	○○ 花子	・本部長の補佐 ・対策本部の事務局事務を担当 ・各部門・職員からの情報の集約と本部長への報告 ・本部長不在時はその役割を代理する。
委員	訪問介護部門	○○ A子 ○○ A男	・主担当は○○A子、副担当は○○A男 ・○○A子は、副本部長不在時にその役割を代理する。
委員	事務担当部門	○○ B子 ○○ C子	・主担当は○○B子、副担当は○○C子

【感染（疑い）者発生時の報告・情報共有先】※文書による記載例

○　新型コロナウイルスの感染（疑い）者が発生したときの報告の流れ・情報共有先は次のとおりとする。

① 　対策本部長（管理者）は、利用者について新型コロナウイルス感染（疑い）の発生の報告を受けたときは、感染（疑い）者の身体状態、受診・検査の有無、検査結果（検査済みの場合）、発症日（無症状者の場合は検査日）から２日前までの間において当事業所職員との接触歴の有無について把握するとともに、全職員に対し、当面の対応について指示を行う。

② 　対策本部長は、感染疑い者が未受診である場合は、職員を通じ、居宅介護支援事業所と連携し、かかりつけ医若しくは地域の医療機関又は新型コロナウイルスに関する受診相談センターに、感染疑い者に関する報告・相談等を行い、指示・助言を受け、必要な対応を行う。感染疑い者本人に同居家族がいる場合は、医療機関等への相談等を支援する。

③ 　対策本部長は、感染（疑い）者との間に発症日（無症状者の場合は検査日）から２日前までに職員の接触があった場合は、管轄保健所に報告・相談等を行い、指示・助言を受け、必要な対応を行う。

④ 　対策本部長は、職員を通じ、指定権者（都道府県知事等）及び事業所の所在する市区町村の介護保険担当課に対し、感染（疑い）者、職員の接触者の有無等に関する報告・相談を行い、指示・助言を受け、必要な対応を行う。

⑤ 　対策本部長は、職員間の情報共有・注意喚起に努め、法人本部に対し、感染状況報告を行い、指示・助言を受け、必要な対応を行う。また、必要に応じて応援職員の派遣や防護具、消毒液等の補充の支援要請を行う。

⑥ 　対策本部長は、職員を通じ、感染（疑い）者に係る居宅介護支援事業所に状況を報告する。

⑦ 　対策本部長は、職員を通じ、関係業者（清掃、ごみ収集業務等）に情報を共有し、必要な対応を依頼する。

＊①～⑦を順番に行うのではなく、状況に応じ、優先度を判断して迅速に対応する。

【事業所外連絡リスト】

○　新型コロナウイルス感染（疑い）者発生時の事業所外連絡リストは次のとおりとする。

機関種別	名称	担当者	部署	電話番号	メールアドレス	住所	備考
保健所	○○保健所	課長 ○○A男	総務課	○○-○○○-○○○○	○○@○○.jp	○○市○○町○○番地	
指定権者	○○県庁	班長 ○○B男	法人指導・監督班	○○-○○○-○○○○	○○@○○.jp	○○市○○町○○番地	
事業所在地保険者	○○市	課長 ○○A子	介護保険課	○○-○○○-○○○○	○○@○○.jp	○○市○○町○○番地	
清掃委託業者	○○サービス	社長 ○○C男	―	○○-○○○-○○○○	○○@○○.jp	○○市○○町○○番地	
居宅介護支援事業所	○○ケアプラン	ケアマネ ○○B子	―	○○-○○○-○○○○	○○@○○.jp	○○市○○町○○番地	利用者Aの担当
居宅介護支援事業所	○○ケアプラン	ケアマネ ○○C子	―	○○-○○○-○○○○	○○@○○.jp	○○市○○町○○番地	利用者Bの担当
・・・	・・・	・・・	・・・	・・・		・・・	
・・・	・・・	・・・	・・・	・・・		・・・	

（2-2）感染防止に向けた取組みの実施

ア）**記載内容チェックリスト**

　　□　国のガイドラインに基づき、この項目に記載する事項として、①新型コロナウイルス感染症に関する最新情報（感染状況、国や自治体等の動向等）の収集、②基本的な感染症対策の徹底、③職員・入所者の体調管理、④施設・事業所に出入りする者の記録管理、⑤職員の緊急連絡先の作成・更新について定める。

　　□　新型コロナウイルス感染症に関する最新情報の収集については、収集先として考えられる対象（インターネット上を含む。）は何かを想定し記載する。誰が情報を収集し、整理・分析するかを明確にする。

　　□　基本的な感染症対策の徹底については、どのような対策を、どのように行うか具体的に記載する。

　　□　入所者・利用者及び職員の体調管理については、チェックリストにより毎日の体調を記録し管理できるようにすることを記載する。またチェックリストを確認する者を決めておく。

　　□　施設・事業所に出入りする者の記録管理については、来所者一覧表などで来所者の状態を記録・管理できるようにすることを記載する。また一覧

表を確認する者を決めておく。

□　職員の緊急連絡先の作成・更新については、緊急連絡先一覧表などで管理できるよう作成する。また、施設等の組織体制が変わった場合や施設等内の人事異動、職員の入職・退職により掲載内容に変更を生じた場合など職員の連絡先電話番号等が変更となった場合等は、遅滞なく、内容を更新できるようルール化しておく。

イ）ガイドライン

●　新型コロナウイルス感染症に関する最新情報（感染状況、政府や自治体の動向等）の収集、手指消毒・換気等の基本的な感染症対策の徹底、職員・入所者（利用者）の体調管理、施設・事業所内出入り者の記録管理、人事異動・連絡先変更の反映を行う。

ウ）主旨・補足説明

施設・事業所における感染の発生防止のためには、平時から感染防止に向けた取組みを徹底することが重要となる。具体的には、新型コロナウイルス感染症に関する最新の情報を常に収集・分析するとともに、換気、職員のマスク着用、手指消毒の徹底など基本的な感染症対策の実施、委託事業者、搬入業者など施設・事業所内に出入りする者（施設において入所者への面会が実施される場合は面会者を含む。）の記録管理を行う。

エ）施設・事業所ごとの作成例

①入所系の例

【新型コロナウイルス感染症に関する最新情報の収集】

○　国（内閣官房、厚生労働省等）のホームページで感染動向や対応策を把握する。

　　○○市（施設所在地市区町村）の公表する感染者情報、感染対策について把握する。また、指定権者（都道府県等）から発出される新型コロナウイルス感染症に関する通知を確認する。これらを通じ把握した情報を整理し、施設の職員に共有するほか、必要に応じ、研修を行い対応力の向上を図る。

【基本的な感染症対策の徹底】

○　当施設では、次の感染防止対策を講じることとする。

（1）入所者に接する職員は、次の感染防止対策を徹底すること。

　i　毎日の体調管理（検温、体調不良の申告等）の徹底

　　ⅱ　マスクの装着（基本的に不織布マスク。ただし、発熱等感染疑いが
　　　ある入所者に対応する際はN95マスクを使用）

　　ⅲ　こまめに石けんでの手洗いの実施、消毒液による手指消毒の徹底（施
　　　設の出入り、居室の入退出の際は必ず行うこと。）

　　ⅳ　フェイスシールド、ゴム手袋の装着（オムツ交換など必要な場面に
　　　応じて装着）

　　ⅴ　換気の実施（定期的に窓を開けて空気の入れ替えを行う。30分〜60
　　　分に１回以上）

（２）相談室等の対面での会話の機会がある場所では、換気の徹底とともに、
　　　双方の間にアクリル板や、透明ビニールカーテンなどを設け飛沫感染防
　　　止策を講じる。

（３）職員同士の昼食等の際には、会話しながらの飲食はしない。飲食時以
　　　外はマスクを着用すること。

（４）職員更衣室及び換気のできない部屋での会話は慎むとともに、マスク
　　　を常時着用すること。

（５）入所者同士の距離について最低１mの対人距離を保つようにすること。

【職員・入所者の体調管理】

○　以下の様式により、職員及び入所者の体調管理を行う。

特別養護老人ホーム○○苑ユニット○○　入所者　体温・体調チェックリスト

（ユニット入所者数○○人）

チェック項目　　　　月日	（記入例）10月1日	月　日	月　日	月　日
1 体温	○			
2 鼻水	○			
3 せき	1人			
4 くしゃみ	○			
5 全身倦怠感	○			
6 下痢	1人			
7 嘔吐	○			
8 咽頭痛	○			
9 関節痛	○			
10 味覚・嗅覚障害	○			
11 その他	特になし			
問題のある項目（該当者氏名）	3せき（○山○子）6下痢（○川○男）			
確認者サイン	□田□郎			

【施設に出入りする者の記録管理】

○　以下の様式により、施設に出入りする者の管理を行う。

特別養護老人ホーム○○苑　施設内出入り者　体温チェックリスト

月日	立入時間	退出時間	事業者等名	氏名	連絡先	訪問先	検温結果	確認者サイン
＊記載例 10月1日	13：00	13：30	○○フーズ	○○	090……	食材貯蔵室	36.5度	□田□郎

【職員緊急連絡先リストの作成・更新】

○　以下の様式により、職員の緊急連絡先の管理を行う。

特別養護老人ホーム○○苑　職員緊急連絡先リスト

氏名	部署	役職	電話番号 （自宅）	携帯電話		備考
				電話番号	メールアドレス	
＊記載例 ○山　○子	ユニット ○○	ユニット リーダー	03……	090……	…@‥jp	

②通所系事業所の例

【新型コロナウイルス感染症に関する最新情報の収集】

○　国（内閣官房、厚生労働省等）のホームページで感染動向や対応策を把握する。

　　○○市（事業所在地市区町村）の公表する感染者情報、感染対策について把握する。また、指定権者（都道府県等）から発出される新型コロナウイルス感染症に関する通知を確認する。これらを通じ把握した情報を整理し、事業所内の職員に共有するほか、必要に応じ、研修を行い対応力の向上を図る。

【基本的な感染症対策の徹底】

○　当事業所では、次の感染防止対策を講じることとする。

（1）事業所内及びサービス提供の際には、職員は、次の感染防止対策を徹底すること。

　ⅰ　毎日の体調管理（検温実施、体調不良の申告等）の徹底

  ⅱ マスクの装着（基本的に不織布マスク）

  ⅲ こまめに石けんでの手洗いの実施、消毒液による手指消毒の徹底（事業所の出入り、デイルームの出入り等の際は必ず行うこと。）

  ⅳ 排せつ介助、洗身介助など必要に応じフェイスシールド、ゴム手袋の装着

  ⅴ 換気の実施（定期的に窓を開けて空気の入れ替えを行う。30分〜60分に1回以上）

（2）相談室等の対面での会話の機会がある場所では、換気の徹底とともに、双方の間にアクリル板や、透明ビニールカーテンなどを設け、飛沫感染防止策を講じる。

（3）職員同士の昼食等の際には、会話しながらの飲食はしない。飲食時以外はマスクを着用すること。

（4）職員更衣室及び換気のできない部屋での会話は慎むとともに、マスクを常時着用すること。

（5）利用者同士の距離について最低1mの対人距離を保つように工夫してレクリエーションや機能訓練を行うこと。

【職員・利用者の体調管理】

○ 以下の様式により、職員及び利用者の体調管理を行う。

デイサービスセンター○○○○ 利用者・職員 体温・体調チェックリスト

チェック項目 ＼ 月日	（記入例）10月1日	月　日	月　日	月　日
1　体温	○			
2　鼻水	○			
3　せき	○			
4　くしゃみ	○			
5　全身倦怠感	○			
6　下痢	○			
7　嘔吐	○			
8　咽頭痛	○			
9　関節痛	○			
10　味覚・嗅覚障害	○			
11　その他	特になし			
問題のある項目（該当者氏名）				
確認者サイン	□山□太			

【事業所に出入りする者の記録管理】

○　以下の様式により、事業所内出入り者の管理を行う。

デイサービスセンター○○○○　事業所内出入り者　体温チェックリスト

月日	立入時間	退出時間	事業者等名	氏名	連絡先	訪問先	検温結果	確認者サイン
＊記載例 10月1日	11：30	11：40	○○配食サービス	○○	090……	スタッフ控室	36.5度	□山□太

【職員緊急連絡先リストの作成・更新】

○　以下の様式により、職員の緊急連絡先の管理を行う。

デイサービスセンター○○○○　職員緊急連絡先リスト

氏名	部署	役職	電話番号（自宅）	携帯電話		備考
				電話番号	メールアドレス	
＊記載例 ○川　○郎	デイサービス	リーダー	03……	090……	…@‥jp	

③訪問系事業所の例

【新型コロナウイルス感染症に関する最新情報の収集】

○　国（内閣官房、厚生労働省等）のホームページで感染動向や対応策を把握する。

　　○○市（事業所在地市区町村）の公表する感染者情報、感染対策について把握する。また、指定権者（都道府県等）から発出される新型コロナウイルス感染症に関する通知を確認する。これらを通じ把握した情報を整理し、事業所内の職員に共有するほか、必要に応じ、研修を行い対応力の向上を図る。

【基本的な感染症対策の徹底】

○　当事業所では、次の感染防止対策を講じることとする。

（１）事業所内及びサービス提供の際には、職員は、次の感染防止対策を徹底すること。

　　ｉ　毎日の体調管理（検温実施、体調不良の申告等）の徹底

　　ii　マスクの装着（基本的に不織布マスク）

　　iii　こまめに石けんでの手洗いの実施、消毒液による手指消毒の徹底（事
　　　　業所の出入り、利用者宅の出入り等の際は必ず行うこと。）

　　iv　排せつ介助、洗身介助など必要に応じフェイスシールド、ゴム手袋
　　　　の装着

　　v　可能であれば、利用者にもサービス提供中のマスク着用をお願いす
　　　　る。

　　vi　換気の実施（定期的（30〜60分に1回以上）に窓を開けて空気の入
　　　　れ替えを行う。可能であれば、居室の窓を常時5cm程度開け、利用者
　　　　の居室内の空気が流れるように配慮する。）

（2）事業所内もアクリル板や、透明ビニールカーテンなどを設け、飛沫感
　　　染防止策を講じる。

（3）職員同士の昼食等の際には、会話しながらの飲食はしない。飲食時以
　　　外はマスクを着用すること。

（4）職員更衣室及び換気のできない部屋での会話は慎むとともに、マスク
　　　を常時着用すること。

【職員・利用者の体調管理】

○　以下の様式により、職員及び利用者の体調管理を行う。

○○訪問介護事業所　利用者・職員　体温・体調チェックリスト

チェック項目　＼　月日	（記入例）10月1日	月　日	月　日	月　日
1 体温	○			
2 鼻水	○			
3 せき	○			
4 くしゃみ	○			
5 全身倦怠感	○			
6 下痢	○			
7 嘔吐	○			
8 咽頭痛	○			
9 関節痛	○			
10 味覚・嗅覚障害	○			
11 その他	特になし			
問題のある項目（該当者氏名）				
確認者サイン	□山□太			

【事業所に出入りする者の記録管理】

○　以下の様式により、事業所に出入りする者の管理を行う。

○○訪問介護事業所　事業所内出入り者　体温チェックリスト

月　日	立入時間	退出時間	事業者等名	氏名	連絡先	訪問先	検温結果	確認者サイン
＊記載例 10月1日	9：00	17：00	○○清掃サービス	○○	090……	事業所内	36.5度	□山□太

【職員緊急連絡先リストの作成・更新】

○　以下の様式により、職員の緊急連絡先の管理を行う。

○○訪問介護事業所　職員緊急連絡先リスト

| 氏名 | 部署 | 役職 | 電話番号（自宅） | 携帯電話 | | 備考 |
				電話番号	メールアドレス	
＊記載例 ○川　○郎	訪問介護	介護員	03……	090……	…@‥jp	

（2-3）防護具、消毒液等備蓄品の確保

ア）記載内容チェックリスト

　　□　項目の記載にあたり、感染防護具の備蓄状況を再点検すること。

　　□　管理担当職員を決めるとともに、備蓄品台帳として計画に記載する（別添としてもよい）。

　　□　発注のタイミングが遅れないように、感染防護具の使用量については、常に使用実績を記録するとともに今後の使用量を推計し発注時期を想定しておく。

　　□　平時から備蓄品の調達先と連絡を密にすることにより流通状況などの情報を把握しておく。

イ）ガイドライン

　　●　個人防護具、消毒液等の在庫量・保管場所の確認を行う。感染が疑われる者への対応等により使用量が増加した場合に備え、普段から数日分は備蓄しておくことが望ましい。

ウ）主旨・補足説明

　マスクやフェイスシールド、手袋、消毒液といった平時においても使用するもののほか、感染発生時を中心に使用するヘアキャップ、アイソレーションガウン、高密度ポリエチレン繊維不織布性防護服といった様々な感染防護具については、日頃から保管量を正確に把握・管理し、特定の場所で保管する。

　これらの感染防護具は、日々の使用に伴う在庫量の減り具合に基づいて、適時、卸業者等に発注し不足を生じさせないようにしなければならない。

　効率よく管理するためには、担当職員を決めて備蓄品台帳により管理するとともに、発注から調達までに要する日数を想定し発注を行う必要がある。また、卸業者等の調達先との連絡を密にして日頃から流通状況を把握しておくことも大切となる。また、調達先を複数確保しておくことも検討する。

エ）施設・事業所ごとの作成例

　（入所系・通所系事業所・訪問系事業所共通の例）

○　本施設（事業所）の感染防護具の管理担当者は、○○Ａ男とし、副担当者を○○Ｂ子とする。

○　感染防護具の管理担当者は、備蓄品リストにより在庫量を把握し、施設（事業所）での使用状況に基づいて、在庫不足が生じないように適時物品を発注する。

＊○○○施設（事業所）　備蓄品台帳

No.	品目	備蓄必要量		保管場所	在庫残量（確認日）	過不足	調達状況	発注先	処理担当者
		目安	数量						
例	マスク（不織布）	介護従事者の半月分使用量	1,500枚	○階 A倉庫	1200枚 5月10日	▲300枚	5月10日 100枚入り10箱発注済	○○衛生	○○Ａ男
1	マスク（不織布）								
2	マスク（N95）								
3	ゴム手袋								
4	フェイスシールド								

5	アイソレーションガウン								
6	消毒用アルコール								
7	・・・								

備考）調達先の連絡先・担当者名は、施設外連絡リストを参照すること。

（2-4）研修・訓練の実施

ア）記載内容チェックリスト

□　国のガイドラインに基づき、この項目に記載する事項として、①業務継続計画（BCP）を関係者で共有、②業務継続計画（BCP）の内容に関する研修、③業務継続計画（BCP）の内容に沿った訓練（シミュレーション）、について定める。

□　業務継続計画（BCP）の策定後は、計画の内容を全職員に理解・浸透を図ることが重要であることを記載する。

□　職員を対象とした業務継続計画（BCP）に係る研修の機会を設けることを記載する。指定権者又は施設・事業所の所在する市区町村が業務継続計画（BCP）に係る研修を実施する場合は、積極的な参加を検討すること。

□　業務継続計画（BCP）に基づくシミュレーション訓練を定期的に実施すること。訓練を通じて得られた課題点に基づいて計画の見直しを行っていくことを記載する。

イ）ガイドライン

●　作成したBCPを関係者と共有し、平時からBCPの内容に関する研修、BCPの内容に沿った訓練（シミュレーション）を行う。

ウ）主旨・補足説明

業務継続計画（BCP）では、施設・事業所において、平時からの備えを規定するとともに、新型コロナウイルス感染症の感染（疑い）者が発生した場合の初動対応、感染拡大防止策を定める。業務継続計画（BCP）は、計画策定後により実効性のある計画とするための取組みが重要となる。

業務継続計画（BCP）に基づく各種対応を効果的なものとするためには、計

画の内容を施設・事業所の全職員が理解するとともに、計画に位置付けた諸対応に職員が我が事として主体的に取り組むことが求められる。そのための研修を定期的に実施する必要がある。

　また、業務継続計画（BCP）に基づいて、定期的に新型コロナウイルス感染（疑い）者の発生を想定した訓練を行うことが必要となる。訓練の結果で得られた課題は、検討結果に基づいて必要に応じ、業務継続計画（BCP）に反映し見直しを行っていく。

エ）施設・事業所ごとの作成例

①入所系の例

【業務継続計画（BCP）を関係者で共有】

○　業務継続計画（BCP）を実効性のあるものとするため、当施設の職員は、計画の内容を理解し、計画に沿って主体的に取り組まなければならない。

【業務継続計画（BCP）の内容に関する研修】

○　対策本部長（施設長）は、職員を対象として、業務継続計画（BCP）に関する研修の機会を設けるものとする。研修の種類等は以下のとおりとする。

名称	回数等	対象	内容等
定期研修	年1回	全職員（各ユニット、その他の職種部門ごとに実施）	課長・主任等の職にある者が講師となる。業務継続計画（BCP）に基づく対応状況、役割分担等を理解・確認する。
フォローアップ研修	年1回	課長・主任級の職員及び希望者	外部講師を招き、新型コロナウイルス感染症など感染症対策の最新情報とともに、効果的な業務継続計画（BCP）の運用のための知識を得る。

【業務継続計画（BCP）の内容に沿った訓練（シミュレーション）】

○　対策本部長（施設長）は、業務継続計画（BCP）の実効性を高めるため、定期的（最低年1回）に訓練を実施する。

　訓練は、新型コロナウイルス感染症の感染（疑い）者が施設内で発生したことを想定し、本計画の「初動対応」及び「感染拡大防止体制の確立」に位置付けた各対応に係る役割分担、手順、取組み等の確認を行う仮想訓練とする。

○　訓練で得た課題点については、関係者で解決方法を協議する。協議した結果に基づいて、必要に応じ業務継続計画（BCP）に反映し、内容の見直しを行うものとする。

②通所系事業所の例

【業務継続計画（BCP）を関係者で共有】

〇 業務継続計画（BCP）を実効性のあるものとするため、当事業所の職員は、計画の内容を理解し、計画に沿って主体的に取り組まなければならない。

【業務継続計画（BCP）の内容に関する研修】

〇 対策本部長（管理者）は、職員を対象として、業務継続計画（BCP）に関する研修の機会を設けるものとする。研修の種類等は以下のとおりとする。

名称	回数等	対象	内容等
定期研修	年1回	全職員	管理者又はデイサービス・リーダーが講師となる。業務継続計画（BCP）に基づく対応状況、役割分担等を理解・確認する。
フォローアップ研修	年1回	全職員	外部講師を招き、新型コロナウイルス感染症など感染症対策の最新情報とともに、効果的な業務継続計画（BCP）の運用のための知識を得る。

【業務継続計画（BCP）の内容に沿った訓練（シミュレーション）】

〇 対策本部長（管理者）は、業務継続計画（BCP）の実効性を高めるため、定期的（最低年1回）に、訓練を実施する。

　訓練は、新型コロナウイルス感染症の感染（疑い）者が事業所内で発生したことを想定し、本計画の「初動対応」及び「感染拡大防止体制の確立」に位置付けた各対応に係る役割分担、手順、取組み等の確認を行う仮想訓練とする。

　なお、訓練は、利用者が感染した場合と職員が感染した場合のそれぞれを想定して実施する。

〇 訓練で得た課題点については、関係者で解決方法を協議する。協議した結果に基づいて、必要に応じ業務継続計画（BCP）に反映し、内容を見直すものとする。

---

③訪問系事業所の例

【業務継続計画（BCP）を関係者で共有】

○ 業務継続計画（BCP）を実効性のあるものとするため、当事業所の職員は、計画の内容を理解し、計画に沿って主体的に取り組まなければならない。

【業務継続計画（BCP）の内容に関する研修】

○ 対策本部長（管理者）は、職員を対象として、業務継続計画（BCP）に関する研修の機会を設けるものとする。研修の種類等は以下のとおりとする。

名称	回数等	対象	内容等
定期研修	年1回	全職員	管理者又はサービス提供責任者が講師となる。業務継続計画（BCP）に基づく対応状況、役割分担等を理解・確認する。
フォローアップ研修	年1回	全職員	外部講師を招き、新型コロナウイルス感染症など感染症対策の最新情報とともに、効果的な業務継続計画（BCP）の運用のための知識を得る。

【業務継続計画（BCP）の内容に沿った訓練（シミュレーション）】

○ 対策本部長（管理者）は、業務継続計画（BCP）の実効性を高めるため、定期的（最低年1回）に、訓練を実施する。

訓練は、利用者に新型コロナウイルス感染症の感染（疑い）者が発生したことを想定し、本計画の「初動対応」及び「感染拡大防止体制の確立」に位置付けた各対応に係る役割分担、手順、取組み等の確認を行う仮想訓練とする。

なお、訓練は、利用者が感染した場合と職員が感染した場合のそれぞれを想定して実施する。

○ 訓練で得た課題点については、関係者で解決方法を協議する。協議した結果に基づいて、必要に応じ業務継続計画（BCP）に反映し、内容を見直すものとする。

（2-5）BCPの検証・見直し

ア）記載内容チェックリスト

□ 業務継続計画（BCP）の内容は、新型コロナウイルス感染症に係る感染動向とともに、医学的研究や知見の積み重ねによる最新の対応方法を反映したものとすることを記載する。

　　□　業務継続計画（BCP）の訓練の結果、抽出した課題に基づいて、必要に応じ、業務継続計画（BCP）に反映することを記載する。

　　□　業務継続計画（BCP）の検証及び見直しは定期的に行うことを記載する。

イ）ガイドライン

　　●　最新の動向や訓練等で洗い出された課題をBCPに反映させるなど、定期的に見直しを行う。

ウ）主旨・補足説明

　　新型コロナウイルス感染症発生時における業務継続計画（BCP）は、同感染症の感染動向や最新の知見等に伴い、計画に位置付けた内容を見直す必要が生じるほか、施設・事業所における訓練の実施を通じて抽出した課題を適宜計画に反映する。

　　業務継続計画（BCP）を定期的に見直すことにより、計画に基づく諸対応が最新のものとなり、その実効性の向上に資することとなる。

エ）施設・事業所ごとの作成例

　　（入所系・通所系事業所・訪問系事業所共通の例）

> ○　業務継続計画（BCP）については、新型コロナウイルス感染症の感染動向を踏まえ、定期的に見直すものとする。
>
> ○　業務継続計画（BCP）の訓練（シミュレーション）の結果、抽出した課題についてその解決方法を検討するとともに、必要に応じ計画に反映し、内容を見直すものとする。
>
> ○　業務継続計画（BCP）の検証・見直しは、本計画の主管部門である○○課が中心となり年1回行うほか、必要なときは随時行うものとし、内容を変更する場合は、本施設（事業所）の新型コロナウイルス感染症対策本部会議に諮るものとする。

3．　初動対応

　　国のガイドラインでは、初動対応として業務継続計画（BCP）に位置付ける項目は、対応主体並びに対応事項として「第一報」及び「感染疑い者への対応」とともに、入所系・通所系事業所について「消毒・清掃等の実施」を掲げている。

　　発熱など新型コロナウイルス感染症を疑う症状を呈す者が発生したときは、初動対応が重要となる。したがって、ここでは、業務継続計画（BCP）において、

感染疑い者の発生時に誰が、どのような対応をとるかを明確にするための記載内容について理解する。併せて初動対応が、感染疑い者が検査の結果、新型コロナウイルス感染症に感染していたことが判明した以後の感染拡大防止対応に直結するものとなることから、各対応事項については、施設・事業所内で職員同士が連携を密にし、迅速かつ確実に行うことが重要であることを理解する。

（1）対応主体

ア）記載内容チェックリスト

- □ 感染疑い者が発生したときの主たる初動対応を記載する。
- □ 初動対応ごとに担当者及び代行者（不在等の場合に担当者を代理する者）を記載する。

イ）ガイドライン

業務継続計画（BCP）ひな形に例文の提示あり。

＊ ○○の統括のもと、以下の役割を担う者が各担当業務を遂行する。

役割	担当者	代行者
全体統括	○○	○○
医療機関、受診・相談センターへの連絡	○○	○○
入所者家族等への情報提供	○○	○○
感染拡大防止対策に関する統括	○○	○○

ウ）主旨・補足説明

感染疑い者が発生したときは、迅速な初動対応が求められる。そのため、あらかじめ主たる対応事項ごとに担当者及び代行者を明確にしておく。

全体統括者は、前掲の2「平時からの備え」の「（1）対応主体」で規定した対策本部長と同一とすることが望ましい。

エ）施設・事業所ごとの作成例

①入所系の例

○ 施設長の統括のもと、以下の役割について各担当者が業務を遂行する。

役割	担当者	代行者
全体統括	施設長 ○○	事務長 ○○
協力医療機関、受診・相談センターへの連絡	事務長 ○○	総務課長 ○○
入所者・家族等への情報提供	施設長 ○○	事務長 ○○
指定権者、○○市(区町村)、法人等への報告	事務長 ○○	総務課長 ○○
感染拡大防止対策に関する統括	施設長 ○○	事務長 ○○

②通所系事業所の例

○　管理者の統括のもと、以下の役割について各担当者が業務を遂行する。

役割	担当者	代行者
全体統括	管理者　○○	デイサービス・リーダー　○○
医療機関、受診・相談センターへの連絡	看護主任　○○	看護師　○○
利用者・家族等への情報提供	管理者　○○	生活相談員　○○
指定権者、○○市（区町村）、法人等への報告	管理者　○○	事務主任　○○
ケアマネジャーとの連絡調整	生活相談員　○○	生活相談員　○○
感染拡大防止対策に関する統括	管理者　○○	デイサービス・リーダー　○○

③訪問系事業所の例

○　管理者の統括のもと、以下の役割について各担当者が業務を遂行する。

役割	担当者	代行者
全体統括	管理者　○○	サービス提供責任者　○○
医療機関、指定権者、○○市（区町村）、法人等への連絡・報告	サービス提供責任者　○○	介護員　○○
利用者・家族等への情報提供	サービス提供責任者　○○	介護員　○○
ケアマネジャーとの連絡調整	サービス提供責任者　○○	介護員　○○
感染拡大防止対策に関する統括	管理者　○○	サービス提供責任者　○○

（２）対応事項

（2-1）第一報

ア）記載内容チェックリスト

□　国のガイドラインに基づき、この項目に記載する事項として、①施設長（管理者）への報告、②地域での身近な医療機関、受診・相談センターへの連絡、③施設・事業所内、法人内の情報共有、④指定権者への報告、⑤家族への報告、⑥居宅介護支援事業所への報告（通所系事業所・訪問系事業所のみ）について定める。

□　感染疑い者を発見したときの報告の流れ及び報告事項を記載する。

□　感染疑い者の検査結果が陽性であった場合を想定し、感染拡大防止体制

を整えることを記載する。

□　感染疑い者の症状・経過、施設・事業所の対応等について、時系列に記録することを記載する。

□　感染疑い者の受診に係る医療機関への連絡について記載する。

□　指定権者への報告とともに、施設・事業所の所在する市区町村に報告することを記載する。

□　（主に入所系）感染疑い者の家族への報告について記載する。また、連絡をすみやかに行えるように、日頃から携帯電話や勤務先など緊急連絡先を把握しておくようにすること。

□　通所系事業所及び訪問系事業所では、居宅介護支援事業所に連絡し、感染疑い者が他の居宅サービスを併用している場合に、当該併用サービス事業所への連絡を依頼することを記載する。

□　職員に感染疑い者が発生した場合の対応について記載する。

イ）**ガイドライン**

＜施設長（管理者）への報告＞

●　感染疑い者が発生した場合は、速やかに施設長（管理者）等に報告する。

●　〔入所系〕施設長は、施設内で情報共有を行うとともに、所属する法人の担当部署へ報告を行う。

＜地域で身近な医療機関、受診・相談センターへの連絡＞

●　協力医療機関（主治医）や地域で身近な医療機関、あるいは受診・相談センターへ電話連絡し、指示を受ける。

●　電話相談時は、施設入所者（通所利用者・訪問サービス利用者）である旨や、症状・経過など、可能な限り詳細な情報を伝える。

＜施設・事業所内、法人内の情報共有＞

●　〔入所系〕状況について施設内で共有する。

●　〔通所系事業所〕状況について事業所内で共有する。その際、他の利用者や職員に体調不良者がいないか確認する。

●　〔入所系〕施設内においては、掲示板や社内イントラネット等の通信技術を活用し、施設内での感染拡大に注意する。

●　〔入所系〕所属法人の担当窓口へ情報提供を行い、必要に応じて指示を仰ぐ。

＜指定権者への報告＞

●　電話により現時点での情報を報告・共有するとともに必要に応じて文書

にて報告を行う。

＜家族への報告＞

● 状況について当該入所者・利用者家族へ報告・情報共有を行う。

● （主に入所系）入所者の状態や症状の経過、受診・検査の実施等の今後の予定について共有するよう心がける。

＜居宅介護支援事業所への報告＞（通所系事業所・訪問系事業所のみ）

● （通所系事業所）当該利用者を担当する居宅介護支援事業所に情報提供を行い、必要となる代替サービスの確保・調整等、利用者支援の観点で必要な対応がとられるよう努める。

● （訪問系事業所）状況について居宅介護支援事業所に報告し、サービスの必要性を再度検討する。

● また、当該利用者が利用している他サービス事業者への情報共有を依頼する。

● 早急に対応が必要な場合などは、当該利用者が利用している他サービス事業者への情報共有をすみやかに行う。

● 電話等で直ちに報告するとともに、必要に応じて文書にて詳細を報告する。

ウ）主旨・補足説明

施設内での感染拡大（＝入所系）及びサービス利用を通じた感染拡大（＝通所系・訪問系の事業所）を食い止めるためにも、入所者・利用者の検温など体調チェックを通じいち早く職員が感染疑いに気づくよう取り組むことが重要となる。そのためには、サービス提供に関わる職員には、感染が疑われる症状など新型コロナウイルス感染症に関する知識を有しておくとともに、入所者・利用者の平時の体調を把握・共有しておくことが求められる。

感染疑い者発生の第一報とともに、入所系では、協力医療機関等への相談・連絡及び受診の準備、施設内での情報共有及び法人への報告をすみやかに行い、指示に基づき対応する。施設内の各部署では感染疑い者の検査結果が陽性であった場合を想定した対応準備に取り掛かる。そのほか、感染疑い者の家族への連絡、指定権者及び施設所在地の市区町村（介護保険担当課又は新型コロナウイルス感染症担当課のいずれにすべきかをあらかじめ把握しておくこと。）に第一報を入れる。

通所系事業所・訪問系事業所では、地域内で感染疑い者の診療に対応する医療機関をあらかじめ把握しておく。また、特に大切となるのが、利用者が複数

の居宅サービスを利用している場合は、感染が枝葉のようにそれぞれのサービス利用を通じ拡大する可能性があることから、いち早く居宅介護支援事業者に連絡をとり、併用先の事業所と情報を共有し、必要な対応がとれるようにしておくよう依頼する。

　感染疑い者が施設・事業所の職員に発生する場合も当然想定される。よって、職員の体調管理の徹底とともに、感染が疑われる症状を自覚した場合に出勤しないことや、勤務中の場合は即座に申し出て退勤する行動を取りやすい職場環境づくりに努めることも大切である。

コラム：感染疑い者の発生に気づくポイント（国のガイドラインを一部加工して作成）

● 　息苦しさ（呼吸困難）、強いだるさ（倦怠感）、高熱等の強い症状や、発熱、咳、頭痛などの比較的軽い風邪症状等が確認された場合、すみやかに新型コロナウイルス感染症を疑い、対応する。

● 　また、初期症状として、嗅覚障害や味覚障害を訴える患者がいることが明らかになっており、普段と違うと感じた場合には、すみやかに医師等に相談する。

● 　職員は、発熱等の症状が認められる場合には出勤を行わないことを徹底し、感染が疑われる場合は主治医や地域で身近な医療機関、受診・相談センター等に電話連絡し、指示を受けること。

● 　さらに、令和4年2月1日現在、新型コロナウイルスの変異株（オミクロン株）による感染が急拡大しており、その特性として感染力が強いことが専門家から指摘されている。職員は、自身の体調不良のみならず、同居家族について、感染者が発生したときや感染を疑う症状を呈したとき、PCR検査を受けたとき、濃厚接触者に特定されたとき（陽性者からの連絡により濃厚接触の状況にあったと思われる場合を含む。）は、施設長等と相談し、出勤を見合わせることも必要となる。

エ）施設・事業所ごとの作成例

①入所系の例

【施設長への報告及び施設内・法人内の情報共有】

○ 　職員は、感染疑い者を発見したときは、直ちにユニットリーダーに報告する。ユニットリーダーは、施設長に以下の事項を報告するとともに、ユニット内で情報を共有し、感染疑い者への対応に取り掛かる。

〔施設長への報告事項〕

・感染疑いの者の氏名・年齢・ユニット等

- ・症状・身体状態及び経過
- ・同じユニットの他の入所者及び職員の健康状態
- ・対応状況

○　施設長は、施設内に情報を共有するとともに早急に感染拡大防止体制を整えるよう指示する。

○　事務長は、感染疑い者の症状・身体状態及び経過、他の入所者・職員の健康状態等について逐次情報収集し、状況を施設長に報告する。施設での対応状況については、時系列で書面又はパソコンに記録する。

○　事務長は、所属法人（○○部○○課）に電話又はメールで状況を報告するとともに、施設の対応に関する指示を受けた場合は、施設長に報告する。

【医療機関、受診・相談センターへの連絡】

○　事務長は、協力医療機関（○○病院）に電話連絡し、感染疑い者の症状・身体状態、経過等を説明し、指示を受ける。指示内容は、施設長に報告する。なお、時間外等で協力医療機関の対応が難しいときは、地域内の受診・相談センターに相談を行う。

〔協力医療機関への報告事項〕

- ・施設名
- ・感染疑い者の氏名・年齢等
- ・症状・身体状態及び経過
- ・他の入所者及び職員の健康状態
- ・対応状況

【家族への報告】

○　施設長は、すみやかに感染疑い者の家族に本人の症状、経過等を報告するとともに、今後の対応について説明する。

【指定権者、市区町村への報告】

○　事務長は、当日中（時間外である場合はその翌日）に、指定権者（○○県（都道府）庁○○課○○班）及び施設が所在する○○市（区町村）（○○部○○課）に状況を報告する。

○　指定権者又は市（区町村）から指示を受けた場合は、施設長に報告する。

【感染疑い者が職員に発生した場合の対応】

○　施設長は、職員に感染疑い者が発生したときは、当該職員の勤務する

ユニット等の入所者及び職員の健康状態を即座に確認する。

○ また、当該職員の出勤状況を勤務表、日報等に基づいて把握し、発症日2日前から発症日当日までに接触した入所者、職員等を特定し、それらの者の健康状態の把握に努める。これらの情報については、当該職員の検査結果が陽性の場合に、保健所に情報提供する。

②通所系事業所の例

【管理者への報告及び事業所内・法人内の情報共有】

○ 職員は、感染疑い者を発見したときは、直ちに以下の事項を管理者に報告する。

〔管理者への報告事項〕

・感染疑い者の氏名・年齢等

・症状・身体状態及び経過

・他の利用者及び職員の健康状態

・対応状況

○ 管理者は、即座に事業所内で情報を共有し、感染疑い者の受診等の対応に取り掛かるよう指示する。当日のサービス提供を中止し、他の利用者を自宅に送るなどの対応をとる。

○ 管理者は、生活相談員に指示し、感染疑い者の症状・身体状態及び経過、他の利用者・職員の健康状態、事業所の対応について時系列で書面又はパソコンに記録を行わせる。

○ 管理者は、所属法人（○○部○○課）に電話又はメールで状況を報告するとともに、事業所としての対応に関する指示を受ける。

【医療機関、受診・相談センターへの連絡】

○ 看護主任は、地域内の発熱患者対応医療機関（別に一覧表等で確認できるようにしておくこと。）又は受診・相談センターに電話連絡し、感染疑い者の症状、経過等を説明し、指示を受ける。指示内容は、管理者に報告する。

〔医療機関又は受診・相談センターへの報告事項〕

・事業所名

・感染疑いの者の氏名・年齢等

・症状・身体状態及び経過

・他の利用者及び職員の健康状態

・対応状況

【家族への報告】

○　管理者は、すみやかに感染疑い者の家族に、本人の症状、経過等を報告するとともに、今後の対応について説明する。

【指定権者、市区町村への報告】

○　管理者は、当日中（時間外である場合はその翌日）に、指定権者（○○県（都道府）庁○○課○○班）及び施設が所在する○○市（区町村）（○○部○○課）に状況を報告する。

○　指定権者又は市（区町村）から指示を受けた場合は、対応する。

【居宅介護支援事業所への報告】

○　生活相談員は、当日中に、感染疑い者のケアプランを担当する居宅介護支援事業所に電話連絡し、状況を報告するとともに、当該利用者が他のサービスを併用している場合の当該併用サービス事業所への情報共有を依頼する。

【感染疑い者が職員に発生した場合の対応】

○　管理者は、職員に感染疑い者が発生したときは、他の職員の健康状態を即座に確認する。

○　また、当該職員の出勤状況を勤務表・日報等に基づいて把握し、発症日2日前から発症日当日までに接触した利用者を特定し、必要に応じ、これらの者の健康状態を確認する。これらの情報については、当該職員の検査結果が陽性の場合に、保健所に情報提供する。

③訪問系事業所の例

【管理者への報告及び事業所内・法人内の情報共有】

○　職員は、訪問の際に利用者の症状・身体状態が新型コロナウイルス感染症を疑う状態であるときは、直ちに以下の事項を管理者に報告する。

〔管理者への報告事項〕

・感染疑い者の氏名・年齢等

・症状・身体状態及び経過（本人、家族等から聞き取れた場合）

・訪問した職員の感染疑い者との接触状況

・対応状況

○　管理者は、即座に訪問中の職員にサービス提供の中止を指示するとともに、感染疑い者本人の医療機関への受診の支援に取り掛かる。同居家族がいる場合は、家族による受診相談を支援する。

○　管理者は、事業所内で情報を共有し、職員に指示し、感染疑い者の症状・身体状態及び経過、職員の接触状況、事業所の対応について時系列で書面又はパソコンに記録を行わせる。

○　管理者は、所属法人（○○部○○課）に電話又はメールで状況を報告するとともに、事業所としての対応に関する指示を受ける。

【医療機関、受診・相談センターへの連絡】

○　サービス提供責任者は、感染疑い者本人がすみやかに受診できるように、かかりつけ医、発熱患者対応医療機関（別に一覧表等で確認できるようにしておくこと。）又は受診・相談センターに電話連絡し、感染疑い者の症状、経過等を説明し、指示を受ける。同居家族が対応可能な場合は、その連絡・相談を支援する。

〔医療機関又は受診・相談センターへの報告事項〕

・事業所名

・感染疑いの者の氏名・年齢等

・症状・身体状態及び経過

・対応状況

【家族への報告】

○　サービス提供責任者は、すみやかに感染疑い者の家族に、本人の症状、経過等を報告するとともに、今後の対応について説明する（家族が不在又は別居の場合）。

【指定権者、市区町村への報告】

○　サービス提供責任者は、当日中（時間外である場合はその翌日）に、指定権者（○○県（都道府）庁○○課○○班）及び施設が所在する○○市（区町村）（○○部○○課）に状況を報告する。

○　指定権者又は市（区町村）から指示を受けた場合は、対応する。

【居宅介護支援事業所への報告】

○　サービス提供責任者は、当日中に、感染疑い者のケアプランを担当す

る居宅介護支援事業所に電話連絡し、状況を報告するとともに、当該利用者が他のサービスを併用している場合の当該併用サービス事業所への情報共有を依頼する。

【感染疑い者が職員に発生した場合の対応】

○　管理者は、職員に感染疑い者が発生したときは、他の職員の健康状態を即座に確認する。

○　また、当該職員の出勤状況を勤務表・日報等に基づいて把握し、発症日2日前から発症日当日までに接触した利用者を特定し、必要に応じ、これらの者の健康状態を確認する。これらの情報については、当該職員の検査結果が陽性の場合に、保健所に情報提供する。

（2-2）感染疑い者への対応

ア）記載内容チェックリスト

□　国のガイドラインに基づき、この項目に記載する事項として、入所系については、①個室管理、②対応者の確認、③医療機関受診／施設内での検体採取、④体調不良者の確認を定める。通所系事業所については、①利用休止、②医療機関受診について定める。また、訪問系事業所については、①サービス提供の検討、②医療機関受診について定める。

□　入所系では、感染疑い者の個室対応、対応職員を分けた勤務体制、他の入所者・職員の健康管理の徹底を行うことを記載する。

□　入所系、通所系事業所、訪問系事業所ともに、医療機関の指示に基づいて、感染疑い者についてすみやかに受診・検体採取することについて施設・事業所として対応することを記載する。

□　通所系事業所については、利用を一時休止する対応をとった利用者について、担当のケアマネジャーと連携し代替サービスの調整等について対応することを記載する。

□　訪問系事業所については、感染疑い者について訪問介護サービスの継続の必要がある場合は、生命の維持に直結するサービスを優先しつつサービス提供を継続することを記載する。

イ）ガイドライン

＜個室管理＞（入所系のみ）

●　当該入所者について、個室に移動する。

● 　個室管理ができない場合は、当該利用者にマスクの着用を求めた上で、「ベッドの間隔を２メートル以上あける」又は「ベッド間をカーテンで仕切る」等の対応を実施する。

＜対応者の確認＞（入所系のみ）

● 　当該入所者とその他の入所者の介護等にあたっては、可能な限り、担当職員を分けて対応する。

● 　この点を踏まえ、勤務体制の変更、職員確保について検討を行う。

＜医療機関受診／施設内で検体採取＞（入所系のみ）

● 　第一報で連絡した医療機関、受診・相談センターの指示に従い、医療機関の受診等を行う。

● 　保健所等の指示により、施設内で検査検体を採取することとなった場合は、検体採取が行われる場所について、以下の点も踏まえ保健所等に相談する。

　　―当該場所までの入所者の移動について、他の入所者と接触しないよう、可能な限り動線が分けられていること。

　　―検体を採取する場所は、十分な換気、清掃及び適切な消毒を行うこと。

＜体調不良者の確認＞（入所系のみ）

● 　入所者の状況に関する情報を集約し、感染疑い者の同室の者に発熱症状を有する者が多かったり、普段と違うと感じた場合は、施設内で感染が広がっていることを疑い、体調不良者の状況確認を行う。

● 　職員についても体調不良者の確認を行い、体調不良の場合は地域で身近な医療機関、受診・相談センターへ連絡するとともに、一時帰宅を検討する。

＜利用休止＞（通所系事業所のみ）

● 　利用を断った利用者については、当該利用者を担当する居宅介護支援事業所に情報提供を行い、必要となる代替サービスの確保・利用者支援の観点で必要な対応がとられるよう努める。

＜医療機関受診＞（通所系事業所のみ）

● 　利用中の場合は、第一報で連絡した医療機関、受診・相談センターの指示に従い、医療機関への受診等を行う。

＜サービス提供の検討＞（訪問系事業所のみ）

● 　居宅介護支援事業所等と連携し、サービスの必要性を再度検討の上、感染防止策を徹底した上でサービスの提供を継続する。

● 可能な限り担当職員を分けての対応や、最後に訪問する等の対応を行う。

＜医療機関受診＞（訪問系事業所のみ）

● 第一報で連絡した医療機関、受診・相談センターの指示に従い、医療機関の受診等を行う。

ウ）主旨・補足説明

　施設においては、感染疑い者について、個室対応とした上で、感染疑い者に対応する職員とその他の入所者に対応する職員を分けることについて、感染疑い者の発生時点から対応することが感染拡大防止の観点で重要となる。

　また、感染疑い者について協力医療機関又は受診・相談センターの指示に従って受診できるよう対応するほか、感染疑い者が発生したユニットを含め、施設内すべての入所者及び職員の健康観察を強化し、体調不良を呈する者が発生した場合は、協力医療機関等へ直ちに報告・相談するなど迅速な対応を取ることが重要となる。

　通所系事業所においては、感染疑い者がデイサービス利用中に発生したときは、医療機関への受診に事業所として対応する。利用前に体調不良が判明した場合は家族等介護者に早期に受診するよう助言及び情報提供し、併せて居宅介護支援事業所に状況を報告する。感染疑い者が他の居宅サービスを併用している場合は、居宅介護支援事業所との連携により当該事業所への情報提供に努める。また、他の利用者について利用を一時休止することとした場合は、当該利用者について代替サービス（例：食事の確保について配食サービスを手配するなど）の調整について居宅介護支援事業所と連携し対応する。

　訪問系事業所については、感染疑い者のサービスの継続の必要性について、本人の生命を維持する観点から途切らせることができないと判断する場合は、感染防止策を講じた上で、食事、排せつ、服薬確認などの優先度が高いサービスを中心に提供できるよう調整を行う。

エ）施設・事業所ごとの作成例

①入所系の例

【個室管理及び対応者の確認】

○　感染疑い者は個室での対応とし、対応者については職員を固定し、当該職員は他の入所者への対応は行わない。感染疑い者に対応する職員は、マスク、手袋のほか、フェイスシールド、ガウン等必要な感染防護具を装着するなど感染防止策を徹底する。

○　施設長は、職員の勤務シフトを調整し体制を整える。夜勤帯については、必要に応じ、職員を加配して体制を整える。

【医療機関受診／施設内での検体採取】

○　協力医療機関又は受診・相談センターの指示に従って、感染疑い者を医療機関に受診させる場合は、感染防止策を徹底し看護師が同行して対応する。医療機関までの移動は、施設の送迎用車両を使用し、運転は介護職員（同様に感染防止策を徹底）が行う。

○　保健所の指示により施設内で検体採取となった場合は、協力医療機関の医師の指示のもと、看護師が検体採取を行う。検体採取は、基本的に、診療室で行うが、本人の症状等により、居室での対応を検討する。

【体調不良者の確認】

○　感染疑い者と同じユニットの入所者及び職員の健康観察を徹底する。健康観察は、当施設の「入所者　体温・体調チェックリスト」により行う。

　　健康観察は、状況に応じ、施設入所者及び施設職員全員について同様に行う。

　　感染疑い者以外に発熱等体調不良者が発生した場合は、入所者については個室対応の上で、また職員については出勤停止した上で、それぞれ協力医療機関、保健所等に連絡・相談し、指示を受ける。

②通所系事業所の例

【利用休止】

○　感染疑い者については、検査結果が判明するまでの間は、利用を一時休止とし、担当ケアマネジャーを通じて調整する。また、感染疑い者が併用している居宅サービス事業所への情報提供や代替サービスの確保について担当マネジャーと連携する。

【医療機関受診】

○　感染疑い者がサービス利用中に発生した場合は、地域内の発熱対応医療機関（平時から把握し一覧表により管理しておくこと。）又は受診・相談センターに連絡・相談し、指示を受け、事業所として本人の受診に対応すること。

③訪問系事業所の例

【サービス提供の検討】

○　感染疑い者については、本人の症状・身体状態、同居家族の有無などに基づいて検討し、サービス継続の必要があると判断する場合は、食事、排せつ、服薬確認など生命維持のために必要なサービスの提供を継続する。

○　感染疑い者へのサービスの提供は、感染防護具の装着など感染防止策を徹底した上で、その日の最後に訪問するなど工夫して対応する。また、可能な限り、職員を固定して対応する。

【医療機関受診】

○　感染疑い者が受診につながっていない場合は、本人のかかりつけ医、発熱対応医療機関（平時から把握し一覧表により管理しておくこと。）又は受診・相談センターに連絡・相談し、その指示に従って受診できるよう支援する。

（2-3）消毒・清掃等の実施（入所系・通所系事業所のみ）

ア）記載内容チェックリスト

□　初動対応として、消毒を実施することを記載する。入所者・利用者の利用に係る場所など消毒を実施する場所として想定するところを併せて記載する。

イ）ガイドライン

＜場所（居室、共用スペース等）、方法の確認＞

●　当該入所者の居室（＝入所系の場合）、利用した共有スペースの消毒・清掃を行う。

●　手袋を着用し、消毒用エタノールで清拭する。または、次亜塩素酸ナトリウム液で清拭後、湿式清掃し、乾燥させる。なお、次亜塩素酸ナトリウム液を含む消毒薬の噴霧については、吸引すると有害であり、効果が不確実であることから行わないこと。トイレのドアノブや把手等は、消毒用エタノールで清拭する。または、次亜塩素酸ナトリウム液（0.05％濃度に希釈したもの）で清拭後、水拭きし、乾燥させる。保健所の指示がある場合は、その指示に従うこと。

ウ）主旨・記載内容

　感染疑い者が発生した場合は、その検査結果が陽性であった場合を想定した対策を講じておくことが、感染拡大防止対策について後手にならないようにするために重要となる。

　手すり、ドアノブ、スイッチ、トイレ内の各所などの共用部分の消毒は、平時から定期的に実施する。

　感染疑い者が発生した場合は、共用部分のほか、当該入所（利用）者の居室、利用した食堂・デイルームなどを消毒する。

　消毒は、アルコール消毒液（厚生労働省ホームページでは濃度70％以上が推奨されている。）を用いる場合のほか、次亜塩素酸ナトリウム（0.05％の濃度に希釈したもの）による方法がある。いずれによるかは、備蓄品の状況等に基づいて施設・事業所において判断する。

エ）施設・事業所ごとの作成例

①入所系の例

> ○　感染疑い者が発生したときは、共用部分をあらためて消毒するとともに、当該入所者の居室（本人が別室に移動した場合など）、利用した食堂、デイルームなどを消毒する。消毒は、アルコール消毒液又は次亜塩素酸ナトリウム（0.05％に希釈）を用いて消毒する。
>
> ○　消毒箇所が広範囲に及ぶなど必要なときは、専門業者に依頼して実施する。

②通所系事業所の例

> ○　感染疑い者が発生したときは、手すり、ドアノブ、蛇口、トイレ内各所などの共用部分をあらためて消毒するほか、デイルームの手すり、机・椅子、床、機能訓練機器、送迎用車両などを消毒する。消毒は、アルコール消毒液又は次亜塩素酸ナトリウム（0.05％に希釈）を用いて消毒する。

4.　検査

　検査については、基本的に感染疑い者が受診する医療機関において実施されるものであるため、業務継続計画（BCP）において規定する事項ではないが、検査

結果が陽性・陰性のそれぞれの場合における施設・事業所の対応は、国のガイドラインに次のとおり記載されている。

　検査結果を待っている間は、陽性の場合に備え、感染拡大防止体制確立の準備を行う。通所系事業所においては休業を含めて検討を行っておくこと。

＜陰性の場合＞

● 入所系においては、入所を継続し、施設で経過観察を行う。

● 通所系・訪問系事業所においては、利用を継続する。

＜陽性の場合＞

● 入院にあたり、当該医療機関に対し、新型コロナウイルス感染状況も含めた当該入所者の状況・症状を可能な限り詳細に情報提供を行う。

● 現病、既往歴等についても、情報提供を行うとともに、主治医や嘱託医との情報共有に努める。

● 入所系においては、退院にあたっては、退院基準を満たし退院をした者について、新型コロナウイルス感染症の疑いがあるとして入所を断ることは、受入れを拒否する正当な理由には該当しないことに留意し、受入準備を進める。なお、当該退院者の病状等その他の理由により適切なサービスを提供することが困難な場合は、個別に調整を行う。

【参考：検査について】（国のガイドラインより）

　新型コロナウイルスは、鼻汁、唾液、痰の中などに多く存在するので、PCR検査や抗原検査では、これらを採取して検査を行います。PCR検査は、機械の中でウイルスの遺伝子を増幅させる反応を行い、もしウイルスがいれば、検査結果は陽性となります。抗原検査は、細かく分析できる定量検査と、細かい分析はできないながらも簡便に検査できる簡易検査（定性検査）に分かれます。PCR検査も抗原検査も、検査の精度は100％ではないので、きちんと検体が採取できても、例えば本来は陽性なのに誤って陰性と出てしまったり（偽陰性）、反対に本来は陰性なのに誤って陽性と出てしまうこと（偽陽性）もあります。また、ウイルスがいる検体が適切に採取できていないと、それも本来陽性なのに誤って陰性と出る原因になります。さらに、発症前の段階のウイルス量がまだ多くない時期に検査をすると陰性となり、後からウイルス量が増えたタイミングで検査をすると陽性になるということもあります。このため、検査結果は絶対的なものではなく、一度検査で陰性であったとしても、もし感染が疑われることがあれば、再度相談するようにしましょう。

5. 休業の検討（通所系事業所のみ）

　通所系事業所では、感染疑い者の検査結果が陽性であった場合は、管轄する保健所、指定権者との協議又は指示に基づいて休業を検討することが必要となる。

　したがって、感染疑い者の発生の段階で、あらかじめ休業の検討・対応に関し法人本部と協議しておく必要があり、このことを業務継続計画（BCP）において定めておく。

（1）対応主体
ア）記載内容チェックリスト

　　□　感染疑い者の検査結果が陽性と確定した場合の休業の検討・対応に関する事業所内での体制を定めて記載する。

　　□　主な役割ごとに担当者及び代行者（不在等の場合に担当者を代理する者）を決め記載する。

イ）ガイドライン

　業務継続計画（BCP）ひな形に例文の提示あり。

　　＊　以下の役割を担う者を構成メンバーとする対策本部を構成し、業務を遂行する。

役割	担当者	代行者
全体統括	○○	○○
関係者への情報共有	○○	○○
再開基準検討	○○	○○

ウ）主旨・補足説明

　通所系事業所においては、感染疑い者の検査結果が陽性となり新型コロナウイルス感染症と診断され確定したときは、感染拡大を防止するために、保健所、指定権者との協議又は指示に基づいて、一定期間、休業を検討・判断しなければならない。

　その場合の事業所内の体制について、役割ごとに担当者及び代行者を明確にする。

　全体統括者は、前掲の3「初動対応」の「（1）対応主体」で規定した全体統括者と同一とすることが望ましい。

　なお、利用者が新型コロナウイルス感染症に感染していることが判明した場合において、その者の最終利用日が発症日（未発症者が濃厚接触者に特定され

検査し陽性となったときは検査日）から２日前までの期間に含まれないときは、通常は、無症状病原体保有者の感染可能期間に該当せず、保健所による調査（積極的疫学調査）の対象とならないことから、事業所運営への影響は生じないこととなる。よって、感染者発生時の事業所対応については保健所等に確認を行うことが重要となる。

エ）通所系事業所における作成例

○　管理者の統括のもと、以下の役割を担う者が各担当業務を遂行する。

役割	担当者	代行者
全体統括	管理者　○○	デイサービス・リーダー　○○
関係者への情報共有	生活相談員　○○	生活相談員　○○
休業中の対応検討	管理者　○○	デイサービス・リーダー　○○
再開基準検討	管理者　○○	デイサービス・リーダー　○○

（2）対応事項

ア）記載内容チェックリスト

□　国のガイドラインに基づき、この項目に記載する事項として、①都道府県、保健所等との調整、②訪問サービス等の実施検討、③居宅介護支援事業所との調整、④利用者・家族への説明、⑤再開基準の明確化について定める。

□　休業については、保健所、指定権者との協議に基づいて判断することを記載するとともに、保健所の休業要請があった場合には、感染拡大防止を図るため、要請に従い休業を判断することを記載する。

□　休業中の利用者に対し、生活機能の維持を図る観点から、必要に応じ、職員の訪問によるサービスの提供や、電話での安否確認、健康相談等を実施することを記載する。

□　休業中の利用者への対応に係る居宅介護支援事業所との連携について記載する。

□　利用者、家族等の関係者に対し、休業期間や休業中の相談窓口について説明することを記載する。

□　休業の判断、休業中の対応及び再開の判断については、必要に応じ、法人本部と協議することを記載する。

イ）ガイドライン

＜都道府県、保健所等との調整＞

● 　保健所から休業要請があればそれに従う。

● 　感染者の人数、濃厚接触者の状況、勤務可能な職員の人数、消毒の状況等に応じて、休業を検討する指標を明確にしておく。

● 　感染の疑いのある利用者が少数であり、PCR検査等により陰性と判断されるまでの間については、一時的に提供を休止する場合がある。

＜訪問サービス等の実施検討＞

● 　利用者のニーズや対応可能な職員に応じて、訪問サービスの実施を検討する。

● 　訪問サービスが必要な利用者の優先度、及びケアの内容を事前に検討しておくことが望ましい。

● 　安否確認等、必要に応じ「新型コロナウイルス感染症に係る介護サービス事業所の人員等の臨時的な取扱いについて」（厚生労働省の関係各局から令和3年8月11日までに第26報まで発出されているもの）を参照しサービス提供を行う。

＜居宅介護支援事業所との調整＞

● 　業務停止と業務再開日、休業中の対応（訪問サービスの提供の有無等）について居宅介護支援事業所に情報提供し、利用者の代替サービス確保に努める。

＜利用者・家族への説明＞

● 　管轄保健所の指示、指導助言に従い業務停止日と業務再開日を提示する。

● 　業務停止期間における事業所窓口等を明示、また、業務停止中の消毒等の情報や従業員の対応等について説明を行う。

● 　できる限り、文書により提示することが望ましい。

＜再開基準の明確化＞

● 　保健所からの休業要請の場合は、再開の基準も併せて確認する。

● 　停止期間中の事業所内における消毒等の環境整備や従業員の健康状態により、停止期間として定めた期間を経過した場合業務を再開する。

● 　業務を再開するにあたっては、利用者及びその家族をはじめ、情報共有を行ってきた関係機関に再開となる旨を通知すること。

ウ）主旨・補足説明

　　感染疑い者について、検査結果が陽性であった場合は、保健所による調査（積極的疫学調査）が行われ、感染者の行動歴等の調査に基づいて特定された濃厚接触者についても検査が行われる。

　　通所系事業所では、感染者が利用者又は職員のいずれの場合であっても、消毒作業を行う必要が生じたときに加え、他の利用者又は職員が濃厚接触者に特定されたときは、感染拡大防止が最優先となることから保健所・指定権者と協議し休業を判断する必要がある。

エ）通所系事業所における作成例

【都道府県、保健所との調整】

○　感染疑い者について、検査結果が陽性であった場合は、指定権者（都道府県）、保健所との協議に基づいて休業について検討・判断する。

○　保健所からの休業要請があったときは、休業を判断する。

○　これらのほか、感染者の人数に関わらず、他の利用者又は職員が濃厚接触者に特定された場合や事業所内を消毒する必要がある場合は、前者についてはその検査結果が判明するまでの期間（検査対象者が陽性者であった場合は以後も継続）、後者については消毒に要する期間、それぞれ休業を検討・判断する。

○　休業の判断、休業中の対応及び再開の判断については、必要に応じ、法人本部と協議を行う。

【訪問サービス等の実施検討】

○　休業中において、利用者（感染者を除く。濃厚接触者については状況に応じて判断する。）の生活機能の維持のために必要と認める場合は、利用者の意向を確認した上で、職員（濃厚接触者等に該当していない者に限る。）による居宅への訪問による機能訓練等のサービスの提供を行う。

○　前項のほか、休業中の利用者へのサービスの提供は、電話による健康状態、食事の内容、生活状況などの把握・助言とする。

○　休業中に実施する訪問サービス等の詳細は、利用者のニーズに応じ、個別に計画して実施する。

○　上記のほか、休業中の利用者への訪問サービス等の実施については、国の発する「新型コロナウイルス感染症に係る介護サービス事業所の人員基準等の臨時的な取扱いについて」を参照し行うものとする。

【居宅介護支援事業所との調整】

○　居宅介護支援事業所については、休業する場合の業務停止日及び業務再開（予定）日を連絡するとともに、休業中の利用者へのサービスの提供の有無、代替サービスの調整等について連携を図るものとする。

【利用者・家族への説明】

○　利用者及びその家族に休業の経緯、期間（見込み）を説明するとともに、休業期間中のサービスの提供（実施する場合）、相談窓口について案内を行う。

【再開基準の明確化】

○　保健所からの指示に基づく休業の場合は、当該保健所の指示に基づいて業務を再開するものとし、事業所の判断に基づく場合は、消毒作業が完了し、職員の健康状態が良好であることを確認できた場合に再開する。後者の場合においては、必要に応じ、保健所等に助言を求めるものとする。

○　業務再開にあたっては、利用者及びその家族、居宅介護支援事業所等の関係者に電話、メール等で通知するものとする。

6.　感染拡大防止体制の確立

　国のガイドラインでは、感染拡大防止体制の確立として業務継続計画（BCP）に位置付ける項目は、対応主体並びに対応事項として「保健所との連携」、「濃厚接触者への対応」、「職員の確保（入所系・訪問系事業所のみ）」、「防護具、消毒液等の確保」、「情報共有」、「業務内容の調整（入所系・訪問系事業所のみ）」、「過重労働・メンタルヘルス対応」及び「情報発信」を掲げている。

　3「初動対応」で記述したように、感染疑い者の検査結果が判明する前の段階において、有事を想定し、感染防止体制を構築しておくことが感染を最小限に抑え込む上で重要となる。

　受診・検体採取から検査結果が通知されるまでの期間は、PCR検査の場合、医療機関により異なるが翌日に判明する場合や2～3日かかる場合もある。特に、地域内で感染拡大傾向にある場合は通常よりも日数を要することが想定される。さらに、検体採取が週末であった場合は検査結果の通知が休日明けになる場合も多くなる。

どのような場合であっても、検査結果が陽性であることを想定した感染防止体制を構築し、いち早く実行に移すよう整えておくことが、施設内での感染拡大を防止し、また利用者への感染拡大を最小限に抑える上でカギとなる。

（1）対応主体

ア）記載内容チェックリスト

□　感染疑い者の検査結果が陽性であった場合の施設・事業所における感染拡大防止体制について、感染拡大防止に関する役割を抽出し、その役割を担う者を記載する。

□　役割ごとに担当者及び代行者（不在等の場合に担当者を代理する者）を決め記載する。

イ）ガイドライン

業務継続計画（BCP）ひな形に例文の提示あり。

＊　以下の役割を担う者を構成メンバーとする対策本部を構成し、業務を遂行する。

役割	担当者	代行者
全体統括	○○	○○
関係者への情報共有	○○	○○
感染拡大防止対策に関する統括	○○	○○
勤務体制・労働状況	○○	○○
情報発信	○○	○○

ウ）主旨・補足説明

感染拡大防止に係る対策本部の体制は、感染者を最小限に抑え込むために、全体統括者の指示のもと、それぞれの役割を準備・実行するとともに、担当者間の連携を密にして感染拡大防止対応が円滑かつ効果的に行われることを目指す。

全体統括者は、前掲の3「初動対応」の「（1）対応主体」で規定した全体統括者と同一とするとともに、他の役割の担当者・代行者についても「初動対応」の役割分担を踏まえて充てることが望ましい。

エ）施設・事業所ごとの作成例

①入所系の例

○　施設長の統括のもと、以下の役割を担う職員が各担当業務を遂行する。

役割	担当者	代行者
全体統括	施設長　○○	事務長　○○
関係者への情報共有	事務長　○○	総務課長　○○
感染拡大防止対策に関する統括	施設長　○○	事務長　○○
業務内容検討に関する統括	施設長　○○	事務長　○○
勤務体制・労働状況	事務長　○○	総務課長　○○
情報発信	事務長　○○	総務課長　○○

②通所系事業所の例

○　管理者の統括のもと、以下の役割を担う職員が各担当業務を遂行する。

役割	担当者	代行者
全体統括	管理者　○○	デイサービス・リーダー　○○
関係者への情報共有	生活相談員　○○	看護士　○○
感染拡大防止対策に関する統括	管理者　○○	デイサービス・リーダー　○○
業務内容に関する統括	管理者　○○	デイサービス・リーダー　○○
勤務体制・労働状況	管理者　○○	事務主任　○○
情報発信	生活相談員　○○	事務主任　○○

③訪問系事業所の例

○　管理者の統括のもと、以下の役割を担う職員が各担当業務を遂行する。

役割	担当者	代行者
全体統括	管理者　○○	サービス提供責任者　○○
関係者への情報共有	サービス提供責任者　○○	介護員　○○
感染拡大防止対策に関する統括	管理者　○○	サービス提供責任者　○○
業務内容に関する統括	管理者　○○	サービス提供責任者　○○
勤務体制・労働状況	管理者　○○	総務課　○○
情報発信	サービス提供責任者　○○	事務主任　○○

（2）対応事項

（2-1）保健所との連携

ア）記載内容チェックリスト

□　国のガイドラインに基づき、この項目に記載する事項として、①濃厚接触者の特定への協力、②感染対策の指示を仰ぐ、③併設サービスの休業（入所系のみ）について定める。

□　保健所の積極的疫学調査による濃厚接触者の特定に協力するため、感染者の発症日の2日前からの行動歴を明らかにするため、ケア記録、職員の勤務記録等を準備することを記載する。

□　濃厚接触者の疑いがある者のリストを作成するときの一覧表のひな形を定め記載する。

□　消毒の範囲・内容、生活空間の区分け（入所系の場合）など感染拡大防止策について保健所等の助言を受けて対応することを記載する。

□　入所系においては、併設事業所がある場合の休業の判断・対応について記載する。

イ）ガイドライン

＜濃厚接触者の特定への協力＞

●　感染者が発生した場合、保健所の指示に従い、濃厚接触者となる入所者・利用者の特定に協力する。

●　症状出現2日前からの接触者リスト、直近2週間の勤務記録、入所者・利用者のケア記録（体温、症状等が分かるもの）、施設・事業所内に出入りした者の記録等を準備する。

●　感染が疑われる者が発生した段階で、感染が疑われる者、（感染が疑われる者との）濃厚接触が疑われる者のリストを作成することも有用。

＜感染対策の指示を仰ぐ＞

●　消毒範囲、消毒内容、生活空間の区分け（入所系のみ）、運営を継続（通所系事業所においては一時休業の対応を含む。）するために必要な対策に関する相談を行い、指示助言を受け、実施する。

●　（入所系のみ）行政検査対象者、検査実施方法について確認し、施設内での検体採取を行う場合は、実施場所について確認する。

●　（入所系のみ）感染者、濃厚接触者、その他の入所者が分かるよう、また、検査を受けた者とその検体採取日が分かるよう、職員及び入所者のリストを準備しておく。

＜併設サービスの休業＞（入所系のみ）

● 併設サービスについて、保健所から休業要請があればそれに従う。

● 感染者の人数、濃厚接触者の状況、勤務可能な職員の人数、消毒の状況等に応じて、休業を検討する指標を明確にしておく。

ウ）主旨・補足説明

感染疑い者の検査結果が陽性となった場合は、以後の感染拡大防止策は主に保健所と連絡・連携を密にして取り組むこととなる。施設・事業所においては、保健所との連絡窓口となる者をできる限り固定して対応することが望ましい。

保健所が行う積極的疫学調査において、濃厚接触者の特定や発生源の推定を迅速かつ的確に行うため、施設・事業所では、ケアに関する記録や勤務記録等に基づく報告を正確に行う。

訪問系事業所において注意しなければならないのは、検査結果が陽性となった利用者の発症日の２日前から調査までの間に職員が訪問し当該利用者にサービス提供を行っていた場合において、当該職員が濃厚接触者に特定されたときである。当該職員の検査結果が陽性となった場合は、今度は、当該職員の検体採取日の２日前から現時点までの間に、当該職員が訪問しサービス提供した他の利用者について、当該職員の濃厚接触者に該当するかどうか調査が行われることになる。訪問系事業所においては、こうした追加的な調査にもすみやかに対応できるよう準備をしておく必要があるが、本来的には、職員が感染疑い者と接触したことが判明した時点で当該職員について以後の出勤の一時停止を講じておくことを検討すべきである。

施設・事業所では、感染拡大を防止するため、保健所の指示に基づいて職員が一丸となって直ちに取り組むことが重要となる。

コラム：積極的疫学調査について

積極的疫学調査は、新型コロナウイルス感染症の感染者が発生した場合において、保健所が調査を実施し、後方視的に（過去に遡って）その発生源を推定するとともに感染者の濃厚接触者を把握し、前方視的に（これから先に）濃厚接触者の行動制限等により感染の封じ込めを図るものである。

感染者に対しては、過去（おおむね２週間）の行動歴について聞取りが行われ、特に、感染者が他者に新型コロナウイルスを感染させる可能性があるとされる発症日（無症状者について

は検体採取日）の２日前からの行動歴に基づいて濃厚接触者（濃厚接触者の定義は（2-2）「濃厚接触者への対応」に掲載）を特定する。

　入所者・利用者が感染した場合における積極的疫学調査では、施設・事業所にもケア記録等に基づく情報の提供が求められることとなる。

＊国立感染症研究所感染疫学センター「新型コロナウイルス感染症患者に対する積極的疫学調査実施要領」に基づき一部加工して作成

エ）施設・事業所ごとの作成例

①入所系の例

【濃厚接触者の特定への協力】

　○　感染疑い者の検査結果が陽性となった場合は、当施設は、保健所が行う調査に協力し、その指示に基づいて感染者の発症日２日前からの行動歴等について、ケアに関する記録、職員の勤務記録等に基づいて情報提供を行う。この場合において、濃厚接触（疑い）者をリストに整理して提出する場合は、次の様式によるものとする。

＜濃厚接触（疑い）者リスト＞

No.	接触の区分	接触(疑い)日	属性	職員の所属	氏名	症状の有無	発症日	症状	感染者との接触の状況
例：0	☑接触者 □接触疑い者	10/ 5	☑職員 □入所者 □出入業者	ユニット○○介護担当	○○○	☑有 □無	10/ 8	☑発熱 □咳 □鼻水 □味覚障害 □嗅覚障害 □その他	10/ 5の夜間。感染者の排せつ等の介助を行う。接触時マスク、手袋を装着していた。
1	□接触者 □接触疑い者		□職員 □入所者 □出入業者			□有 □無		□発熱 □咳 □鼻水 □味覚障害 □嗅覚障害 □その他	
2	□接触者 □接触疑い者		□職員 □入所者 □出入業者			□有 □無		□発熱 □咳 □鼻水 □味覚障害 □嗅覚障害 □その他	

【感染対策の指示を仰ぐ】

○　消毒の範囲・実施方法、生活空間の区分け等の感染拡大防止策について、保健所に報告（相談）する。保健所の指示があれば、それに基づいて対応する。

○　濃厚接触者が特定された場合は、その者の検査の実施について保健所の指示により対応する。この場合において、施設内で検体採取が行われるときは、食堂など一定の空間があり、検査対象者と他の入所者等と動線が交差しない場所で実施する。

【併設サービスの休業】

○　当施設に併設するデイサービスセンターについては、保健所の休業要請があった場合は、一時休業する。

○　このほか、併設するデイサービスセンターの利用者又は職員が濃厚接触者に特定された場合や事業所内を消毒する必要がある場合は、前者についてはその検査結果が判明するまでの期間（検査対象者が陽性者であった場合は以後も継続）、後者については消毒に要する期間、それぞれ休業を検討・判断する。

○　入所者の生活空間とデイサービスセンターの動線分けや対応職員の交差がないことを確認できない場合は、デイサービスセンターの一時休業を検討・判断する。

②通所系事業所の例

【濃厚接触者の特定への協力】

○　感染疑い者の検査結果が陽性となった場合は、当事業所は、保健所が行う調査に協力し、その指示に基づいて発症日の２日前から感染者に対し当事業所が提供したサービスの日時、サービス内容、本人の状態、担当職員、感染者が利用した日の他の利用者等について、ケアに関する記録、職員の勤務記録等に基づいて情報提供を行う。この場合において、濃厚接触（疑い）者をリストに整理して提出する場合は、次の様式によるものとする。

＜濃厚接触（疑い）者リスト＞

No.	接触の区分	接触（疑い）日	属性	職員の所属	氏名	症状の有無	発症日	症状	感染者との接触の状況
例：0	☑接触者 □接触疑い者	3/10	☑職員 □利用者 □出入業者	機能訓練担当	○○○	□有 ☑無		□発熱 □咳 □鼻水 □味覚障害 □嗅覚障害 □その他	利用者の機能訓練を担当。直接身体に触れる機会を含め20分程度接触。接触時マスクを装着、機能訓練終了後に手指消毒実施。
1	□接触者 □接触疑い者		□職員 □利用者 □出入業者			□有 □無		□発熱 □咳 □鼻水 □味覚障害 □嗅覚障害 □その他	
2	□接触者 □接触疑い者		□職員 □利用者 □出入業者			□有 □無		□発熱 □咳 □鼻水 □味覚障害 □嗅覚障害 □その他	

【感染対策の指示を仰ぐ】

○　消毒の範囲・実施方法等の感染拡大防止策について、保健所に報告（相談）する。保健所の指示があれば、それに基づいて対応する。

○　濃厚接触者が特定された場合は、その者の検査の実施について保健所の指示により対応する。この場合において、事業所内で検体採取が行われるときは、デイルームなど一定の空間があり、検査対象者同士の距離が確保できるよう環境を整えて実施する。

③訪問系事業所の例

【濃厚接触者の特定への協力】

○　感染疑い者の検査結果が陽性となった場合は、当事業所は、保健所が行う調査に協力し、その指示に基づいて発症日の2日前から感染者に対し当事業所が提供したサービスの日時、サービス内容、本人の状態、担当職員等について、ケアに関する記録、職員の勤務記録等に基づいて情報提供を行う。この場合において、濃厚接触（疑い）者をリストに整理して提出する場合は、次の様式によるものとする。

＜濃厚接触（疑い）者リスト＞

No.	接触の区分	接触（疑い）日	属性	職員の所属	氏名	症状の有無	発症日	症状	感染者との接触の状況
例：0	☑接触者 □接触疑い者	3/10	☑職員 □利用者 □出入業者	介護職	○○○	□有 ☑無		□発熱 □咳 □鼻水 □味覚障害 □嗅覚障害 □その他	発症日の前日に利用者宅に訪問し、掃除、調理等の生活援助を45分提供。身体に触れる機会はなかった。接触時マスクを装着。訪問前後に手指消毒を行った。
1	□接触者 □接触疑い者		□職員 □利用者 □出入業者			□有 □無		□発熱 □咳 □鼻水 □味覚障害 □嗅覚障害 □その他	
2	□接触者 □接触疑い者		□職員 □利用者 □出入業者			□有 □無		□発熱 □咳 □鼻水 □味覚障害 □嗅覚障害 □その他	

【感染対策の指示を仰ぐ】

○　事業所内の消毒の実施方法などの感染拡大防止策について、保健所の指示があれば、それに基づいて対応する。

○　職員が濃厚接触者に特定された場合は、その者の検査の実施について保健所の指示により対応する。

（2-2）濃厚接触者への対応

ア）記載内容チェックリスト

□　国のガイドラインに基づき、この項目に記載する事項として、入所系では、①健康管理の徹底、②個室対応、③担当職員の選定、④生活空間・動線の区分け、⑤ケアの実施内容・実施方法の確認について、通所系事業所では、①利用者の自宅待機、②居宅介護支援事業所との調整について、訪問系事業所では、①ケアの実施内容・実施方法の確認について、また入所系、通所系事業所、訪問系事業所ともに、①職員の自宅待機について定める。

□　（入所系のみ）濃厚接触者については、個室対応とし、検査結果が陰性

であった場合は陽性者との最終接触日から14日間（注：最終接触日の翌日を１日目として算定する。10月１日が最終接触日の場合は同月15日までが健康観察等期間となる。なお、令和４年２月現在、流行の中心であるオミクロン株に係る健康観察等期間は陽性者との最終接触日から７日間とされている。新型コロナウイルスの変異株、流行状況に応じた健康観察等期間が設定される場合があるため最新の情報を把握すること。以下同じ。また後述の「コラム：濃厚接触者の定義等について」を参照していただきたい。）の健康状態の観察を行うことを記載する。

□ （入所系のみ）濃厚接触者への対応職員を固定することについて記載する。

□ （入所系のみ）濃厚接触者と他の入所者との区域分け（ゾーニング）を行い、エリアごとに職員を配置、対応することを記載する。

□ （入所系のみ）濃厚接触者へのケアの実施内容について、感染防護具を装着した上で、濃厚接触者の居室内で対応するほか、感染（疑い）が終息するまでの間、デイルームの使用を中止するなどの措置をとることを記載する。

□ （通所系事業所のみ）濃厚接触者については自宅待機とし、検査結果が陰性であった場合は、陽性者との最終接触日から14日間の自宅での健康状態の観察を行うことを記載する。

□ （通所系事業所のみ）居宅介護支援事業所と連携し、自宅待機中の利用者の生活を支援するための健康観察、代替サービスの調整について記載する。

□ （訪問系事業所のみ）濃厚接触者への対応について、検査結果が陰性であった場合の自宅待機期間（14日間）のサービス対応について記載する。

□ （入所系・通所系事業所・訪問系事業所）濃厚接触者に特定された職員の自宅待機、健康観察の実施及び職場復帰について記載する。

イ）ガイドライン

＜健康管理の徹底＞（入所系のみ）

● 濃厚接触者については、14日間にわたり健康状態の観察を徹底する。

● 14日間行うことが基本となるが、詳細な期間や対応については保健所の指示に従う。

＜個室対応＞（入所系のみ）

● 当該入所者については、原則として個室に移動する。

● 有症状者については、すみやかに別室に移動する。

● 個室が足りない場合は、症状のない濃厚接触者を同室とする。

● 個室管理ができない場合は、濃厚接触者にマスクの着用を求めた上で、「ベッドの間隔を２メートル以上あける」又は「ベッド間をカーテンで仕切る」等の対応を実施する。

＜担当職員の選定＞（入所系のみ）

● 当該入所者とその他の入所者の介護等にあたっては、可能な限り担当職員を分けて対応を行う。

● 職員のうち、基礎疾患を有する者及び妊婦等は、感染した際に重篤化するおそれが高いため、勤務上の配慮を行う。

＜生活空間・動線の区分け＞（入所系のみ）

●「介護現場における感染対策の手引き 第２版」等を参考に実施する。

＜ケアの実施内容・実施方法の確認＞（入所系のみ）

● 濃厚接触者のケアの実施内容・実施方法については、「介護現場における感染対策の手引き 第２版」、「社会福祉施設等における感染拡大防止のための留意点について（その２）（一部改正）」（令和２年10月15日付事務連絡）を参照。

＜利用者の自宅待機＞（通所系事業所のみ）

● 自宅待機し保健所の指示に従う。

＜居宅介護支援事業所との調整＞（通所系事業所のみ）

● 自宅待機中の生活に必要なサービスが提供されるよう、居宅介護支援事業所等と調整を行う。

＜ケアの実施内容・実施方法の確認＞（訪問系事業所のみ）

● 居宅介護支援事業所等を通じて保健所とも相談し、生活に必要なサービスを確保、訪問介護等の必要性の再検討を行う。

● 濃厚接触者のケアの実施内容・実施方法については、「介護現場における感染対策の手引き 第２版」、「社会福祉施設等における感染拡大防止のための留意点について（その２）（一部改正）」を参照。

● 居宅において、職員の手洗い・うがい、換気を行う環境が整備され、利用者及びその家族にその環境整備について理解、協力をいただく。

● 担当となる職員への説明と理解を得た上で、サービス内容を提供できる職員を選定する。

● できる限り、当該利用者へ対応する職員の数を制限するよう努める。

＜職員の自宅待機＞

● 自宅待機を行い、保健所の指示に従う。

● 職場復帰時期については、発熱等の症状の有無等も踏まえ、保健所の指示に従う。

コラム：濃厚接触者の定義等について

（1）濃厚接触者の定義について

　新型コロナウイルス感染症の感染について医師の診断を受けた者（無症状病原体保有者を含む。）の感染可能期間（他者に新型コロナウイルスを感染させる可能性があると考えられる期間。発症日の2日前（無症状病原体保有者の場合は検査日の2日前）から療養等解除の基準を満たすまでの期間をいう。）において接触した者のうち、次に該当するもの。

・感染者と同居あるいは長時間の接触（車内、航空機内を含む）があった者

・適切な感染防護なしに感染者を診察、看護若しくは介護していた者

・感染者の気道分泌液若しくは体液等の汚染物質に直接触れた可能性が高い者

・その他：手で触れることのできる距離（目安として1m）で、必要な感染予防策なしで、感染者と15分以上の接触があった者（周辺の環境や接触の状況等個々の状況から患者の感染性を総合的に判断する。）

（2）濃厚接触者の健康観察期間等について

　濃厚接触者については、これまで健康観察及び自宅待機の期間が陽性者との最終接触日から14日間とされてきたが、新型コロナウイルスの変異株であるオミクロン株の流行に応じた対応として、健康観察等期間が見直されている。国の通知により、令和4年1月14日付けで10日間とされ、さらに同月28日付けで7日間（いずれも無症状である場合）に短縮されている。

　今後も、出現する変異株の特性や流行状況に基づいた見直しが適時行われる可能性があるため、国が発出する通知等により最新の情報を把握する必要がある。

（3）社会機能維持者に係る濃厚接触者の待機期間の特例について

　国では、オミクロン株の流行状況に応じた対応として、地域における社会機能の維持のために必要な場合には、自治体の判断により、社会機能を維持するために必要な事業に従事する者（＝社会機能維持者）に限り、検査を組み合わせることにより、検査結果が陰性であった場合は7日を待たずに待機を解除する取扱いができることとした（令和4年1月28日付け通知）。

　具体的には、①事業者において、当該社会機能維持者の業務への従事が事業の継続に必要である場合、②無症状であり、抗原定性検査キット（必ず薬事承認されたものを用いる。）により検査し陰性が確認されること、③検査は、待機期間の4日目及び5日目に抗原検査キットを用いて検査しいずれも陰性が確認できた場合に、5日目から解除が可能となる。こうした取扱いにより待機解除を行う場合は、施設・事業所では、感染対策を徹底するとともに、

当該待機解除者に対し、10日目まで検温などの健康状態の確認、業務従事以外の不要不急の外出の自粛、通勤時の公共交通機関の利用をできる限り避けるように説明することが求められている。

　感染の急拡大のもと、業務を継続するためにこうした運用を取らざるを得ない状況となる施設・事業所においては、施設等所在市区町村に相談し対応方針を決めていくこととなる。

＊（1）については、国立感染症研究所感染疫学センター「新型コロナウイルス感染症患者に対する積極的疫学調査実施要領」から抜粋
＊（2）及び（3）については、厚生労働省新型コロナウイルス感染症対策本部発出「新型コロナウイルス感染症の感染急拡大が確認された場合の対応について」から抜粋

ウ）主旨・補足説明

　保健所の積極的疫学調査により濃厚接触者として特定された利用者・職員については、行政検査（感染症法に基づく検査。感染疑いのある者・濃厚接触者に特定されたものを対象として保健所等が必要と判断して行うもの。以下同じ。）が行われる。濃厚接触者は、検査結果が陰性の場合であっても感染者との最終接触日から14日間の自宅等での健康観察となる。

　施設においては、濃厚接触者に特定された入所者については、感染拡大防止の観点からできる限り個室での対応をとる。

　濃厚接触者への対応では、できる限り担当する介護職員を固定し、接触疑いのない入所者の担当職員と分けることが求められる。

　マスク、手指消毒の徹底などの感染防止策とともに、施設内において濃厚接触者と接触疑いのない入所者との区域を分けること、いわゆるゾーニングを確実に行うことが感染拡大防止を図る上で大変重要となる。当然、感染者と感染していない入所者の区域分けを行うことも同様である。

　ゾーニングは、施設の構造を考慮しつつ、レッドゾーン＝感染者の居室等ウイルス感染のおそれが高い場所（職員は感染防護具装着で行動）、グリーンゾーン＝ウイルスがいない場所（感染防護具はグリーンゾーンで着用する。）、イエローゾーン＝中間区域（感染防護具の脱衣場所）に区域分けすることで、レッドゾーンからグリーンゾーンへのウイルスの持ち込みを防ぐものである。

　新型コロナウイルスを封じ込めるために、職員の担当分け及び施設内の区域分けを共に行うことが有効である。ゾーニングを行うため施設においては、法人本部の協力を得て有事の際の勤務体制の構築ができるよう特に人員確保の点で平時から検討・準備しておくべきである。

通所系事業所においては、濃厚接触者となった利用者の検査結果が陰性である場合でも14日間の自宅での健康観察となることから、利用者本人のニーズに応じたサービスや支援につながるよう居宅介護支援事業所と連携する。

訪問系事業所においては、サービスが途切れることによる本人の命と健康に及ぼす影響を考慮し、生活上必要なサービスについては、継続して提供できるよう調整する。

エ）施設・事業所ごとの作成例

①入所系の例

【健康管理の徹底】
○　濃厚接触者に特定された入所者については、検査結果が陰性である場合は、感染者との最終接触日から14日間の健康観察を実施する。
○　その他の入所者、職員についても感染（疑い）の終息までの間は、検温・体調管理等の健康管理を徹底する。

【個室対応】
○　濃厚接触者については、個室での対応を原則とする。個室での対応が難しいときは、飛沫感染を防止するため、ベッド間隔を2メートル以上空けること又はベッドの間をカーテンで仕切るなどの対応をとる。
○　濃厚接触者の居室の換気を確実に行う。
○　居室内で食事、排せつ、清拭などの介護を行う。
○　濃厚接触者が複数いる場合において、それぞれの個室対応が難しいときは、当該濃厚接触者のうち症状がない者又は検査結果が陰性である者を同室として対応する。この場合において、排せつはポータブルトイレで対応し、共同トイレでは行わないようにする。

【担当職員の選定】
○　濃厚接触者に対応する職員とその他の入所者に対応する職員について区分けする体制を構築する。
○　夜勤帯等において濃厚接触者への対応職員の固定が困難な場合は、感染防護具の取換え及び消毒の徹底により対応する。

【生活空間・動線の区分け】
○　感染拡大を防止するための濃厚接触者と接触疑いのない入所者との区域分け（ゾーニング）について、次のように対応する。
　①　濃厚接触者の居室のエリアとその他の入所者のエリアを区域分けする。

②　検査結果が陽性となった場合は感染者エリアを設けて区域分けする。

③　エリアを超えた入所者の居室の移動等は行わない。

④　対応職員の選定に基づいてエリアごとに職員を配置し、対応する。

○　ゾーニングの設定については、保健所、感染管理認定看護師等の指導・助言が受けられる場合は、指導等を受けて行うこととする。

【ケアの実施内容・実施方法の確認】

○　感染（疑い）が終息するまでの間、デイルーム、食堂の利用を中止する（個室ユニットの場合は感染（疑い）発生に係るユニットに限定することもありうる。）。入浴については、清拭で対応する。

○　濃厚接触者の介護を行う場合は、食事、排せつなど本人に直接触れる介助を行うとき及び排せつ物、嘔吐物を処理するときは、サージカルマスク（N95マスクでも可）、手袋、フェイスシールド・ゴーグル、ガウン、不織布ヘアキャップを着用する。

○　複数の濃厚接触者を介護する場合は、濃厚接触者ごとに感染防護具を取り換えるよう徹底する。

○　濃厚接触者以外の入所者の介護においても、標準予防策（マスク着用、ケアの前後の手指消毒（又は手洗い）の徹底、換気の徹底、共有物の消毒など）を徹底すること。

○　そのほか濃厚接触者及び濃厚接触者以外の入所者に係るケアの実施内容等は、「介護現場における感染症対策の手引き　第2版」、「社会福祉施設等における感染拡大防止のための留意点について（その2）（一部改正）」（令和2年10月15日付事務連絡）を参照し対応する。

【職員の自宅待機】

○　濃厚接触者に特定された職員については、即座に、自宅待機とし、行政検査の実施について保健所の指示を受けて対応する。

○　検査の結果が陰性であった場合は、検査日から14日間、自宅で健康観察を行った後に職場復帰とする。詳細については、保健所の指示・助言を受けて決定する。

②通所系事業所の例

【利用者の自宅待機】
○　濃厚接触者に特定された利用者については、検査結果が陰性である場合は、検査日から14日間の自宅での健康観察を実施するよう協力を依頼する。健康観察後、利用再開となるが、詳細については、保健所の指示・助言を受けて決定する。

【居宅介護支援事業所との調整】
○　自宅での健康観察期間中の生活の確保を図るため、必要に応じ、居宅介護支援事業所と連携し、安否確認・健康状態の把握や代替サービス（例：配食サービスなど）が提供されるよう事業所として協力する。

【職員の自宅待機】
○　濃厚接触者に特定された職員については、即座に、自宅待機とし、行政検査の実施について保健所の指示を受けて対応する。
○　検査の結果が陰性であった場合は、検査日から14日間、自宅で健康観察を行った後に職場復帰とする。詳細については、保健所の指示・助言を受けて決定する。

③訪問系事業所の例

【ケアの実施内容・実施方法の確認】
○　濃厚接触者に特定された利用者について、検査結果が陰性である場合は、自宅での健康観察期間（14日間）中の生活を確保するため、居宅介護支援事業所と連携し、本人のニーズを評価し、必要と認める場合は、食事、排せつ、服薬確認等の本人の日常生活上欠かすことのできない介護等サービス提供を継続できるよう調整する。
○　介護等サービスの提供にあたっては、職員は、感染防護具の装着など感染防止策を講じたうえで、その日の最後に訪問するなど工夫して対応する。また、可能な限り、職員を固定して対応する。

【職員の自宅待機】
○　濃厚接触者に特定された職員については、即座に、自宅待機とし、行政検査の実施について保健所の指示を受けて対応する。
○　検査の結果が陰性であった場合は、検体採取日の翌日から14日間、自

宅で健康観察を行った後に職場復帰とする。詳細については、保健所の指示・助言を受けて決定する。

（2-3）職員の確保（入所系・訪問系事業所のみ）

ア）記載内容チェックリスト

☐　国のガイドラインに基づき、この項目に記載する事項として、①施設・事業所内での勤務調整、法人内での人員確保、②自治体・関係団体への依頼、③滞在先の確保（入所系のみ）、について定める。

☐　職員が感染し、又は濃厚接触者に特定されることにより人員不足が生じる場合に備え、職員の確保について、シフト調整、併設（系列）事業所からの応援、法人内施設・事業所からの応援などの対策を記載する。

☐　職員の確保について自治体・関係団体に依頼することについて記載する。

☐　（入所系のみ）施設内での感染拡大防止体制の構築のために、必要に応じ、感染症対応に関する専門的知識を有する者の派遣について、都道府県等に依頼することを記載する。

☐　（入所系のみ）家庭内感染の不安の低減とともに職員の負担の軽減に資するため、必要に応じ、地域内の宿泊施設を確保することについて記載する。

イ）ガイドライン

（以下、入所系のみ）

＜施設内での勤務調整、法人内での人員確保＞

● 感染者や濃厚接触者となること等により職員の不足が見込まれる。

● 勤務可能な職員と休職が必要な職員の把握を行い、勤務調整を行う。また、基準等について、不測の事態の場合は指定権者へ相談した上で調整を行う。

● 勤務可能な職員への説明を行った上で、緊急やむを得ない対応として平時の業務以外の業務補助等への業務変更を行うなど、入所者の安全確保に努めるシフト管理を行う（期間を限定した対応とする）。

● 施設内の職員数にまだ余裕があれば、業務シフトを変更して対応し、同一法人内からの支援も検討する。

● 勤務時の移動について、感染拡大に考慮し近隣の事業所からの人員の確

保を行う。

● 　特に看護職員等については、通常時より法人内において連携を図り緊急時の対応が可能な状況の確保に努める。

● 　委託業者が対応困難となった場合も踏まえ、職員調整を行う。

● 　応援職員に「してほしい業務」「説明すべきこと」を決めておく。

＜自治体・関係団体への依頼＞

● 　自施設、法人内の調整でも職員の不足が見込まれる場合、自治体や関係団体へ連絡し、応援職員を依頼する。

● 　感染発生時の施設運営やマネジメントについては、協力医療機関の助言等も踏まえつつ、保健所の指示を受け管理者が中心となって対応すべきものである。

● 　感染症対策に係る専門的知識も踏まえた運営やマネジメントを行う必要があるが、施設単独で行うには困難を伴うこともあり、その場合は早めに都道府県等に専門家の派遣を依頼する。

＜滞在先の確保＞

● 　職員の負担軽減のため、必要に応じて近隣に宿泊施設を確保する。

（以下、訪問系事業所のみ）

＜施設内での勤務調整、法人内での人員確保＞＜自治体・関係団体への依頼＞

● 　感染者、濃厚接触者となることで職員の不足が想定される。勤務可能な職員を確認するとともに、職員の不足が見込まれる場合は、法人内での調整、自治体や関係団体への要請を行う。

ウ）主旨・補足説明

　職員が感染した場合や濃厚接触者に特定された場合は、一定期間（濃厚接触者は検査結果が陰性であった場合でも14日間の自宅待機となる。）、その他の職員により必要な業務を継続しなければならない。加えて、施設では、感染拡大防止への対応として感染者（保健所の指示で施設内療養となる場合や入院等調整中に施設内で一時的に療養する場合がある。）、濃厚接触者及びその他の入所者に対応する職員を区分けすることに伴い、通常よりも多くの職員が必要となる。

　施設・事業所では、状況により、職員のシフト変更だけでは対応が難しくなる場合は、法人本部に依頼し法人内の他の施設・事業所からの職員応援のほか、可能であれば、地域内の他の施設・事業所に対し職員の派遣について協力を要請しなければならなくなる。こうした職員の応援・派遣を可能とするため

には、平時において、法人本部では有事を想定した施設・事業所間の職員の相互応援について検討・構築しておくことが求められるほか、施設・事業所では地域内の他の施設・事業所との信頼関係の構築に努め、有事の際の協力体制について話し合っておく必要がある。

　なお、都道府県によっては、有事の際にはあらかじめ登録のあった専門職を派遣する仕組みを設けている場合もあるため、平時において情報収集に努めておくこと。

エ）施設・事業所ごとの作成例

①入所系の例

【施設内での勤務調整、法人内での人員確保】

○　職員が感染し、又は濃厚接触者に特定されること等により、職員の不足が見込まれる場合は、次の方法により職種ごとに人員を確保するよう努めるものとする。

　　①　施設内の職員の業務シフトの変更による人員の確保

　　②　併設事業所又は法人内の他の施設・事業所からの職員の応援による人員の確保

　　③　地域内の他の施設・事業所に職員の応援について協力を要請

【自治体・関係団体への依頼】

○　職員の確保について、指定権者及び○○市（区町村）又は職能団体等に協力を要請する。

○　施設内での感染拡大を防止するために、必要に応じ、感染症に関する専門的知識を有する者の派遣について、指定権者、○○市（区町村）等に依頼する。

【滞在先の確保】

○　職員の負担の軽減に資するため、必要に応じ、地域内のホテル等の宿泊施設を確保する。

---

②訪問系事業所の例

【事業所内での勤務調整、法人内での人員確保】

○　職員が感染し、又は濃厚接触者に特定されること等により、職員の不足が見込まれる場合は、次の方法により職種ごとに人員を確保するよう努めるものとする。

① 職員の業務シフトの変更によるサービス提供従事者の確保

② 系列事業所又は法人内の他の施設・事業所からの職員の応援による人員の確保

③ 地域内の他の施設・事業所に職員の応援について協力を要請

【自治体・関係団体への依頼】

○　職員の確保について、指定権者及び○○市（区町村）又は職能団体等に協力を要請する。

コラム：地域の訪問介護事業所の連携による有事の際の職員相互応援協定の構築実例

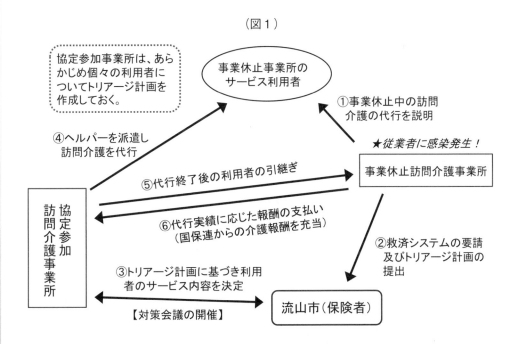

（図1）

協定参加事業所は、あらかじめ個々の利用者についてトリアージ計画を作成しておく。

事業休止事業所のサービス利用者

①事業休止中の訪問介護の代行を説明

★従業者に感染発生！

④ヘルパーを派遣し訪問介護を代行

事業休止訪問介護事業所

⑤代行終了後の利用者の引継ぎ

⑥代行実績に応じた報酬の支払い（国保連からの介護報酬を充当）

協定参加訪問介護事業所

②救済システムの要請及びトリアージ計画の提出

③トリアージ計画に基づき利用者のサービス内容を決定

【対策会議の開催】

流山市（保険者）

千葉県の流山市シルバーサービス事業者連絡会（54法人、144事業所）の訪問介護部会では、市内の訪問介護事業所が連携し有事の際の職員相互応援に関する協定を締結している。

写真1：研修での感染防護具脱着訓練の様子

　協定の主な内容としては、①感染等により職員不足や事業休止した場合でも事業所が相互に協力し訪問介護を必要とする要介護者への支援を切れ目なく提供することを目的とすること、②協定参加事業所では、緊急時に提供するサービス内容を定めた『トリアージ計画』をあらかじめ作成しておくこと、③職員不足や休止する事業所が発生した場合は、協定参加事業所が集まり（市も参加協力）、対策会議を開きトリアージ計画に基づいて、利用者ごとに提供するサービス内容を決定すること、④協定参加事業所がヘルパーを派遣し休止等事業所に代わって訪問介護を提供すること、⑤休止等事業所が平時の体制に戻ったときは、利用者を元の事業所に引き継ぐこと、が主なものである（図1）。

　中でも、②のトリアージ計画の策定は、協定参加事業所による訪問介護の代行を円滑に実施するために重要なものとなる。訪問介護を代行する事業所では、通常どおり自身の事業所の訪問介護を行いつつ休止等事業所にヘルパーを派遣しなければならないからである。よって、トリアージ計画は、利用者の心身の状態、家族等介護者の状況、生活環境を総合的に評価して、従来どおりのサービス内容を必要とする利用者（例：重度の要介護者）、サービスの利用回数や時間を減らせる利用者（例：軽度・中度の要介護者で家族の協力が可能）、サービスの休止が可能な利用者（例：軽度の要介護者で他のサービスへの切り替えが可能）といったパターンに振り分けることがポイントとなる。

　こうした職員相互応援協定を構築できた理由としては、各事業所が共通の課題を抱えていたということ以外に、各事業所の知識・意識レベルを均一化しながら主体的に課題解決に取り組んだ点にある。そのプロセスを時系列にまとめると以下のとおりである。

（1）市内訪問介護事業所での感染症対策、抱える課題に関するアンケートを実施（令和2

写真2：戸建て住宅を借りての実習の様子

　年4月下旬）

（2）キックオフミーティング（6月下旬。現状報告、課題の抽出、プロジェクトの進め方等）

（3）感染症対策に詳しい医師・看護師を講師に招いた研修会を開催（7月下旬。感染症対策・ゾーニングの考え方、感染防護具の脱着訓練等。写真1）

（4）感染防止対策の先進事業者との意見交換（オンライン形式。九州及び関西・関東の事業者（8月上旬及び10月上旬））

（5）戸建て住宅を借りて感染防止策とゾーニングづくりの実践研修（9月中旬。写真2）

（6）協定づくり会議（6〜10月適時開催）

　協定は、令和2年11月からスタートしているが、実質約4か月で協定の発効という成果に結びつけることができたのは、各事業所の「自分たちの危機は自分たちで考え、協力し乗り越えよう」という主体性が大きく作用したものと捉えている。

　なお、保険者である市としては、研修会のファシリテーターや協定策定に係る助言、国からの介護事業所向けのコロナ関連通知の運用上のアドバイス、協定書の原案作りなどに協力した。特に、協定書原案の作成過程で課題となった代行事業所と利用者との関係性について、国の通知を活かし、緊急性が高い場合には、一時的に別の事業所が介護サービスを提供した場合は、本来の事業所が継続してサービスを提供できていると保険者（市）として判断することとした。このことより代行事業所が利用者と利用契約を締結し直すといった煩雑さが生じることがなくなり、協定書の原案をまとめることが可能となった。

（2-4）防護具、消毒液等の確保

ア）記載内容チェックリスト

☐ 国のガイドラインに基づき、この項目に記載する事項として、①在庫量・必要量の確認、②調達先・調達方法の確認について定める。

☐ 2.「平時からの備え」の「（2-3）防護具、消毒液等備蓄品の確保」で規定した備蓄品の調達先からの調達について記載するとともに、感染発生時には防護具、消毒液等ともに使用量が増えることから、日々の使用量を常に把握し、先の見通しを立てて調達することを記載する。

☐ 施設・事業所単独では、防護具、消毒液等の確保が困難なときは、指定権者や施設等が所在する市区町村と連携し、確保するよう努めることを記載する。

イ）ガイドライン

＜在庫量・必要量の確認＞

● 個人防護具、消毒液等の在庫量・保管場所を確認する。

● 入所者（利用者）の状況（施設では濃厚接触者の状況を含む。）等から今後の個人防護具や消毒液等の必要量の見通しをたて、物品の確保を図る。

● 個人防護具の不足は、職員の不安へもつながるため、充分な量を確保する。

＜調達先・調達方法の確認＞

● 通常の調達先から確保できない場合に備え、複数の業者と連携しておく。

● 自法人内で情報交換し、調達先・調達方法を検討する。

● 不足が見込まれる場合は、自治体、事業者団体に相談する。

● 感染拡大により在庫量が減るスピードが速くなることや、依頼してから届くまで時間がかかる場合があることを考慮して、適時・適切に調達を依頼する。

ウ）主旨・補足説明

施設においては、複数の感染者及び濃厚接触者が発生した場合は、身体介護の毎にガウン、手袋等を交換しなければならないことから、感染防護具の使用量が著しく増えることとなる。備蓄品の管理を担当する職員においては、現場での使用状況を把握しつつ在庫量を常に管理し、さらに感染者等が増える場合も想定して備蓄品の発注を行う必要がある。

通所系事業所及び訪問系事業所でも、地域の新規感染者数の動向を踏まえ、

感染防護具の使用頻度の増加に備えた備蓄品の管理・発注を心掛けることが望ましい。

　万一、品不足や流通上の理由により備蓄品の補充が滞るようなときは、都道府県、市区町村に依頼し、当該自治体が備蓄している感染防護具、消毒液等の貸与・供与を要請することを念頭に置いておく。

エ）施設・事業所ごとの作成例

①入所系の例

【在庫量・必要量の確認】

○　感染防護具、消毒液等備蓄品の管理担当者は、備蓄品リストに基づいて、感染（疑い）者の発生以後の使用量・在庫量を常に把握・管理する。施設内での感染者が増えた場合を想定し在庫量の見通しを立てる。

【調達先・調達方法の確認】

○　備蓄品の在庫状況に応じて調達先に対し必要量を発注する。調達に当たっては、施設内の感染拡大の見通しを想定して発注量を決め、施設長と協議の上発注する。

○　調達先への発注のみでは、物品に不足を生ずるおそれがある場合は、法人内部での物品の融通を依頼するほか、指定権者又は○○市（区町村）に対し不足する感染防護具、消毒液等備品の貸与又は供与について申し出る。

②通所系事業所・訪問系事業所の例

【在庫量・必要量の確認】

○　感染防護具、消毒液等備蓄品の管理担当者は、備蓄品リストに基づいて、利用者の感染（疑い）者の発生以後の使用量・在庫量を常に把握し、在庫量に不足を生じないように管理する。

【調達先・調達方法の確認】

○　備蓄品の在庫状況に応じて調達先に対し必要量を発注する。

○　調達先への発注のみでは、物品に不足を生ずるおそれがある場合は、法人内部での物品の融通を依頼するほか、指定権者又は○○市（区町村）に対し不足する防護具、消毒液等備品の貸与又は供与について申し出る。

（2-5）情報共有

ア）記載内容チェックリスト

□ 国のガイドラインに基づき、この項目に記載する事項として、①施設・事業所内・法人内での情報共有、②入所者（利用者）・家族との情報共有、③自治体（指定権者・保健所）との情報共有、④関係業者等との情報共有について定める。

□ 施設・事業所内での感染（疑い）発生時の情報共有先として、本人の家族、感染（疑い）者以外の入所者・利用者及びその家族、法人本部、指定権者、施設・事業所が所在する市区町村、管轄保健所、委託業者などが想定されるが、それら対象ごとにどのような情報を共有するかを定め記載する。

□ 通所系・訪問系事業所においては、感染（疑い）者が他の居宅サービスを利用している場合には、居宅介護支援事業所と情報を共有し、併用サービスの利用における感染を防止するよう対応することを記載する。

イ）ガイドライン

● 時系列にまとめ、感染者の情報、感染者の症状、その時点で判明している濃厚接触者の人数や状況を報告共有する。

● 管轄内保健所や行政からの指示指導についても、関係者に共有する。

＜施設内・法人内での情報共有＞

● （入所系のみ）職員の不安解消のためにも、定期的にミーティングを開く等により、施設内・法人内で情報共有を行う。

● （通所系事業所のみ）利用者・職員の状況（感染者、濃厚接触者、勤務可能な職員数等）、休業の期間、休業中の対応、再開の目安等について、事業所内・法人内で共有する。

● 施設・事業所内での感染拡大を考慮し、社内イントラネット等の通信技術を活用し各自最新の情報を共有できるように努める。

● 感染者が確認された施設・事業所の所属法人は、当該施設・事業所へ必要な指示指導の連携を図るよう努める。

＜入所者（利用者）・家族との情報共有＞

● （入所系のみ）感染拡大防止のための施設の対応、入所者や家族に協力をお願いすること（隔離対応、面会制限等）について説明する。

● （入所系のみ）家族に入所者の様子をこまめに伝えるよう心掛ける。

● （入所系のみ）必要に応じて文書にて情報共有を行うことが望ましい。

● （通所系事業所のみ）休業の有無、休業の期間、休業中の対応、再開の目安等について、利用者・家族と情報共有を行う。

＜自治体（指定権者・保健所）との情報共有＞

● （入所系のみ）職員の不足、物資の不足、施設の今後の対応方針を含め、早めの情報共有を行う。

● （通所系事業所のみ）休業の有無、休業の期間、休業中の対応、再開の目安等について、指定権者、保健所と情報共有を行う。

＜関係業者等との情報共有＞

● （入所系のみ）委託業者に感染者発生状況、感染対策状況等を説明し、対応可能な範囲を確認する。職員負担軽減のためにも、指定権者や保健所とも相談し、可能な限りの対応を依頼する。同業者が対応困難な場合を想定し、あらかじめ他の専門業者を把握しておくことが望ましい。

● （通所系事業所のみ）休業の有無、休業の期間、休業中の対応、再開の目安等について、居宅介護支援事業所、委託業者等と情報共有を行う。

● 感染者や濃厚接触者となった職員の兼務先を把握している場合は、個人情報に留意しつつ必要に応じて情報共有を行う。

● 必要に応じて、個人情報に留意しつつ、居宅介護支援事業所等と相談し、地域で当該入所者・利用者が利用している医療機関や他サービス事業者への情報共有に努める。

ウ）主旨・補足説明

　情報共有については、前掲の3.「初動対応」の「（2−1）第一報」以後、施設・事業所内の感染者等の発生状況、感染拡大防止等を時系列に整理した上で報告を行うことで、正確な情報をわかりやすく伝えやすくなる。その結果、職員、家族等関係者が状況を的確に把握・理解するとともに、適切な判断・行動に結びつくものとなる。

　施設内での情報共有では、感染（疑い）者及び濃厚接触者に関する情報（発生フロア、個室対応の有無、対応する職員の選定、施設内の消毒その他感染拡大防止策等）を共有する。法人本部との情報共有においても同様である。

　感染（疑い）者の家族には、本人の症状、状態、施設としての対応について最新の情報を逐次説明していく。その他の入所者の家族に対しては、不安に陥ることのないよう、施設内の状況を丁寧に説明する。

　通所系事業所においては、休業の有無、休業する場合の期間の見通し等に関する情報を関係者と共有する。

　通所系事業所及び訪問系事業所では、感染（疑い）者・濃厚接触者が他の居宅サービスを併用している場合は、併用するサービスでの感染拡大を防止するため、居宅介護支援事業所と連携し、当該サービス事業所に情報提供を行っていく。

エ）施設・事業所ごとの作成例

①入所系の例

【施設内・法人内での情報共有】

○　感染（疑い）者及び濃厚接触者に関する情報（入所者・職員の区別、本人の属性、発症から現時点までの経過、接触者の状況、消毒その他感染拡大防止策、対応する職員の選定など）とともに施設としての今後の対応方針について、すみやかに職員に共有するとともに逐次更新情報の共有に努める。

○　上記について、法人本部に情報共有する。

【入所者・家族との情報共有】

○　感染（疑い）者本人の家族に対しては、本人の発症から現時点までの経過、今後の療養予定（保健所の指示に基づくもの）等について説明を行うとともに、症状・身体状態について逐次報告する。その他の入所者及び家族に対しては、施設内での感染状況及び感染拡大防止策並びに今後の施設サービスの提供方針等を説明し、以後、状況に変化があった場合は逐次報告を行うものとする。

【自治体（指定権者・保健所）との情報共有】

○　指定権者、施設が所在する市区町村及び管轄保健所に対し、施設内の感染状況及び感染拡大防止策について、逐次報告する。

○　感染防護具、消毒液等の確保について、不足が生じるおそれがある場合は、指定権者等に状況を説明し、貸与・供与について要請する。

○　指定権者、施設が所在する市区町村及び管轄保健所からの指示・助言については、施設長に報告するとともに関係職員間で共有し、その後の対応に活かすものとする。

【関係業者等との情報共有】

○　協力医療機関に対しては、感染（疑い）者本人に関する情報（症状・身体状態、発症から現時点までの経過など）を報告し、指示・助言を仰ぐ。

○　委託業者等の関係業者に対しては、施設内の感染状況及び感染拡大防止策について、逐次報告を行い、委託業務の提供の継続について協議する。

②通所系事業所の例

【事業所内・法人内での情報共有】

○　感染（疑い）者及び濃厚接触者に関する情報（利用者・職員の区別、本人の属性、発症から現時点までの経過、接触者の状況、消毒その他感染拡大防止策など）とともに、事業所としての今後の対応方針について、すみやかに職員に共有するとともに逐次更新情報の共有に努める。

○　上記について、法人本部に情報共有する。

【利用者・家族との情報共有】

○　感染（疑い）者本人の家族に対しては、本人のサービス利用中の状況や（サービス利用中に発症した場合は）発症時の状況、事業所の対応等について説明する。感染者以外の利用者及び家族に対しては、感染（疑い）の発生状況及び消毒等の感染防止策並びに休業の有無、休業する場合における期間の見通し、代替サービス等について説明する。

【自治体（指定権者・保健所）との情報共有】

○　指定権者、事業所が所在する市区町村及び管轄保健所に対し、事業所内の感染状況及び感染拡大防止策について、逐次報告する。

○　防護具、消毒液等の確保について、不足が生じるおそれがある場合は、指定権者等に状況を説明し、貸与・供与について要請する。

○　指定権者、事業所が所在する市区町村及び管轄保健所からの指示・助言については、管理者に報告するとともに関係職員間で共有し、その後の対応に活かすものとする。

【関係業者等との情報共有】

○　感染（疑い）者が、他の居宅サービスを併用している場合は、居宅介護支援事業所と情報を共有し、併用するサービスにおける感染拡大を防止するために協力して対応する。濃厚接触者についても同様に対応する。

○　委託業者等の関係業者に対しては、事業所内の感染状況及び感染拡大防止策について、逐次報告を行い、委託業務の提供の継続について協議する。

③訪問系事業所の例

【事業所内・法人内での情報共有】

○ 感染（疑い）者及び濃厚接触者に関する情報（利用者・職員の区別、本人の属性、発症から現時点までの経過、接触者の状況、消毒その他感染拡大防止策など）とともに、事業所としての今後の対応方針について、すみやかに職員に共有するとともに逐次更新情報の共有に努める。

○ 上記について、法人本部に情報共有する。

【利用者・家族との情報共有】

○ 感染（疑い）者本人の家族に対しては、（サービス提供中に症状が見られたため対応した場合は）症状、身体状態、事業所の対応等について説明する。

【自治体（指定権者・保健所）との情報共有】

○ 指定権者、事業所が所在する市区町村及び管轄保健所に対し、利用者又は事業所内の感染状況及び感染拡大防止策について、逐次報告する。

○ 防護具、消毒液等の確保について、不足が生じるおそれがある場合は、指定権者等に状況を説明し、貸与・供与について要請する。

○ 指定権者、事業所が所在する市区町村及び管轄保健所からの指示・助言については、管理者に報告するとともに関係職員間で共有し、その後の対応に活かすものとする。

【関係業者等との情報共有】

○ 感染（疑い）者が、他の居宅サービスを併用している場合は、居宅介護支援事業所と情報を共有し、併用するサービスにおける感染拡大を防止するために協力して対応する。濃厚接触者についても同様に対応する。

○ 委託業者等の関係業者に対しては、事業所内の感染状況及び感染拡大防止策について、逐次報告を行い、委託業務の提供の継続について協議する。

（2-6）業務内容の調整（入所系・訪問系事業所のみ）

ア）記載内容チェックリスト

　□ 感染発生時に提供するサービスの継続、変更、縮小、休止について記載する。

　□ 業務の類型について、①感染対応業務（＝感染発生時に新たに発生又は

強化する感染対応に関する業務）、②継続業務（＝感染発生時においても優先的に継続する業務。主に生命の維持のために必要不可欠なものと捉える。）、③変更・縮小業務（＝内容を変更・縮小して実施する業務）、④休止業務（＝入所系のみ。実施することにより感染拡大につながるおそれがあるため休止すべき業務）の４つに分類した上で、一覧表に整理する。

イ）ガイドライン

（入所系）

● 業務を重要度に応じて分類し、感染者・濃厚接触者の人数、出勤可能な職員数の動向等を踏まえ、提供可能なサービス、ケアの優先順位を検討し、業務の絞り込みや業務手順の変更を行う。

● 優先業務を明確化し、職員の出勤状況を踏まえ事業を継続する。

● サービスの範囲や内容について、保健所の指示があればそれに従う。

（訪問系事業所）

● 居宅介護支援事業所や保健所とよく相談した上で、訪問時間を可能な限り短くする等、感染防止策に留意した上でサービス提供を行う。

ウ）主旨・補足説明

施設では、感染が発生した場合は、施設が入所者の生活の場であることから、入所者の命と健康を守るためにサービスを継続することが求められる。しかし、感染が職員に拡大し出勤停止となる者が多く発生した場合は、通常どおりの業務継続は不可能であることから、必要な業務を継続（優先）するためには、優先業務以外の業務について縮小・変更・休止をするなど調整が必要となる。

また、感染者の発生時は、感染者への対応とともに、消毒作業やゾーニングの構築など感染拡大防止のために新たに発生し、又は強化すべき業務がある。

これらを踏まえ、施設内の感染状況、欠勤する職員の人数等に基づいて、施設としての業務継続方針についてあらかじめ定めておくものである。

訪問系事業所では、在宅の利用者の命と健康を守るためにサービスを継続することが求められる。しかし、感染が職員に拡大し出勤停止となる者が多く発生した場合は、通常どおりの業務継続は不可能であることから、必要な業務を継続（優先）するために、優先業務以外の業務について縮小・変更することが必要となる。

また、職員に感染者が発生した場合や地域で感染が急拡大している場合は、消毒作業や感染防止対策の強化など新たに発生する業務がある。

　これらを踏まえ、欠勤する職員の人数等に基づいて、事業所としての業務継続方針についてあらかじめ定めておくものである。

エ）施設・事業所ごとの作成例

①入所系の例（出勤率については更に細分化してもよい）

分類	業務内容	出勤率			備考
		約50%	約70%	約90%以上	
①感染対応業務＊感染発生時に新たに発生又は強化する感染対応に関する業務	感染拡大防止体制による対応業務	施設長（不在時は事務長）の統括の下、役割分担により対応	施設長（不在時は事務長）の統括の下、役割分担により対応	施設長（不在時は事務長）の統括の下、役割分担により対応	担当者の不在時は代行者が各担当業務を遂行する。
	ゾーニングの構築	レッド・イエロー・グリーンに区域分けし対応	レッド・イエロー・グリーンに区域分けし対応	レッド・イエロー・グリーンに区域分けし対応	ゾーニング設定について必要に応じ保健所等の助言を受ける。
	消毒作業	感染発生に係るフロア（ユニット）を重点的に実施	施設内の共用部分を定期的に実施	施設内の共用部分を定期的に実施	出勤率50%未満の場合は感染者に関わる場所のみ実施する。
	・・・	・・・	・・・	・・・	
②継続業務＊優先的に継続する業務	食事介助	全介助・一部介助を優先して対応	全介助・一部介助を優先して対応	通常どおり実施	出勤率が50%未満の場合は食事回数の減を検討する。
	排せつ介助	オムツ交換・ポータブルでの介助により対応	見守りについては直接介助に変更して対応	通常通り対応	出勤率50%未満の場合、要介助者はオムツ交換で対応を検討する。なお、本人の状態像を十分勘案して対応方法を決定する。
	・・・	・・・	・・・	・・・	
③変更・縮小業務＊内容を変更・縮小して実施する業務	入浴介助	清拭で対応	一部の入所者を清拭で対応	ほぼ通常どおり	清拭で対応するかどうかは本人の状態像を十分勘案して決定する。
	整容	汚れが見られる場合に、顔拭き、うがいを実施	顔拭き、歯磨きを実施	ほぼ通常どおり	休止の場合は清拭の際に併せて実施する。
	寝巻・衣服の取り換え	必要に応じて実施	必要に応じて実施	ほぼ通常どおり	
	シーツ交換	汚れが見られる場合に交換	対応可能な範囲内で交換	ほぼ通常どおり	
	機能訓練	休止	休止	ほぼ通常どおり	
	・・・	・・・	・・・	・・・	
④休止業務＊感染拡大につながるおそれがあり休止すべき業務	レクリエーション活動	休止	休止	休止	感染の終息まで休止する。
	機能訓練	休止	休止	休止	〃
	新規入所	休止	休止	休止	〃
	・・・	・・・	・・・	・・・	

②訪問系事業所の例（出勤率については更に細分化してもよい）

分類	業務内容	出勤率			備考
		約50%	約70%	約90%以上	
①感染対応業務 ＊感染発生時に新たに発生又は強化する感染対応に関する業務	感染拡大防止体制による対応業務	管理者（不在時はサービス提供責任者）の統括の下、役割分担により対応	管理者（不在時はサービス提供責任者）の統括の下、役割分担により対応	管理者（不在時はサービス提供責任者）の統括の下、役割分担により対応	担当者の不在時は代行者が各担当業務を遂行する。
	備蓄品の管理・発注	備蓄品の管理担当者が管理・発注する。	備蓄品の管理担当者が管理・発注する。	備蓄品の管理担当者が管理・発注する。	地域の感染状況が拡大傾向の場合は早めに不足分を補充する。
	消毒作業（職員が感染した場合）	事業所内の消毒を実施	共用部分を中心に定期的に消毒を実施	共用部分を中心に定期的に消毒を実施	感染発生直後の消毒作業は外部の業者への委託も検討する。
	・・・	・・・	・・・	・・・	
②継続業務 ＊優先的に継続する業務	食事介助	全介助・一部介助を優先して対応	全介助・一部介助を優先して対応	通常どおり実施	
	排せつ介助	オムツ交換又はポータブルでの介助による対応	見守りについては直接介助に変更して対応	通常通り対応	出勤率50%未満の場合、要介助者はオムツ交換で対応を検討する。なお、本人の状態像を十分勘案して対応方法を決定する。
	・・・	・・・	・・・	・・・	
③変更・縮小業務 ＊内容を変更・縮小して実施する業務	入浴介助	清拭で対応	清拭で対応	ほぼ通常どおり	清拭で対応するかどうかは本人の状態像を十分勘案して決定する。
	整容	汚れが見られる場合に、顔拭き、うがいを実施	汚れが見られる場合に顔拭き、歯磨きを実施	ほぼ通常どおり	
	衣服の取り換え	必要に応じて実施	必要に応じて実施	ほぼ通常どおり	
	調理	レトルト食品、スーパーの総菜品等で対応	レトルト食品、スーパーの総菜品等で対応	ほぼ通常どおり	米飯はフリーズドライのものを利用する。
	買い物	生活必需品のみ。一度にまとめ買いし訪問頻度を下げる。	生活必需品のみ	ほぼ通常どおり	家族等支援者が確保可能な場合は一時休止（出勤率50%未満）
	掃除	一時休止	一時休止	ほぼ通常どおり	
	・・・	・・・	・・・	・・・	

（2-7）過重労働・メンタルヘルス対応

ア）記載内容チェックリスト

☐ 国のガイドラインに基づき、この項目に記載する事項として、①労務管理、②長時間労働対応、③コミュニケーション、④相談窓口について定める。

☐ 職員の勤務時間等の労務管理の現場責任者である施設長（管理者）として、有事の際に、職員が長時間労働やストレスによる体調不良とならないよう講ずべき対策について記載する。

イ）ガイドライン

＜労務管理＞

● 勤務可能な職員をリストアップし、調整する。

● 職員の不足が見込まれる場合は、早めに応援職員の要請も検討し、可能な限り長時間労働を予防する。

● 勤務可能な従業員の中で、休日や一部の従業員への業務過多のような、偏った勤務とならないように配慮を行う。

● 施設・事業所の近隣において宿泊施設、宿泊場所の確保を考慮する。

＜長時間労働対応＞

● 連続した長時間労働を余儀なくされる場合、週1日は完全休みとする等、一定時間休めるようシフトを組む。

● 定期的に実際の勤務時間等を確認し、長時間労働とならないよう努める。

● 休息時間や休憩場所の確保に配慮する。

＜コミュニケーション＞

● 日頃の声かけやコミュニケーションを大切にし、心の不調者が出ないように努める。

● 風評被害等の情報を把握し、職員の心のケアに努める。

＜相談窓口＞

● 施設・事業所内又は法人内に相談窓口を設置するなど、職員が相談可能な体制を整える。

● 自治体や保健所にある精神保健福祉センターなど、外部の専門機関にも相談できる体制を整えておく。

ウ）主旨・補足説明

感染（疑い）の発生に伴う対応業務や感染等による職員の不足が生じた場合

には、業務に従事できる職員にかかる身体的・精神的な負担が重くならざるを得ない。通常より少ない人数で業務を継続していくためには、施設長（管理者）には、有事としての労務管理が求められる。現場の責任者である施設長（管理者）は、平時からBCPに基づいて労務管理に関し、シミュレーションを行っておくことが必要となる。

また、職員同士の業務上のコミュニケーションの円滑化や過重労働に関する相談窓口の周知については、平時から対応しておくべきことである。

エ）施設・事業所ごとの作成例

入所系・通所系事業所・訪問系事業所共通の例

【労務管理】

○ 職員の不足が見込まれる場合は、施設（事業所）内の職員の業務シフトの変更、併設事業所又は法人内の他の施設等からの職員の派遣等により職員確保に努め、特定の職員に業務が集中することや長時間労働とならないよう取り組む。

【長時間労働対応】

○ 施設長（管理者）は職員の負担が過大にならないように、休憩時間を取るよう指示、管理するとともに1日の勤務時間が長時間に及ばないよう管理する。また、業務継続計画（BCP）発動時であっても、勤務日が連続しないよう配慮し少なくとも週に1日は休暇が取れるよう配慮する。

【コミュニケーション】

○ 施設長（管理者）は、職員同士が声を掛け合いながら業務に従事するなど職員の精神的負担の軽減に努めるよう業務体制を管理する。

【相談窓口】

○ 職員からのストレス、不安等に関する訴え、相談があった場合は、施設（事業所）内の相談窓口として○○（担当を具体的に記載）が対応し、又は法人内の相談窓口である○○（部門を具体的に記載）の利用ができることを平時から職員に周知する。

（2-8）情報発信

ア）記載内容チェックリスト

□ 施設・事業所内での感染（疑い）の発生状況について、関係機関・地域・マスコミ等への説明・公表・取材対応について記載する。

□ 広く一般に情報を発信する場合と、マスコミからの取材のように外部の者からの問い合わせに対応する場合に分けて記載する。

イ）ガイドライン

● 法人内での公表のタイミング、範囲、内容、方法について事前に方針を決めておく。

● 公表内容については、入所者（利用者）・家族・職員のプライバシーへの配慮が重要であることを踏まえた上で検討する。取材の場合は、誰が対応するかをあらかじめ決めておく。複数名で対応にあたる場合も、対応者によって発信する情報が異ならないように留意する。

● 入所者（利用者）・家族・職員が、報道を見て初めてその事実を知ることがないように気をつける。発信すべき情報については、遅滞なく発信し、真摯に対応する。

ウ）主旨・補足説明

前掲の6.「感染拡大防止体制の確立」の「（2-5）情報共有」で示した情報共有先に情報を発信することから、情報発信の時期・内容について法人本部の認識とズレが生じないようにする。個人の特定につながらないように公表内容について発信前に点検することが不可欠である（法人本部に確認を求める方法もある）。

エ）施設・事業所ごとの作成例

入所系・通所系事業所・訪問系事業所共通の例

○ 感染の発生状況について公表する場合は、感染発生日、感染者の入所者（利用者）・職員の区別、人数、濃厚接触者の有無等（保健所に事前に確認すること）、感染拡大防止策、今後の施設の運営方針（施設系の場合）、休業の有無及び休業の場合の期間の見通し（通所系事業所の場合）等について、法人本部に確認の上、情報発信する。

○ 情報の発信は、法人（施設（事業所））ホームページにおいて行う。

○ マスコミ等の外部からの取材・問い合わせに対しては、役割分担に従い事務長（生活相談員・サービス担当責任者）が担当し、外部への情報発信の範囲の内容により説明対応する。

○ （通所系事業所の場合）事業所の再開を決定したときは、利用者に対し、これまでの経過及び感染防止対策の徹底について丁寧に説明し不安の解消を図り、利用再開に向けた働きかけを行う。

あとがき　BCP策定に取り組む皆さんへ

　令和4年2月現在、我が国における新型コロナウイルス感染症の新規感染者数の累計は、360万人を超えている。年明け以降、感染力が強い変異株「オミクロン株」が流行の中心となり、全国各地で感染が急拡大している。高齢者入所施設などでのクラスターも相次いでおり、まさに災害級のパンデミック（大流行）となっている。感染の中心は10代から40代が中心であるものの徐々に60代以上の世代にも拡大しつつあり、高齢者や基礎疾患を抱える方は感染した場合の重症化リスクが高く、入院病床への更なる負荷が懸念されている。

　一方、東日本大震災での経験を踏まえた防災・減災の対応が迫られている中、南海トラフなど次の巨大地震の発生の危機が間近に迫っていると指摘されている。また、台風、集中豪雨に伴う風水害について毎年のように甚大な被害が発生していることは周知のとおりである。

　こうした状況下、福祉・介護関係の現場では、日々、高齢者や身体の不自由な方などの命を守り、生活を支援する立場として、自然災害や感染症への組織的な対応力の強化が喫緊の課題となっていることは言うまでもない。

　総論・各論を通じ、業務継続計画（BCP）の考え方・策定の仕方の一端に触れ、本書を参考として業務継続計画（BCP）の策定に結びつけていただければ大変ありがたいことである。しかし、それがゴールではない。策定した計画に基づいて、平常時から、有事を想定した様々な取組みを実践し続けることが業務継続計画（BCP）の実効性を高める唯一の手段である。施設・事業所の職員の皆さんが業務継続計画（BCP）の推進を我が事として捉え、主体的に、そして一丸となって取り組んでいただくことを期待する。

　業務継続計画（BCP）がしっかりと根付き、有事の際でも柔軟で強靭な仕組み・取組みにより困難を乗り越えられる体制を築き上げていくことを通じ、職員の皆さんの自信とやり甲斐が育まれ、もって入所者・利用者の方々の安心し笑顔あふれる施設・事業所が全国の津々浦々に広がっていくことを願ってやまない。

　令和4年3月

　　　　　　　　　　　　　　　　　　　　　　　　　　　　早川　仁

★業務継続計画策定のための記載内容チェックリスト一覧

【1　自然災害発生時における業務継続計画編】

章	記載項目	記載内容	チェック欄	掲載頁
1 総論	（1）基本方針	▶ 地震、風水害など自然災害により被災したときに、施設・事業所が業務を再開又は継続していくために必要なもの・守るべきものは何かを検討し記載する。	☐	74頁
		▶ 業務継続計画（BCP）の策定が何を目的とするものか、計画の策定によって実現（達成）すべきことは何かを想定し記載する。	☐	
	（2）推進体制	▶ 平常時の災害対策推進体制として、どのような役割があるかを検討し記載する。	☐	77頁
		▶ 設定した役割について、現在の施設・事業所の組織・職員のもとで、誰を充てることにするかを検討し記載する。	☐	
		▶ 施設・事業所の各部門、各職種が参加した体制を構築すること。	☐	
	（3）リスクの把握	▶ 国のガイドラインに基づき、この項目に記載する事項として、①ハザードマップなどの確認、②被災想定について定める。	☐	79・80頁
		▶ 施設・事業所が所在する市区町村の防災担当課に問い合わせ、震度分布図、洪水ハザードマップ等を入手し、計画に位置付ける（添付可）。ホームページ上で公開されている場合もあるため確認する。	☐	
		▶ 入手した震度分布図、洪水ハザードマップ等を災害対策推進会議（前項1（2）「推進体制」により構築する内部会議）で確認し、図、マップ等において施設・事業所の位置を確認し、被災想定を行うことを記載する。	☐	
	（4）優先業務の選定	▶ 被災時に優先して対応する業務を選定し、記載すること。	☐	81・82頁
		▶ 同一敷地（建物）内で複数の事業を運営する施設・事業所では、それらの事業のうち、どの事業を優先し、又は縮小するかを記載する。	☐	
		▶ 優先業務の選定は、入所者・利用者の生命を維持するために停止させることができない支援・サービスであることを基準とすること。	☐	
		▶ 優先業務として選定したものについても、被災時を想定し、サービス提供方法について効率的に対応できるよう検討すること（例：入浴介助→清拭）。	☐	
	（5）研修・訓練の実施、BCPの検証・見直し	▶ 国のガイドラインに基づき、この項目に記載する事項として、①研修・訓練の実施、②業務継続計画（BCP）の検証・見直しについて定める。	☐	85・86頁
		▶ 業務継続計画（BCP）の実効性を高めるための職員を対象とした研修の実施のほか、定期的にシミュレーション訓練を行うことを記載すること。	☐	
		▶ 訓練の実施により、課題点が明らかになった場合は、その解決策を検討し、必要に応じて、業務継続計画（BCP）に反映するなど検証・見直しを行うことを記載すること。	☐	
	（1）建物・設備の安全対策	▶ 国のガイドラインに基づき、この項目に記載する事項として、①人が常駐する場所の耐震措置、②設備の耐震措置、③水害対策について定める。	☐	87・88頁
		▶ 自身の施設・事業所の建物の建築年を確認し、耐震補強の必要性について記載する。	☐	

章	記載項目	記載内容	チェック欄	掲載頁
2 平常時の対応		▶ 施設・事業所内の設備・什器について、地震の際の影響を評価し、具体的対応方法を記載する。	☐	
		▶ 水害対策としては、洪水ハザードマップで確認・評価した結果に基づいて対応策を記載する。	☐	
	（2）電気が止まった場合の対策	▶ 自身の施設・事業所が、①自家発電機が設置されていない場合、②自家発電機が設置されている場合のいずれか該当する場合に従って計画に定める。	☐	92頁
		▶ 自家発電機が設置されていない場合は、代替策を記載する。	☐	
		▶ 自家発電機が設置されている場合は、設置場所、稼働時間、稼働方法、出力の程度、燃料の種別等を記載するとともに、優先的に電源を供給する必要がある事項を明確にしておくこと。	☐	
	（3）ガスが止まった場合の対策	▶ 地震、浸水害などによりガスの供給が一時停止となった場合を想定した対応策を記載する。	☐	95頁
		▶ ガスの供給が再開されるまでの代替策について、給湯、調理、暖房、入浴設備などガスによる稼働設備ごとに記載する。	☐	
	（4）水道が止まった場合の対策	▶ 水道が止まった場合の対策として、飲料水、生活用水のそれぞれについて対応策を記載する。	☐	96・97頁
		▶ 地震、浸水害などにより水道の供給が一時停止となった場合を想定した対応策を記載する。	☐	
		▶ 水道の供給が再開されるまでの代替策について、飲料水に係る対策とともに、生活用水については、トイレ、食事、入浴など水道水を利用する場面ごとに記載する。	☐	
	（5）通信が麻痺した場合の対策	▶ 被災時に、固定電話が使用できなくなる場合を想定し、代替通信手段の確保策を記載する。	☐	99頁
	（6）システムが停止した場合の対策	▶ 停電や浸水によるサーバがダウンした場合を想定し、対応策を記載する。	☐	102頁
		▶ 万一に備え、定期的（基本的に毎日）にサーバデータのバックアップを取っておくことを記載する。PCのハードディスクに保存している重要データも同様。	☐	
		▶ 洪水ハザードマップを参照し、上層階が浸水深以上である場合は、サーバを移動できるかを検討し、対応策を記載する。	☐	
	（7）衛生面（トイレ等）の対策	▶ 衛生面（トイレ等）の対策として、トイレ対策（利用者・職員の双方について）、汚物対策について記載する。	☐	105頁
		▶ 施設・事業所内のトイレが使えなくなった場合の入所者・利用者用のトイレの対応について記載する。	☐	
		▶ 入所者の使用済みのオムツ等の汚物の一時保管場所や処理方法を記載する。	☐	
	（8）必要品の備蓄	▶ 被災時に必要な備蓄品について計画的に備蓄すること及び備蓄品リストを作成し管理することを記載する。	☐	108頁
		▶ 備蓄品リストには、品目名、数量（備蓄数量の計算根拠を備考欄に示すとよい）、消費期限、保管場所等を記載する。	☐	
		▶ 担当者を決めて管理するとともに、定期的に在庫量の確認をすることを記載する。	☐	

1 自然災害発生時における業務継続計画編

章	記載項目	記載内容	チェック欄	掲載頁
3 緊急時の対応	（9）資金手当て	▶ 施設・事業所において現在加入している災害保険（地震、火災、水害等）の種類、内容、保険会社（担当窓口）等を記載する。	☐	112頁
		▶ 被災時は、予測していなかったような対応のために緊急に資金が必要となる場合があるほか、被災対応で介護報酬請求事務を遅らせざるを得ない場合がある。被災時に必要な手元資金を用意しておく旨を記載する。	☐	
	（1）BCP発動基準	▶ 地震、水害の場合に分けて業務継続計画（BCP）の発動基準を記載する。	☐	114頁
		▶ 台風・大雨の場合には、施設・事業所の立地場所が浸水等のおそれがあるときは、発災前であっても業務継続計画（BCP）を発動する必要性があることに留意する。	☐	
		▶ 業務継続計画（BCP）の発動を判断するのは、施設長・管理者となる。	☐	
	（2）行動基準	▶ 発災時に、職員として行動すべき基準について記載する。	☐	115頁
		▶ 職員の所属部署により行動内容が異なる場合は、可能であれば、担当部署ごとの行動基準を作成し記載する。	☐	
	（3）対応体制	▶ 業務継続計画（BCP）に定めた事項に取り組むための施設・事業所内の対応体制を記載する。	☐	118頁
		▶ 地震、水害の際に必要となる対応を想定し、班やグループとして複数名で組織化し、班長（リーダー）、副班長（サブリーダー）及びメンバーを定めて記載する。	☐	
		▶ 情報収集班（災害情報の収集と伝達・共有）、災害復旧班（地震・水害による直接的な対応）、避難救助班（入所者等の避難誘導等）、物資輸送班（備蓄物資の調達・配布）、救護班（けが人等の対応）といった役割が考えられる。	☐	
	（4）対応拠点	▶ 被災した場合の緊急時の対応体制の拠点をどこに置くかを定め、記載する。	☐	121頁
	（5）安否確認	▶ 入所者・利用者及び職員の安否確認の方法とその結果の記録方法を記載する。	☐	123頁
		▶ 安否確認については、誰が行い、確認結果についてどのように施設長（管理者）に集約するかを併せて記載する。	☐	
		▶ 職員については、被災時に勤務中の者及び非番の者のそれぞれの安否確認の方法を記載する。	☐	
	（6）職員の参集基準	▶ 災害発生時の職員の参集基準を記載する。	☐	127頁
		▶ 地震、水害のそれぞれに応じ、できる限り客観的な基準に基づいて自動参集できるよう工夫（例：地震＝震度4以上、水害＝〇〇市（区町村）による警戒レベル3（高齢者等避難）の発令があった場合など）して記載する。	☐	
		▶ 台風の接近など災害が差し迫っている中で非番中の職員を参集させる場合は、職員が判断に迷ったり、危険に身をさらしてまで参集することのないよう「参集しなくてよい状況について」定め、記載する。	☐	
	（7）施設内外での避難場所・避難方法	▶ 地震、水害など災害発生時の一時避難場所について記載する。	☐	129頁
		▶ 一時避難場所について、施設内、施設外のそれぞれについて明記しておくとともに、避難場所までの避難方法や注意点を記載する。	☐	

章	記載項目	記載内容	チェック欄	掲載頁
3 緊急時の対応		▶ 施設内の場合で、水害時の垂直避難（2階以上への高所避難）において停電によりエレベーターが使用できない場合を想定した避難方法も併記する。	☐	
	（8）重要業務の継続	▶ 1の（4）「優先業務の選定」に係る業務の中から、重要業務として継続するものを特定し、被災後から時系列でその実施方法や内容等を記載する。	☐	133頁
		▶ 入所者・利用者の生命を維持する上で必要な業務を重要業務とすべきである。施設の場合、食事、水分補給、排せつ、与薬、健康状態の観察といったものが考えられる。	☐	
		▶ 緊急時の職員の招集状況により対応可能な業務量が変動することから、職員の出勤率に応じた対応可能な業務内容を想定し記載する。	☐	
		▶ 職員の出勤状況及びライフラインの復旧状況を踏まえ、必要に応じ、サービスを効率的に提供することを検討し記載する。	☐	
	（9）職員の管理	▶ 国のガイドラインに基づき、この項目に記載する事項として、①休憩・宿泊場所、②勤務シフトについて対応策を定める。	☐	136頁
		▶ 職員の休憩・宿泊場所については、被災状況下でも、できる限り専用の場所として確保することが望ましい。施設・事業所内のどの場所又は施設・事業所外のどこに確保できるか、その場所と利用（宿泊）可能人数を記載する。	☐	
		▶ 被災した状況下での勤務シフトを記載する。例えば、重要業務ごとに班長と副班長を置き、メンバーは施設・事業所の近隣に住居のある職員のみを位置付け、当該業務に最低限必要となる人数を記しておく方法もある。	☐	
	（10）復旧対応	▶ 国のガイドラインに基づき、この項目に記載する事項として、①破損箇所の確認、②業者連絡先一覧の整備、③情報発信について定める。	☐	139・140頁
		▶ 破損箇所の確認では、施設・事業所の建物及び設備について、破損の状態を記録するとともに、設備については稼働・使用の可否を併せて記録する。また、当該破損箇所について応急措置を含め対応状況を記録する。これらについて一覧表により整理し記載することが望ましい。	☐	
		▶ 業者連絡先一覧の整備では、被災箇所の修理等を依頼する業者のほか、発災後に連絡をとることが想定される事業所、店舗の一覧表を記載する。電話番号以外にもメールアドレスなど複数の連絡手段を整理しておくことが望ましい。	☐	
		▶ 情報発信については、報告については被災状況の把握後になるが、いつまでに報告するかを目安として示しておくことが望ましい。報告先として想定する機関のほか、公表方法、マスコミ対応について記載する。	☐	
	（1）連携体制の構築	▶ 国のガイドラインに基づき、この項目に記載する事項として、①連携先との協議、②連携協定書の締結、③地域のネットワーク等の構築・参画について定める。	☐	143・144頁
		▶ 連携先との協議では、地域内に連携先施設・事業所が既にある場合は、その連携先施設・事業所等を記載し、検討中の段階であれば主な検討状況を記載する。いずれでもない場合は、連携体制の必要性について自施設・事業所の考え方を記載する。	☐	

1 自然災害発生時における業務継続計画編

章	記載項目	記載内容	チェック欄	掲載頁
4 他施設・事業所との連携		▶ 連携協定書の締結では、連携協定の内容（協定締結済みの場合。なお、協定書の写しを添付してもよい。）、連携協定に位置付ける予定事項（検討中の段階）、又は検討すべき連携対応事項（連携の必要性を今後検討する場合）を記載する。	☐	
		▶ 地域のネットワーク等の構築・参画では、地域内の他の施設・事業所以外で被災時に協力体制を構築すべき地域の社会資源について記載する。	☐	
	（2）連携対応	▶ 国のガイドラインに基づき、この項目に記載する事項として、①事前準備、②入所者・利用者情報の整理、③共同訓練について定める。	☐	148頁
		▶ 事前準備では、連携協定に位置付けた又は記載予定の相互連携支援が円滑に実施されるために必要な事項について記載する。連携協定が検討段階である場合は、連携協定の構築に当たりどのような相互連携支援について協定締結が必要であるか、自施設・事業所の状況を踏まえて記載する。	☐	
		▶ 入所者・利用者情報の整理については、連携協定の締結の有無に関わらず、災害時に入所者・利用者を一時的に他施設・事業所、避難所等に避難させる場合に、当該入所者等の避難先でのケアに関する必要事項としてどのような情報を申し送りするかについて記載する。	☐	
		▶ 共同訓練については、連携協定先の施設・事業所との訓練や、災害時を想定した避難訓練について地域住民、自治会・町内会等と連携して実施することについて、その方法や実施頻度等を記載する。	☐	
5 地域との連携	（1）被災時の職員の派遣	▶ 都道府県が実施主体となって行う災害派遣福祉チームについて、自施設・事業所の職員を登録している場合は、その職員名とともに対応について記載する。	☐	152頁
		▶ 災害派遣福祉チームへの職員登録を行っていない場合は、対応方針を記載する。	☐	
	（2）福祉避難所の運営（福祉避難所の指定を受けている施設・事業所のみ）	▶ 国のガイドラインに基づき、この項目に記載する事項として、①福祉避難所の指定、②福祉避難所開設の事前準備について定める。	☐	153頁
		▶ 福祉避難所の指定については、施設・事業所の所在する市区町村から福祉避難所の指定を受けている概要を記載する。	☐	
		▶ 福祉避難所開設の事前準備については、福祉避難所として開設するために、平常時に準備しておく事項について記載する。	☐	

★業務継続計画策定のための記載内容チェックリスト一覧
【2　新型コロナウイルス感染症発生時における業務継続計画編】

章	記載項目		記載内容	チェック欄	掲載頁
1 総則	（1）目的		▶ 新型コロナウイルス感染症が施設・事業所内で発生したときに、施設・事業所として入所者・利用者に対し果たすべき役割を踏まえ事業継続計画（BCP）は何を主要な内容とするものかを記載する。	☐	157頁
	（2）基本方針		▶ 施設・事業所として、新型コロナウイルス感染症の感染（疑い）者が　発生した場合の入所者・利用者及び職員並びにサービス提供に関する基本的考え方を記載する。	☐	158・159頁
			▶ 前項目の「目的」に記載した内容と整合が取れるように記載する。	☐	
	（3）主管部門		▶ 施設長（管理者）とサービス提供部門の間に立ち感染症対応の機能を発揮できる施設・事業所内の組織を主管部門として選定し、記載する。	☐	160頁
2 平時からの備え	（1）対応主体		▶ 新型コロナウイルス感染症への対応を業務継続計画（BCP）に基づいて取り組む上で、統括管理する者を記載する。	☐	161頁
	（2）対応事項	（2−1）体制構築・整備	▶ 新型コロナウイルス感染症に対応する組織体制について、一覧表を作成し記載する。	☐	162頁
			▶ 役職委員については、代行者を置くほか、各部門から選出する構成員については、主担当・副担当制として記載することを検討する。	☐	
			▶ 新型コロナウイルス感染（疑い）者発生時の報告・情報共有先については、文章で表記する以外に、図式化して示す方法を検討する。	☐	
			▶ 施設・事業所外連絡リストについては、一覧表を作成し記載する。	☐	
		（2−2）感染防止に向けた取組みの実施	▶ 国のガイドラインに基づき、この項目に記載する事項として、①新型コロナウイルス感染症に関する最新情報（感染状況、国や自治体等の動向等）の収集、②基本的な感染症対策の徹底、③職員・入所者の体調管理、④施設・事業所に出入りする者の記録管理、⑤職員の緊急連絡先の作成・更新について定める。	☐	168・169頁
			▶ 新型コロナウイルス感染症に関する最新情報の収集については、収集先として考えられる対象（インターネット上を含む。）は何かを想定し記載する。誰が情報を収集し、整理・分析するかを明確にする。	☐	
			▶ 基本的な感染症対策については、どのような対策を、どのように行うか具体的に記載する。	☐	
			▶ 入所者・利用者及び職員の体調管理については、チェックリストにより毎日の体調を記録し管理できるようにすることを記載する。またチェックリストを確認する者を決めておく。	☐	
			▶ 施設・事業所に出入りする者の記録管理については、来所者一覧表などで来所者の状態を記録・管理できるようにすることを記載する。また一覧表を確認する者を決めておく。	☐	
			▶ 職員の緊急連絡先の作成・更新については、緊急連絡先一覧表などで管理できるよう作成する。また、施設等の組織体制が変わった場合や施設等内の人事異動、職員の入職・退職により掲載内容に変更を生じた場合など職員の連絡先電話番号等が変更となった場合等は、遅滞なく、内容を更新できるようルール化しておく。	☐	

章	記載項目		記載内容	チェック欄	掲載頁
2 平時からの備え	(2) 対応事項	(2−3) 防護具、消毒液等備蓄品の確保	▶ 項目の記載にあたり、感染防護具の備蓄状況を再点検すること。	□	175頁
			▶ 管理担当職員を決めるとともに、備蓄品台帳として計画に記載する（別添としてもよい）。	□	
			▶ 発注のタイミングが遅れないように、感染防護具の使用量については、常に使用実績を記録するとともに今後の使用量を推計し発注時期を想定しておく。	□	
			▶ 平時から備蓄品の調達先と連絡を密にすることにより流通状況などの情報を把握しておく。	□	
		(2−4) 研修・訓練の実施	▶ 国のガイドラインに基づき、この項目に記載する事項として、①業務継続計画（BCP）を関係者で共有、②業務継続計画（BCP）の内容に関する研修、③業務継続計画（BCP）の内容に沿った訓練（シミュレーション）、について定める。	□	177頁
			▶ 業務継続計画（BCP）の策定後は、計画の内容を全職員に理解・浸透を図ることが重要であることを記載する。	□	
			▶ 職員を対象とした業務継続計画（BCP）に係る研修の機会を設けることを記載する。指定権者又は施設・事業所の所在する市区町村が業務継続計画（BCP）に係る研修を実施する場合は、積極的な参加を検討すること。	□	
			▶ 業務継続計画（BCP）に基づくシミュレーション訓練を定期的に実施すること。訓練を通じて得られた課題点に基づいて計画の見直しを行っていくことを記載する。	□	
		(2−5) BCPの検証・見直し	▶ 業務継続計画（BCP）の内容は、新型コロナウイルス感染症に係る感染動向とともに、医学的研究や知見の積み重ねによる最新の対応方法を反映したものとすることを記載する。	□	180・181頁
			▶ 業務継続計画（BCP）の訓練の結果、抽出した課題に基づいて、必要に応じ、業務継続計画（BCP）に反映することを記載する。	□	
			▶ 業務継続計画（BCP）の検証及び見直しは定期的に行うことを記載する。	□	
3 初動対応	(1)対応主体		▶ 感染疑い者が発生したときの主たる初動対応を記載する。	□	182頁
			▶ 初動対応ごとに担当者及び代行者（不在等の場合に担当者を代理する者）を記載する。	□	
	(2) 対応事項	(2−1) 第一報	▶ 国のガイドラインに基づき、この項目に記載する事項として、①施設長（管理者）への報告、②地域での身近な医療機関、受診・相談センターへの連絡、③施設・事業所内、法人内の情報共有、④指定権者への報告、⑤家族への報告、⑥居宅介護支援事業所への報告（通所系事業所・訪問系事業所のみ）について定める。	□	183・184頁
			▶ 感染疑い者を発見したときの報告の流れ及び報告事項を記載する。	□	
			▶ 感染疑い者の検査結果が陽性であった場合を想定し、感染拡大防止体制を整えることを記載する。	□	
			▶ 感染疑い者の症状・経過、施設・事業所の対応等について、時系列に記録することを記載する。	□	
			▶ 感染疑い者の受診に係る医療機関への連絡について記載する。	□	

章	記載項目		記載内容	チェック欄	掲載頁
3 初動対応	(2) 対応事項		▶ 指定権者への報告とともに、施設・事業所の所在する市区町村に報告することを記載する。	☐	
			▶ （主に入所系）感染疑い者の家族への報告について記載する。また、連絡をすみやかに行えるように、日頃から携帯電話や勤務先など緊急連絡先を把握しておくようにすること。	☐	
			▶ 通所系事業所及び訪問系事業所では、居宅介護支援事業所に連絡し、感染疑い者が他の居宅サービスを併用している場合に、当該併用サービス事業所への連絡を依頼することを記載する。	☐	
			▶ 職員に感染疑い者が発生した場合の対応について記載する。	☐	
		(2－2) 感染疑い者への対応	▶ 国のガイドラインに基づき、この項目に記載する事項として、入所系については、①個室管理、②対応者の確認、③医療機関受診／施設内での検体採取、④体調不良者の確認を定める。通所系事業所については、①利用休止、②医療機関受診について定める。また、訪問系事業所については、①サービス提供の検討、②医療機関受診について定める。	☐	191頁
			▶ 入所系では、感染疑い者の個室対応、対応職員を分けた勤務体制、他の入所者・職員の健康管理の徹底を行うことを記載する。	☐	
			▶ 入所系、通所系事業所、訪問系事業所ともに、医療機関の指示に基づいて、感染疑い者についてすみやかに受診・検体採取することについて施設・事業所として対応することを記載する。	☐	
			▶ 通所系事業所については、利用を一時休止する対応をとった利用者について、担当のケアマネジャーと連携し代替サービスの調整等について対応することを記載する。	☐	
			▶ 訪問系事業所については、感染疑い者について訪問介護サービスの継続の必要がある場合は、生命の維持に直結するサービスを優先しつつサービス提供を継続することを記載する。	☐	
		(2－3) 消毒・清掃等の実施（入所系・通所系事業所のみ）	▶ 初動対応として、消毒を実施することを記載する。入所者・利用者の利用に係る場所など消毒を実施する場所として想定するところを併せて記載する。	☐	195頁
5 休業の検討（通所系事業所のみ）	(1)対応主体		▶ 感染疑い者の検査結果が陽性と確定した場合の休業の検討・対応に関する事業所内での体制を定めて記載する。	☐	198頁
			▶ 主な役割ごとに担当者及び代行者（不在等の場合に担当者を代理する者）を決め記載する。	☐	
	(2)対応事項		▶ 国のガイドラインに基づき、この項目に記載する事項として、①都道府県、保健所等との調整、②訪問サービス等の実施検討、③居宅介護支援事業所との調整、④利用者・家族への説明、⑤再開基準の明確化について定める。	☐	199頁
			▶ 休業については、保健所、指定権者との協議に基づいて判断することを記載するとともに、保健所の休業要請があった場合には、感染拡大防止を図るため、要請に従い休業を判断することを記載する。	☐	
			▶ 休業中の利用者に対し、生活機能の維持を図る観点から、必要に応じ、職員の訪問によるサービスの提供や、電話での安否確認、健康相談等を実施することを記載する。	☐	

章	記載項目			記載内容	チェック欄	掲載頁
				▶ 休業中の利用者への対応に係る居宅介護支援事業所との連携について記載する。	☐	
				▶ 利用者、家族等の関係者に対し、休業期間や休業中の相談窓口について説明することを記載する。	☐	
				▶ 休業の判断、休業中の対応及び再開の判断については、必要に応じ、法人本部と協議することを記載する。	☐	
6 感染拡大防止体制の確立	（1）対応主体			▶ 感染疑い者の検査結果が陽性であった場合の施設・事業所における感染拡大防止体制について、感染拡大防止に関する役割を抽出し、その役割を担う者を記載する。	☐	203頁
				▶ 役割ごとに担当者及び代行者（不在等の場合に担当者を代理する者）を決め記載する。	☐	
	（2）対応事項	（2－1）保健所との連携		▶ 国のガイドラインに基づき、この項目に記載する事項として、①濃厚接触者の特定への協力、②感染対策の指示を仰ぐ、③併設サービスの休業（入所系のみ）について定める。	☐	205頁
				▶ 保健所の積極的疫学調査による濃厚接触者の特定に協力するため、感染者の発症日の2日前からの行動歴を明らかにするため、ケア記録、職員の勤務記録等を準備することを記載する。	☐	
				▶ 濃厚接触者の疑いがある者のリストを作成するときの一覧表のひな形を定め記載する。	☐	
				▶ 消毒の範囲・内容、生活空間の区分け（入所系の場合）など感染拡大防止策について保健所等の助言を受けて対応することを記載する。	☐	
				▶ 入所系においては、併設事業所がある場合の休業の検討・判断について記載する。	☐	
		（2－2）濃厚接触者への対応		▶ 国のガイドラインに基づき、この項目に記載する事項として、入所系では、①健康管理の徹底、②個室対応、③担当職員の選定、④生活空間・動線の区分け、⑤ケアの実施内容・実施方法の確認について、通所系事業所では、①利用者の自宅待機、②居宅介護支援事業所との調整について、訪問系事業所では、①ケアの実施内容・実施方法の確認について、また入所系、通所系事業所、訪問系事業所ともに、①職員の自宅待機について定める。	☐	210・211頁
				▶ （入所系のみ）濃厚接触者については、個室対応とし、検査結果が陰性であった場合は陽性者との最終接触日から14日間（注あり）の健康状態の観察を行うことを記載する。	☐	
				▶ （入所系のみ）濃厚接触者への対応職員を固定することについて記載する。	☐	
				▶ （入所系のみ）濃厚接触者と他の入所者との区域分け（ゾーニング）を行い、エリアごとに職員を配置、対応することを記載する。	☐	
				▶ （入所系のみ）濃厚接触者へのケアの実施内容について、感染防護具を装着した上で、濃厚接触者の居室内で対応するほか、感染（疑い）が終息するまでの間、デイルームの使用を中止するなどの措置をとることを記載する。	☐	
				▶ （通所系事業所のみ）濃厚接触者については自宅待機とし、検査結果が陽性であった場合は、陽性者との最終接触日から14日間の自宅での健康状態の観察を行うことを記載する。	☐	

章	記載項目		記載内容	チェック欄	掲載頁
6 感染拡大防止体制の確立	(2) 対応事項		▶ （通所系事業所のみ）居宅介護支援事業所と連携し、自宅待機中の利用者の生活を支援するための健康観察、代替サービスの調整について記載する。	☐	
			▶ （訪問系事業所のみ）濃厚接触者への対応について、検査結果が陰性であった場合の自宅待機期間(14日間)のサービス対応について記載する。	☐	
			▶ （入所系・通所系事業所・訪問系事業所）濃厚接触者に特定された職員の自宅待機、健康観察の実施及び職場復帰について記載する。	☐	
		(2-3) 職員の確保 （入所系・訪問系事業所のみ）	▶ 国のガイドラインに基づき、この項目に記載する事項として、①施設・事業所内での勤務調整、法人内での人員確保、②自治体・関係団体への依頼、③滞在先の確保（入所系のみ）について定める。	☐	218頁
			▶ 職員が感染し、又は濃厚接触者に特定されることにより人員不足が生じる場合に備え、職員の確保について、シフト調整、併設（系列）事業所からの応援、法人内施設・事業所からの応援などの対策を記載する。	☐	
			▶ 職員の確保について自治体・関係団体に依頼することについて記載する。	☐	
			▶ （入所系のみ）施設内での感染拡大防止体制の構築のために、必要に応じ、感染症対応に関する専門的知識を有する者の派遣について、都道府県等に依頼することを記載する。	☐	
			▶ （入所系のみ）家庭内感染の不安の低減とともに職員の負担の軽減に資するため、必要に応じ、地域内の宿泊施設を確保することについて記載する。	☐	
		(2-4) 防護具、消毒液等の確保	▶ 国のガイドラインに基づき、この項目に記載する事項として、①在庫量・必要量の確認、②調達先・調達方法の確認について定める。	☐	224頁
			▶ 2.「平時からの備え」の「(2-3)防護具、消毒液等備蓄品の確保」で規定した備蓄品の調達先からの調達について記載するとともに、感染発生時には防護具、消毒液等ともに使用量が増えることから、日々の使用量を常に把握し、先の見通しを立てて調達することを記載する。	☐	
			▶ 施設・事業所単独では、防護具、消毒液等の確保が困難なときは、指定権者や施設等が所在する市区町村と連携し、確保するよう努めることを記載する。	☐	
		(2-5) 情報共有	▶ 国のガイドラインに基づき、この項目に記載する事項として、①施設・事業所内・法人内での情報共有、②入所者（利用者）・家族との情報共有、③自治体（指定権者・保健所）との情報共有、④関係業者等との情報共有について定める。	☐	226頁
			▶ 施設・事業所内での感染（疑い）発生時の情報共有先として、本人の家族、感染（疑い）者以外の入所者・利用者及びその家族、法人本部、指定権者、施設・事業所が所在する市区町村、管轄保健所、委託業者などが想定されるが、それら対象ごとにどのような情報を共有するかを定め記載する。	☐	
			▶ 通所系・訪問系事業所においては、感染（疑い）者が他の居宅サービスを利用している場合には、居宅介護支援事業所と情報を共有し、併用サービスの利用における感染を防止するよう対応することを記載する。	☐	

章		記載項目	記載内容	チェック欄	掲載頁
6 感染拡大防止体制の確立	（2）対応事項	（2−6）業務内容の調整（入所系・訪問系事業所のみ）	▶ 感染発生時に提供するサービスの継続、変更、縮小、休止について記載する。	☐	230・231頁
			▶ 業務の類型について、①感染対応業務（＝感染発生時に新たに発生又は強化する感染対応に関する業務）、②継続業務（＝感染発生時においても優先的に継続する業務。主に生命の維持のために必要不可欠なものと捉える）、③変更・縮小業務（＝内容を変更・縮小して実施する業務）、④休止業務（＝入所系のみ。実施することにより感染拡大につながるおそれがあるため休止すべき業務）の4つに分類した上で、一覧表に整理する。	☐	
		（2−7）過重労働・メンタルヘルス対応	▶ 国のガイドラインに基づき、この項目に記載する事項として、①労務管理、②長時間労働対応、③コミュニケーション、④相談窓口について定める。	☐	234頁
			▶ 職員の勤務時間等の労務管理の現場責任者である施設長（管理者）として、有事の際に、職員が長時間労働やストレスによる体調不良とならないよう講ずべき対策について記載する。	☐	
		（2−8）情報発信	▶ 施設・事業所内での感染（疑い）の発生状況について、関係機関・地域・マスコミ等への説明・公表・取材対応について記載する。	☐	235・236頁
			▶ 広く一般に情報を発信する場合と、マスコミからの取材のように外部の者からの問い合わせに対応する場合に分けて記載する。	☐	

執筆者一覧

◎は編著者

【総論編】

◎**鍵屋　　一**（跡見学園女子大学観光コミュニティ学部教授、
　　　　　　一般社団法人福祉防災コミュニティ協会代表理事）

【各論編】

　田中　　綾（特別養護老人ホームグルメ杵屋社会貢献の家施設長）

　雨澤　慎悟（訪問介護事業所ハートケア流山）

　後藤　佳苗（一般社団法人あたご研究所代表理事）

◎**早川　　仁**（元流山市健康福祉部長）

大規模災害・感染症に備える！
介護サービスの業務継続計画 (BCP)
策定のポイント

令和4年5月20日　第1刷発行

編　著　鍵屋　一

発　行　株式会社ぎょうせい

〒136-8575　東京都江東区新木場1-18-11
URL：https://gyosei.jp

フリーコール　0120-953-431

ぎょうせい　お問い合わせ　検索　https://gyosei.jp/inquiry/

〈検印省略〉

印刷　ぎょうせいデジタル株式会社　　　　　　©2022　Printed in Japan
※乱丁・落丁本はお取り替えいたします。

ISBN978-4-324-11075-1
(5108764-00-000)
〔略号：介護BCP〕